北欧ケア
の思想的基盤を
掘り起こす

浜渦 辰二 編著

大阪大学出版会

目　次

序章　北欧ケアの思想的基盤を求めて …………………………………… 1

第1部　在宅ケアから

第1章　在宅ケアの歴史と現在 …………………………………… 25

第2章　在宅介護主義のゆくえ …………………………………… 47

第3章　家と施設をつなぐもの …………………………………… 71

第4章　人間的な生の拠り所としての「ホーム」……………… 93

第2部　ケアの現場から

第5章　高齢者ケアの現場から ………………………………… 115

第6章　認知症ケアの現場から ………………………………… 135

第7章　知的障害児者地域ケアの現場から ………………… 157

第8章　精神科地域ケアの現場から ………………………… 177

第3部　北欧ケアの思想的基盤へ

第9章　生活世界ケアという思想 ……………………………… 199

第10章　生と合理性をつなぐ思想 …………………………… 219

第11章　ノーマライゼーションという思想 ……………………………… 239

第12章　フェミニズムという思想 ……………………………………… 259

終章　北欧ケアから何を学ぶのか ……………………………………… 281

あとがき　290

索引　293

執筆者一覧　296

序章　北欧ケアの思想的基盤を求めて

浜渦　辰二

1　はじめに

　次頁写真（序-1）は、ストックホルム市庁舎の二階、ノーベル賞授賞パーティー・舞踏会の行われる「黄金の間」の側面上部壁に描かれた壁画で、人間の誕生から死までの一生、言わば生老病死を表している。ここで催されるさまざまな行事の折々に、参加者はあらためて人間の一生を思い起こすことになる。

　また、次頁写真（序-2）は、スウェーデンの中学教科書『あなた自身の社会』[1]の表紙に使われている挿絵である。中学生にも、人間の一生をイメージしてもらい、そしてそのなかの生老病死と関連づけながら、同書第5章では「私たちの社会保障」について学ぶような教育が行われている[2]。

　このように事あるごとに、人間の一生、つまり、自分もやがて老い、場合によっては病をえて、そして死んでいく存在であるということ、自分も人をケアすることもあれば人からケアされることもある存在であることを意識させられる場が、日本にもあるのだろうか。お寺や教会にはあるといわれるかも知れないが、市役所や学校といった一般市民の俗世間の生活に直結した場にあるのだろうか。

　私はもともと哲学の研究者であるが（いまでも、臨床哲学に携わっている）、2001年に義父をすい臓がんでなくしてからターミナルケアに関心をもち、さらに、実母・義母が認知症になるなかで高齢者ケアに関心をもち、他分野の研究者や現場の人たちと研究会をもちつつ、日本のターミナルケアや高齢者ケアの現場を調査・見学してきた[3]。その後、2002年にはフランス・ドイツのホス

写真 序-1　ストックホルム市庁舎「黄金の間」壁画

写真 序-2　スウェーデン中学教科書の表紙挿絵

ピスを見学し[4]、2007年には北欧の高齢者ケア施設を見学し[5]、2009年には、カーリン・ダールベリ氏（Karin Dahlberg：当時、ヴェクショー大学、スウェーデン）をはじめとするスウェーデンの「ケア学（caring science）」[6]の研究者たちと交流をする機会を得て[7]、北欧諸国のケアについて関心をもつようになった。こうして北欧のさまざまなケアの現場を見たり、そこでケア従事者やケア学研究者の話を聞くたびに、どうも彼らは、ケアということについて、根底において、私たち日本人とは異なる考えをもっているのではないか、という思いがますます強くなってきた。それが、本書『北欧ケアの思想的基盤を掘り起こす』という構想につながってきた[8]。

2　北欧ケアとは

　詳しくは本書第2部「ケアの現場から」の叙述に譲るが、北欧のケアの現場を見て回ると、「自立と依存」の関係について考えさせられることが多い[9]。

序章　北欧ケアの思想的基盤を求めて

私たちは、自分のことは自分で決めて、それを人に頼らず自分でできて、自分でしたことには自分で責任をとることができるという、言わば「強い」ときがある一方で、自分のことなのに自分では決められず、人の助けを借りてようやく何とかできて、人に依存して生きていかざるをえないという、言わば「弱い」ときがある。それは、世の中には「強い」人と「弱い」人がいるということでは決してなく、私たち誰もが、その誕生から死に至るまでの一生を考えると、「強い」ときもあれば「弱い」ときもあり、ある時は「自立」しているように見えても、別の時には「依存」せざるをえない、つまり、「ケア」を必要としている、そういうあり方をしているということである。

　冒頭で「生老病死」(「生」とは「誕生」のこと) という仏教用語を使ったが、これは、人間が一生の間に辿らざるを得ない四つのステップとしての「四苦」を表している[10]。「苦」とは、単に「苦しみ・苦悩」を意味するだけでなく、もともとは「私たちの思い通りにならないこと」という意味ももっていたという。人間が「四苦」という思い通りにならないことをもつ存在であるという、この仏教の考えは、欧米でいわれる「ホモ・パティエンス (苦しむヒト)」という、「パトス (受難し苦しむこと)」に人間の人間たるゆえんを見ようとする考え方にも近いと言える。他方、仏教でも「慈悲」という言葉があるように、欧米にも、「ホモ・クーランス (ケアするヒト)」という、「ケアすること」に人間の人間たるゆえんを見ようとする考え方もある。この「ホモ・パティエンス」と「ホモ・クーランス」という、2つの人間観は互いに補いあい、呼応し合っていると考えることができる。苦しんで弱くなって人の助け (ケア) を必要としているあり方と、他方で、それをとりあえず乗り越えて強くなり、いまだ苦しんでいる人に手を差し伸べ (ケアし) ようとしているあり方とが、呼応しあっているわけである[11]。

　「ケア」の原点は、このようなところにあると思われるが、「ケア」という語 (英語) が、日本語に訳されるとき、ケアを必要としているのが誰で、どんなケアが必要なのかに応じて、育児、看護、介護、世話、介助、支援、配慮などと訳し分けられることなる。それらがそれぞれ専門職となってくると、お互いを隔てる壁もできてしまう。しかし、それらは確かに具体的な行為と

3

しては、それぞれ異なることをしているのかも知れないとしても、根っこに
おいては繋がっている「ケア」という行為なのである。ここでは、そのよう
な広い意味で「ケア」という語を使いたい[12]。

　「生老病死」というと、1個人の問題のように聞こえるが、前述のような
「弱さ」のなかにある人が、「強さ」のなかにある人からケアを受けるという
関係性を射程に入れると、また、「弱さ／強さ」というのは周りの人たちとの
関係で生じるという側面を考慮に入れると、「ケア」を1対1のミクロの次元
だけで考えるだけでなく、1対多、多対1、多対多といったマクロの次元で
も考えなければならない。それが、社会の中でケアを支える制度としての「福
祉」の問題となっていると言えよう。私たちは、「ケア」をこのように広義に
捉えることによって、バラバラになりがちな学問分野を越えて、看護学、リ
ハビリ学、社会福祉学、教育学、文化人類学、哲学、倫理学、死生学といっ
た背景をもつ研究者たちによる学際的な研究が必要と考えた。

　北欧諸国（スウェーデン、デンマーク、ノルウェー、フィンランド、アイスランドの
5カ国を指すのがふつうだが、私たちが今回本書で取り上げることができたのは、アイス
ランドとフィンランドを除く3カ国に過ぎない）は、環境保護先進国かつ福祉先進
国としてよく知られている。なかでもスウェーデンは、1996年に「緑の福祉
国家」というヴィジョンを打ち出し、目標としてきている。収入の半分ほど
を税金として徴収されても、自分が困った時には保障してくれるという安心
感があるため、それを市場原理に任せようとはしていない。1980年代のネオ
リベラリズム（新自由主義）の影響によって、さまざまな変化があったとはい
え、原理的なところでは、「ケア」の福祉制度を放棄することはなかった。そ
の根底には、医療、看護、リハビリ、介護、福祉、保育、教育を含む、ある
いは、「緑の」というところまで言えば、環境保護という意味も含めた、広い
意味での「ケア」についての独自の（少なくとも、私たちに日本人とは異なる）考
え方があるように思われる。それをここでは、「北欧ケア（Nordic Care）」と呼
ぶことにしたい。そこには、現代日本が抱えている問題を根本から考え直す
とともに、「ケア」の問題を広い視野のなかで捉え直すための手がかりがある
のではないか。そこに学びたいと私たちは考えた[13]。

4

序章　北欧ケアの思想的基盤を求めて

　「北欧ケア」と呼ぶことに対しては、いろいろと疑問をもつ方もあろうかと思う。「ケア」という語を広義で使いたいと先に述べたとき、それぞれ異なる行為でバラバラに論じられかねないにもかかわらず、根っこで繋がっているところを見たいと述べたが、「北欧」という語についても同様に言わねばならない。つまり、北欧 5 カ国どころか、私たちが今回取り上げた 3 カ国だけでも、それぞれ異なる言語、歴史、文化、社会、政治制度をもっており、十把一絡げに論じるわけにはいかない[14]。確かに、南欧、西欧、東欧の国々と比べると、共通する要素がないわけではないが、共通するものを取り出してくるのは、しばしば表層的な薄っぺらいものになりかねない。こういう疑問が向けられるなかで、それでも、私たちは、それら国々で行われていることの根底・深層に、ある「思想的基盤」があるのではないかと考え、それを掘り起こそうとした。

　「北欧」というまとまりにこだわりたかったのは、他にも理由がある。1 つは、筆者の所属する日本現象学会という哲学系の学会では、2007 年から北欧現象学会（上述 5 カ国が参加）との国際交流を始め、毎年互いの学会に発表者を派遣し、それぞれの大会のプログラムに発表の枠をつくるようになった。最初の年に、サラ・ヘイナマー氏（Sara Heinämaa：ユヴェスキュラ大学・ヘルシンキ大学、フィンランド）、次の年にマルシア・シューバック氏（Marcia Sá Cavalcante Schuback：セーダーターン大学、スウェーデン）がそれぞれ来日し講演を行った（ともに女性研究者である）。そして、2009 年には、筆者がタンペレ大学（フィンランド）で開催された北欧現象学会に参加・発表を行った[15]。大会は、開催校代表のミリア・ハルティモ氏（Mirja Hartimo：タンペレ大学、フィンランド）の開会の言葉、学会長サラ・ヘイナマー氏の挨拶から始まり、ソーニャ・リノフナー＝クライドル氏（Sonja Rinofner-Kreidl：グラーツ大学、オーストリア）の基調講演へと続いた（3 人とも女性研究者である）。そもそも大会参加者の半数近くが女性研究者であった[16]。或る個人発表として、フェミニスト現象学のパイオニアの 1 人であるリンダ・フッシャー氏（Linda Fischer：中央ヨーロッパ大学、ブダペスト・ハンガリー）が発表した。自ら ALS の患者である彼女は車椅子で参加し、夫が原稿を代読、明瞭な発音のできない彼女のために質疑応答の通訳をする

5

という発表だった。これらはいずれも、日本現象学会では考えられないようなことだった。この北欧の国々が、「ケア」についてどのように考えているかを知りたかった。

　もう1つは、遡って2001年にダボスで行われた世界経済フォーラム会議で、「北欧の道（The Nordic Way）」というレポートが注目を浴びたという[17]。北欧の国々は、「税金が重く国民負担率が高い。しかし、財政も経常支出も健全、女性の就労率が高く、普遍的な福祉水準も環境の質もすぐれている」という共通点をもっているというのである。これは経済に焦点を当てた「北欧の道」であるが、「ケア」に焦点を当てた「北欧の道」こそ、本書が「北欧ケア」と呼ぶものである。

　ここで「思想的基盤」というのは、かつて或る哲学者・思想家がいて、その哲学・思想が、現代の「北欧ケア」のさまざまな場面に影響を与えている、といったことを必ずしも考えているわけではない。確かに、哲学・思想の歴史を見ると、スウェーデンには18世紀の神秘主義思想家エマーヌエル・スヴェーデンボーリ（Emanuel Swedenborg）、デンマークにはフォルケホイスコーレ（Folkehøjskole. 民衆のための高等教育学校）の創始者ニコライ・フレデリク・セヴェリン・グルントヴィ（Nikolaj Frederik Severin Grundtvig）をはじめとして、19世紀の哲学者セーレン・オービエ・キェルケゴール（Søren Aabye Kierkegaard）、その後の「デンマークの福祉思想」、19世紀から20世紀の「ウプサラ学派の宗教哲学」（スウェーデン）、「スウェーデン医療倫理学」（スウェーデン）、20世紀の「ディープ・エコロジー」（ノルウェー）といった、特有の哲学・思想を見出すことができるが[18]、ここでは、必ずしも、彼らの哲学・思想が、現代の「北欧ケア」の基盤に見出される、といったことを言いたいのではない[19]。むしろ、それらの哲学・思想もまた、そこから生まれてきているような共通の思想的基盤があるとしたら、それを掘り起こしたい、という大きな野望をもっている、と言ったら言い過ぎだろうか。

　理論（哲学・思想）と実践（生活のなかでの行為）との関係は、簡単な一方から他方への影響としてだけでは考えられない。逆の影響も当然あるだろうし、双方向的な影響関係もあるだろうし、両者が並行しつつ共鳴しあって生まれ

6

序章　北欧ケアの思想的基盤を求めて

てくるということもあるだろう。その意味では、私たちは、理論と実践、両方の根底にあり、両者を動かしているものを掘り起こしたい。そのためにも、理論に携わっている研究者と実践に携わっている研究者とが、理論と実践の交差するところで学際的な共同研究をすることが必要と考えた。

3　共同研究から見えてきたこと

　私たちの共同研究は、次のような研究目的から始まった[20]。

　前述のように、北欧諸国は福祉先進国として知られ、わが国からもたびたび施設や制度の調査が行われ、福祉やケアに従事する研究者の報告によって紹介されてきたが[21]、その理論的基礎や哲学的背景については必ずしもよく知られてはいない。北欧では、英語が共通語として使われ、英語圏の哲学文献が多く読まれていながら、大陸系の哲学の影響も強く、英米の哲学とは距離を置いた北欧に特徴的な哲学が展開され、そこでは福祉やケアの哲学的考察への関心も強い。こうした北欧ケアの理論的基礎と哲学的背景を、単なる文献研究ではなく、実地の現場のなかでそれがどう生かされているかを学際的な観点から調査し、それに基づいた学際的な研究を展開することは、わが国でもこれからの超高齢社会のなかで福祉・ケアの理論的基盤づくりが急務となっているなかで大いに貢献することが期待される。

　そして、初めの3年間の共同研究の成果として、浮かび上がって来た「北欧ケア」の特徴は、1）上に広い意味で「ケア」と呼んだ各分野の連携が機能しており、医療・看護・介護・福祉を繋ぐ全体としての「ケア」を考える「ケア学（caring science）」という考えが広まって来ていること[22]、2）これも広い意味での「在宅」（ユニットケアを中心にした「特別住宅」も「在宅」と考えられる）あるいは「地域」（コミュニティないしコミューン）を中心に「ケア」が行われる体制を基本として、病院モデルの「患者中心」よりも在宅モデルの「生活者中心」という考え方が大切とされていること、そこから、本書で紹介する「生活世界ケア」という考え方が現れていること[23]、3）「自立／自律」の

思想とともに「連帯／共生」の思想が長い歴史とともに深く根づいていること、などであった。

また、日本とスウェーデンの両国で看護師の経験をもち、いまはストックホルム在住で、主に医療・介護関係のツアーなどで通訳をしているスティア純子氏から、スウェーデンでは安楽死の問題や終末期医療の問題がどう考えられているか[24]をお聞きする事ができたのも成果であった。彼女から個人的に伺った話のなかでも私たちの共同研究にとっても重要と思われたのは、1）19世紀来の国民運動のなかで共同で作業をすること（連帯）と自分のことは自分ですること（自立）とが、連動しながら形成されてきたこと、2）ケアは当人が自分でできるように補助することであって、自己決定を大切にして、手を出し過ぎないこと、3）患者／利用者に焦点を当てた医療と介護により、病院での治療期間は短く（平均在院日数は6日間くらいで、日本の35日間くらいに比べ圧倒的に短い）、あとはできるだけ在宅で健康管理ができるようなケア（地域医療、社会福祉）の制度を整えていること、4）デンマークのアシスタント（社会保健介護士）と同様、看護と介護をまたぐ仕事として、高校の職業教育を修了してなることのできるソーシャルアシスタントないしアンダーナース[25]と呼ばれる資格があり、介護施設や在宅ケアで活躍していること、などであった。

また、同様にヨーテボリ在住で福祉関係の翻訳の仕事も多いハンソン友子氏から「スウェーデンの社会福祉」についてのレクチャーを受けた後、知的（発達）障害者のグループホームを見学させていただく機会を得た。そこで障害者のためのパーソナルアシスタント制度の話をうかがったが、その後、ハンソン氏らの翻訳により、「スウェーデンの高等学校で看護や介護を行う職員を養成する養成課程用の教科書」である『スウェーデンにおけるケア概念と実践』[26]が出版された。「まえがき」にも、同書タイトルにある「ケア」[27]は、「看護や介護、治療、世話など、人がそれぞれの場でできるだけ快適な生活をおくれるよう周りが行うクライエントへの援助のことを指しています」と書かれているように、「ライフサイクル」「老年学」から始まって、「ケアは看護と介護に共通の土壌」「生活の質と健康」「機能障害」「リハビリテーションと

補助用具」「日常衛生の基本」「人間工学と作業療法」「からだの衛生管理」「診察と処置」「終末期の介護」などを通して、「保健医療機関で働く職員の職務」まで学ぶことができるようになっている。この教科書を見ると、看護と介護を結んでクライエント中心のケアを支える人材を養成する教育プログラムであることがよくわかる。

　以上のケア現場に近い仕事をしてきたスティア氏やハンソン氏の話を踏まえた上で、哲学のテキストを使いながらケア理論を考察してきた前述のダールベリ氏の話を聞くと、どこかで呼応しているところがあるように思われる。現場あるいは実践と理論あるいは哲学との間は、そう簡単な一方通行的な影響関係ではない。つまり、理論や哲学が現場や実践を基礎づけているなどと言うこともできないし、理論や哲学が現場や実践から抽出されてきたなどと言うこともできない。しかし、逆に、ある理論や哲学とある現場や実践とがまったく無関係にそれぞれ別個に成立しているとも思えず、両者の間には何らかの仕方での呼応関係があるように思われるのである。

　さらに、見えてきたのは、北欧諸国は福祉とケアの先進国として知られ、ノーマライゼーションの理念[28]やスウェーデン・モデルの主導価値は紹介されているものの、ネオリベラリズム（新自由主義）の影響後も生き延びている[29]その思想的・哲学的背景は十分明らかにされていない。これまでの私たちの研究は、それらの考え方が北欧諸国の福祉とケアの現場でどう生かされているかを学術的に調査するなかで、一方で在宅・地域ケアの実践の浸透と、他方で生活世界ケアという理論とに、共鳴関係を見出してきた。それを踏まえて、両者の関係が単なる偶然ではない繋がりをもっていることを学際的に調査・解明することが、新しい研究の課題となった。日本でも超高齢社会に対応する「在宅医療・介護」が推し進められるなかで、その思想的基盤を固めるためにも、本研究は大いに貢献することが期待される[30]。

　こうして、続く３年間は、「北欧ケアの思想的基盤を掘り起こす」という目標をもちながら、具体的には、在宅・地域ケアをめぐる、さまざまな学問分野からの理論的な研究と実践的な研究とが出会う場での探求となった。前述のように、この共同研究は、看護学、リハビリ学、社会福祉学、教育学、文

化人類学、哲学、倫理学、死生学といった背景をもつ研究者たちの学際的な研究であるが、前半3年間は、必ずしもいわゆる「北欧学」を背景とする研究者たちばかりではなく[31]、後半3年間に「北欧学」を背景とする研究者3人[32]が加わった。それぞれ異なる学問的関心から「北欧ケア」というテーマに興味をもった研究者たちの共同研究であり、北欧の内部から見ている研究者と外部から見ている研究者が出会って共同研究することによってこそ見えてくることがあるのではないか、と私たちは考えた。

4　北欧在宅・地域ケアへ

　上記のようにして、私たちは、前半3年間の「北欧ケア」の研究から後半3年間では「北欧在宅・地域ケア」の研究へと的を絞っていくことになった。ダールベリ氏のいうように、生活世界に焦点を当てることによって、患者を病院で孤独に自己決定という選択を迫られている単独者としてではなく、本来は自宅にあって家族や周りの人びとと共にあることのなかで生活を送っている言わば共同体（コミュニティ）内存在であることにも目が向けられることになる。とは言っても、実際に自宅に帰れば家族がいるということでは必ずしもなく、スウェーデンでは子ども世代と同居する事は稀なため、一人暮らしの高齢者も多いが、自宅にいる限り、その人にはその人なりのこれまでの歴史とともに周りの人びととの交流もあるのに対して、入院ないし入所をするということはそういう繋がりから断ち切られることなのである[33]。できるだけ早く退院・退所させて、在宅でケアを受けられるようにするのも、その人の生活世界を取り戻させることでもある。患者・クライエントを「病院内存在」としてではなく、在宅にあって周りの人びとに支えられることによって自立した生活を送っている「共同体内存在」「being at home」[34]として捉えることも、生活世界に焦点を当てることによって可能となるだろう。その意味で、「生活世界ケア」は「コミュニティを基盤としたケア」にも繋がるものと考えることができる。

序章　北欧ケアの思想的基盤を求めて

　ただし、上では、単純に「在宅」と「病院」とを二者択一的に対比させたが、ここで、「在宅」という語が日本とスウェーデンでは異なるニュアンスをもつことは、注意しておく必要がある。死亡場所が「自宅」か「病院」かというデータから、第二次世界大戦後の日本は「自宅」で亡くなる人が80％を超えていたのに、1977年頃に逆転して、現在では「病院」で亡くなる人が80％を超えるようになっていること、また近年は、老人ホーム等の高齢者施設で亡くなる人が少しずつ増えてきていることは、しばしば紹介されている[35]。それに比べると、スウェーデンでは（1996年のデータであるが）、「病院」が42％、「自宅」が20％、「特別住宅」が31％となっている[36]。問題は、この「特別住宅」やグループホームを、日本の高齢者施設やグループホームと同じように考えてはいけないということである。日本の特別養護老人ホームやグループホームでもほとんどがユニット・ケア方式（9人で1ユニット）になってきて、大人数部屋の施設ではなくなっているが、このユニット・ケア方式は北欧から学んだものとはいえ、似て非なるものである。日本のグループホームは、9人がグループになって（それぞれが一部屋7畳ほどの個室をもつが、居間・食堂・台所・風呂・トイレが共同で）全体として一つのホームをつくっているのに対して、北欧のグループホームは、9人それぞれがホーム（自分の寝室・居間・食堂・台所・シャワー・トイレなどからなる）をもっていて、それとは別に共同の食堂・居間などをもって一つのグループになっている。ここに入居している人は、それまでに暮らしていた自宅の調度品など多くのものをもち込んで引っ越してくるので、彼らにとってそこはすでに自宅（ホーム）なのである[37]。「要介護高齢者の終末期における医療に関する研究報告」（医療経済研究機構、2002）[38]で、「自宅」20％と「特別住宅」31％を合わせて、スウェーデンの「在宅死亡率」を51％としているのも、そのような背景からである。スウェーデンの「在宅」とは、そのような広い意味で考える必要がある。

　また、この「生活世界ケア」という考えの特徴は、米国流の生命倫理学とヨーロッパ流の生命倫理学との違いを示唆するものでもある。それは、前述のダールベリ氏も立ち上げに関わった「ケア学のヨーロッパアカデミー」[39]の理念らしく、米国流に対するヨーロッパ流の考え方を表すものとなっている。

11

すなわち、これまで米国流の生命倫理は、患者の自立・自己決定を強調してきたが、それに対して、ヨーロッパ流の生命倫理は、生活者の自立・自己決定を認めつつも、それが同時に連帯・コミュニティのなかに位置づけられることをも大切にしようとしている。人間を自由・自立・自己決定・自己責任だけでなく、それとともに、相互に助け合う依存的な存在でもあると考える人間観に基づいて考えようとしている[40]。生活世界ケアとは、自立・自己決定を連帯・共同体へと繋げていく思想であると言えよう[41]。

　北欧諸国では、1950年代から、医療と介護を統合しながら、病院と施設におけるケアから（上記の「特別住宅」も含めた意味での）在宅ケア（在宅医療、在宅看護、在宅リハビリ、在宅介護）へと焦点が移る動きが始まっていた[42]。この在宅ケアと「コミュニティを基盤としたケア」に呼応し合う思想こそ、「生活世界ケア」の思想なのではないだろうか。前述のように、哲学・思想と現場とは、必ずしも単純に繋がっているわけではないし、「生活世界ケア」という考え方が、必ずしも直接に現場や臨床とつながっているわけでもなく、どちらかの一方的な影響があるわけでもない。しかし、にもかかわらず、ある臨床の現場とある思想・哲学との間には、何らかの仕方で呼応し合っていると言わざるをえない。「生活世界ケア」はまさに、「在宅ケア」を中心にすえた北欧諸国のケアのあり方に呼応する、ケアの思想であると言えよう。

　もちろん、「在宅ケア」は北欧諸国に限らず、ほかの欧米諸国にも見られるものでもあり、日本でもないわけではないし、これだけが北欧ケアのみを特徴づけるわけでもないが、それでもそこに着目することが、私たちが北欧ケアから学ぶことのできる重要なことの一つだと思うので、以下、もう少しその点を日本の状況から考えてみたい。

　わが国でも、この数年で在宅医療・介護をめぐる状況は変わってきた。2006年に、高齢者ができる限り住み慣れた過程や地域で療養しながら生活ができるよう、また、身近な人に囲まれて在宅での最期を迎えることも選択できるようにすること等を目的として、「在宅療養支援診療所」が診療報酬上の制度として整備されて現在に至っている。しかし、そのためには24時間・365日必要に応じて訪問診療や往診に行く体制を整えなければならず、チームによる

ネットワークなしには医師一人の診療所ではできないし、また、訪問看護やケアマネージャや地域包括支援センターとの連携、あるいは紹介元であり必要な時には後方病院として受け入れてくれる病院との連携なども必要となる。

日本医師会総合政策研究機構のワーキングペーパー「在宅医療を担う診療所の現状と課題―「診療所の在宅医療機能に関する調査」の結果から―」（2011年4月26日）[43]によると、「在宅療養支援診療所」の届け出は全国18,052施設に至っているが、地域や診療科に偏りがあるという。「考察」において、「在宅医療への参入が依然少ないことや、在宅療養支援診療所と、届出はしていないが在宅医療を行っている診療所双方に、在宅医療の継続に関するモチベーション維持が、困難な状況にあることが判明した」と述べ、「24時間体制維持のための、連携医療機関や緊急時の病床確保に関しては、2割弱の診療所が十分対応できていない」とも報告していた。

そのような状況のなか、厚生労働省による「在宅医療・介護あんしん2012」（厚生労働省、2012）[44]が動き始め、「在宅医療・介護の推進」が謳われ、「日常生活圏域（30分でかけつけられる圏域）における「医療との連携強化」「介護サービスの充実強化」「予防の推進」「見守り、配食、買い物など、多様な生活支援サービスの確保や権利擁護など」「高齢者になっても住み続けることのできるバリアフリーの高齢者住まいの整備」を結んだ「地域包括ケアシステム」が構想されている。「在宅医療・介護の推進プロジェクト」として、「在宅チーム医療を担う人材の育成」「実施拠点となる基盤の整備」「個別の疾患等に対応したサービスの充実・支援」を謳って2012年度予算が計上された。

それ自体プロジェクトとしては悪くないように見えるが、それと並行して医療費を抑制するために診療報酬が改訂され、患者の在院日数が増えると病院の経済状況を圧迫することになり、高齢者が退院を迫られる事態が相次いでいる。退院後の受け入れ先も見つからず、公的な介護施設の数も不足したままで、不安を抱えながらも、ひとり暮らしの高齢者が自宅に帰るしかない状況である。在宅医療・介護の受け皿になる体制がまだ整っていないなかで、医療費削減の方針が先行してしまって、病院からの退院を迫るという状況になっているのである。数年前までは、多くの患者が「病院で死ぬこと」では

なく「在宅で死ぬこと」を、実際には叶えるのが難しいながらも、望んでいたのに、いまや国の医療費抑制という方針によって「もう病院で死ねない」こととなり、「在宅ケア」の環境が十分に整わないままに「在宅で死ぬこと」が余儀なくされている[45]。

　さて、このような状況のなか、在宅医療・介護の先進国であるスウェーデンで生まれた在宅ケアと呼応した生活世界ケアの思想が、このような日本に生きる私たちにとってどのような役に立つというのだろうか。筆者は、こう考えている。日本政府の方針には、確かに手順にちぐはぐなところが沢山あり、根本的な思想や哲学のないままに目先のことに追われているところも多々あるが、これからの日本を考えると在宅医療・介護という方向に転換せざるをえないし、それは多くの一般国民の願う方向でもあったはずである。ただ、それを支えていく制度と現状が追いついていないし、国民の意識やそれを支える死生観、そして、在宅ケアを支える哲学も追いついていない。しかし、将来を見据えると、医療・看護・介護・福祉を支える生活世界ケアの思想は、ケアされる人の世界にアプローチし、さらにはその看取りを支え、ひいてはこれからの日本を支えて行く思想にもなりうるのではなかろうか。その意味で、私たちは、在宅ケアの将来を見据えようとしている[46]。

5　本書の構成

　第1部「在宅ケアから」では、まず、北欧における「在宅ケア」の由来を踏まえたうえで、その問題点と展望とを論じ、日本の状況と照らし合わせながら考察することを通じて、北欧ケアの思想的基盤を掘り起こすための準備作業を行う。続いて、第2部「ケアの現場から」では、北欧のさまざまなケアの現場（高齢者ケア、認知症ケア、知的障害のケア、精神科地域ケア）を見学・インタヴューによる調査により見えてきたことを考察することを通じて、別の角度から同様の準備作業を行う。そして、第3部「北欧ケアの思想的基盤へ」では、「生活世界ケア」「生と合理性を繋ぐ思想」「ノーマライゼーション」「フ

ェミニズム」という4つの観点から、その思想的基盤を掘り起こす作業を行う。ここでは4つのテーマのみを取り上げることになったが、それ以外にも、各章に散りばめられ、これまで言及してきた、「自立／自律と連帯／共存」や「看護と介護と福祉をつなぐケア学」なども、同様に北欧ケアの思想的基盤と考えることができよう。

　以下、もう少し、各章の論点を紹介しておく。

　第1章「在宅ケアの歴史と現在」では、福祉国家の特徴の1つである普遍主義（所得に関係なくサービスを受給できるというあり方）がホームヘルプサービス（在宅ケア）においてどう考えられるか、を論じている[47]。デンマークのホームヘルプの歴史を、「できるだけ長いあいだ在宅で」というスローガンが生まれ、「高齢者福祉の三原則」（生活の継続性、自己決定の尊重、もてる能力の活用）が打ち出された時期から、新自由主義（ネオリベラリズム）の影響を受け、公共・行政も民間の手法を取り入れて、効率的にサービスを提供することなどが導入された時期までの変遷を跡づける。ホームヘルプに市場原理が導入され、その供給が抑制されるようになったものの、利用料無料という普遍主義の原則は守られている。古き良き時代の「伝統的な北欧モデル」だけでは捉えられず、横の多様性と縦の変容を分析することでその諸相を正しく捉える必要がある、と論じられる。

　第2章「在宅介護主義のゆくえ」では、「北欧ケア」という語を使うことによって「北欧諸国」と「ケア」それぞれの多様性が見失われないかと、疑問を呈するところから始め、この章では、あくまでもスウェーデンの高齢者在宅介護（ホームヘルプ）に焦点を合わせようとする。戦後福祉国家における高齢者介護モデルの変遷を整理したうえで、在宅介護主義の功罪を議論する。グローバル化と資本化が進む中で、財政の縮小化と市場主義の影響がある中でも、「コミューン自治を基盤とした高齢者介護」は形を変えて残っており、そこには住民の「ロイヤルティ」（コミューン税で運営される高齢者介護に対する信頼と期待）という背景があるからだ、と論じられる。

　第3章「家と施設をつなぐもの」では、文化人類学的な視点から、ケアにとっての家財の記憶とエージェンシーに着目した研究をもとに、スウェーデ

ンにおける家と施設をつなぐものを考察している。スウェーデンでは、1人になっても、ホームヘルプを使いながら、自宅で過ごし、自立を大切にという人は多いが、必要によっては施設に移る時も、愛着のある家財を施設の部屋にもち込むことによって、そこを「家のような（アットホームな）空間」に変えている。家というのは、ハコがあって、そこにヒトがいるというだけでなく、そこに、自分の身の回りの大切なモノどもがいろいろあってこそ成り立っている、と論じられる。

第4章「人間的な生の拠り所としての「ホーム」」では、死生学の立場からホーム・ケアないしビーイング・アット・ホーム（家に住む存在）の意味について考察しながら、日本には、在宅主義イデオロギーが政策レベルではあっても、それは在宅ケアを80～90年代からやってきた実践の現場にいる人たちがもってきたものでは必ずしもなく、どうして在宅ケアを推進するのかという根拠、すなわち、在宅ケアの基礎論が欠落している。ホームとケアは深い関係にあり、自宅でなくともアットホームと思える場所は、人間として生きる限り必要な場所であって、ビーイング・アット・ホームという人間のあり方に基づいて、ホームケアをどう展開すべきかを考えるべきだ、と論じられる。

続いて、第2部「ケアの現場から」に入り、第5章「高齢者ケアの現場から」では、理学療法学の立場から日本の高齢者ケアと北欧（特にスウェーデン）の高齢者ケアが比較考察される。そのなかで、決定の自律、ハレとケのケア、普通の暮らしを支えるケアが論じられ、「ケアの主体は利用者である」[48]という言わば当たり前のことがどれだけケアの現場で具体化できるかがが重要で、そのためにも、「ケア」「ケアされること」「ケアすること」についての十分な議論と理解が必要である、と論じられる。

第6章「認知症ケアの現場」からでは、看護学の立場から、スウェーデンにおける認知症高齢者の地域ケアにおける看護師の活動に焦点を当てて、認知症ケアの実際とそれを取り巻く枠組み（認知症の施策、看護の供給体制）について考察する。スウェーデンでは、パーソン・センタード・ケアの考え方に基づいて、その人のケアがきちんと行われているかどうかを把握しながらケア

序章　北欧ケアの思想的基盤を求めて

を進めていく。パーソン・センタード・ケアは、その人とその人をケアする人との関係を大切なこととしており、これを認知症ケアの中心に置いているのが重要なところ[49]、と論じられる。

第7章「知的障害児者地域ケアの現場から」では、障害児教育学の立場から、スウェーデンにおけるホームケアとグループホームの違いを確認し、グループホームの調査を踏まえて、地域ケアとしての知的障害児者支援を論じ、その思想的理念と実践をまとめている。スウェーデンでは、「自宅」でもない「施設」でもないグループホームによって、「脱施設化」とともに「脱家族化」が進められてきた。福祉サービスの保障における自治体・県・国の「公的責任」体制の維持は、障害児者本人の「自己決定」を重視した「自立」観が、「連帯／共生」に繋がっている、と論じられる。

第8章「精神科地域ケアの現場から」では、精神科領域における理学療法という関心から、北欧と日本の精神医療のケアの比較が論じられる。北欧の精神医療では、一般的に、精神科病院での入院期間は2〜3週間であり、その後は地域精神保健センターを拠点とする地域ケアが中心になっている。また、北欧の精神科リハビリテーションには身体のケアを専門とする理学療法の対応があり、これらの点において、日本の精神科医療・ケアとは大きく異なる。日本でも「包括型地域生活支援プログラム：ACT」が広がりつつあるが、まだまだ今後の課題となっている、と指摘される[50]。

続いて、第3部「北欧ケアの思想的基盤へ」に入り、第9章「生活世界ケアという思想」では、スウェーデンの「ケア学」研究者により、パターナリズムに対して患者中心のケア（パーソン・センタード・ケア）が主張され、それはそれなりの役割を果たしてきたが、これは患者を自立し自己決定をする近代的な個人として前提しており、患者が実存的な傷つきやすさをもち、他者とともにある生活世界に巻き込まれていることを無視するものであり、固有の時間・空間性、身体性、間主観性をもった生活世界という考えに導かれたケアが必要と主張する。在宅ケア・地域ケアを考えるとき、病院のなかで孤立した患者が自己決定するというモデルではなく、生活世界のなかの生活者が他者との関わりのなかで、他者に依存しながらともに決定するというモデ

17

ルで考えるための手がかりを与えてくれる、と論じられる。

　第10章「生と合理性をつなぐ思想」では、哲学から音楽療法を研究する立場から、音楽療法の質的なアプローチの中心地ノルウェーにおいて、音楽療法の研究者ブリュンユルフ・スティーゲ（Brynjulf Stige）から学んだことを手掛かりに、コミュニティ音楽療法の背景に、生（生活）[51]と合理性の間をつなぐような思想が息づいてきたことを探り当てようと、北欧ロマン主義に焦点を当てる。生（生活）と合理性の間をつなぐような思想文化の伝統が、のちに「生きるための学校（フォルケホイスコーレ）」の創始者となったデンマークの教育思想家グルントヴィにも影響を与えている、と論じられる。

　第11章「ノーマライゼーションという思想」では、哲学研究者と教育学研究者の共著により、デンマーク、スウェーデンに焦点を当てて、ノーマライゼーションという理念の由来と現在について論じる。1981年の国際障害者年がきっかけとなって、日本でもノーマライゼーションという言葉が使われるようになったが、ノーマライゼーション提唱後、本家といわれる北欧では、ノーマライゼーションという語は最近使われなくなってきている。日本では、障害者のみならず高齢者も含めて、福祉を語るさいに、枕詞のように使われる傾向があるが、北欧の実践を分析しようとするなら、それを日本のノーマライゼーションをめぐる状況に引きつけないほうがいいかも知れない、と論じられる。

　第12章「フェミニズムという思想」では、臨床哲学を学んできた研究者という立場から、ジェンダーとケアのパースペクティヴ（視野ないし枠組み）から北欧のケアとジェンダーの関わりを論じる。「ケアの倫理」では、最初から「自立した個人」を前提するのではなく、自立は独立（independence）ではなく、相互の支えあい（interdependence）によって初めて成り立っており、人間関係のなかで人間は自立していく、と考えられる。人間の生活は、そもそもケアしケアされるという、相互の支えあいを基盤としている。こうした「ケアのパースペクティヴ」から北欧の普遍主義を見る時、女性を労働力として確保し、その代わりにケアを社会化したことにより、はからずも「ケアのパースペクティヴ」を制度の中に取り込んだのではないか、と論じられる。

6　おわりに

　日本における北欧福祉の研究と言えば、おそらく30年を越える長い歴史が
ある。文献の多くは、福祉学・政治学・経済学関係者によるものだが、なか
には、私たちが焦点を当てようとした思想的基礎や哲学的背景にヒントを与
えてくれるような文献もある。そのような「北欧学」の伝統からすると、私
たちの初期のメンバーはそれぞれ別の関心からやって来た「新参者」だった。
その後、「北欧学」を専門に研究するメンバーにも加わってもらったが、私た
ちの共同研究は、医療、看護、リハビリ、介護、福祉、保育、教育まで広が
る「北欧ケア」を、哲学・死生学・文化人類学といったこれまでこの分野に
あまり関わって来なかった研究者も参加して学際的に、しかも、実地・現場
の調査を踏まえ、現場の人たちと研究者の人たちとの議論も踏まえて行うと
いうところに、これまでにない特徴をもっていた。それが「北欧学」のみな
らず、さまざまな分野で新たな刺激となってくれれば、幸いである。

注
1) アーネ・リンドクウィスト／ヤン・ウェステル (1997)『あなた自身の社会―スェーデンの
　中学教科書』(川上邦夫訳) 新評論.
2) 同書では、ほかにも、「法律と権利」について「犯罪」「暴力」「犯罪者更生施設」とともに
　論じ、「あなたと他の人々」について「女の子と男の子」「若者とアルコール」とともに論
　じ、「あなた自身の経済」について「税金」や「広告」とともに論じ、「私たちの社会保障」
　について「児童福祉」「離婚」「病気」「障害者」「老人」とともに論じられている。筆者は
　寡聞にして、このような内容の中学校社会の教科書が日本にもあるのかどうか、詳らかで
　ないが、中学校からこのような教育をしていることが、「北欧ケア」の培養土になっている
　のではないか、と思われる。
3) 拙稿 (2016)「グリーフケアのために―臨床哲学からのアプローチ―」上智大学グリーフケ
　ア研究所編『グリーフケア』4, 3-18.
4) 拙稿 (2006)「魂のケアについて―仏独・ホスピスとスピリチュアル・ケア研修報告―」『人
　文論集』(静岡大学人文学部編), 56 (2), 1-23.
5) 拙稿 (2008)「高齢者ケアの倫理と法をめぐって―北欧の高齢者ケア視察研修報告―」『対
　人援助の倫理と法―「臨床と法」研究会活動報告―』(科学研究費報告書) 3, 97-106.
6) ダールベリ氏に誘われて「ケア学のヨーロッパアカデミー (The European Academy of
　Caring Science)」(http://www.eacs.nu) 立ち上げのミーティングに参加させていただいた。

また、北欧の「ケア学」については、2000年から、Nordic College of Caring Science という出版社が、*Scandinavian Journal of Caring Sciences*（SCAND J CARING SCI）を発行している。

7) 本書第9章の著者であるカーリン・ダールベリ氏のことである。その後の共同研究については、次を参照。拙稿（2012）「北欧ケア研究のために―もう一つの現象学的アプローチ―」『看護研究』45-05：特集「北欧ケアとは何か　看護研究への示唆」428-474.

8) 本書は、科学研究費・基盤研究（B）（海外学術調査）2010年度～2012年度・研究課題「北欧ケアの実地調査に基づく理論的基礎と哲学的背景の研究」（代表：浜渦）、および、科学研究費・基盤研究（B）（海外学術調査）・2013年度～2015年度「北欧の在宅・地域ケアに繋がる生活世界アプローチの思想的基盤の解明」（代表：浜渦）の研究成果の一部である。

9) 本書第5章参照。

10) それら「四苦」とさまざまに絡み合いながらも、別の問題としてともに考える必要があるのが「障害」という「苦」であろう。なお、「障害」という表記については、「害」という字を避けて「障がい」と表記するような動きもあり、大阪大学でも理事（人権問題担当）名で全教職員に対して、「「障害」という言葉が、単語あるいは熟語として用いられ、前後の文脈から人や人の状態を表す場合は、「障がい」と表記する」という通知（平成28年3月9日）が配信されたが、本書では、各研究分野の温度差を配慮して、「障がい」という表記に統一を強制することはせず、各執筆者の判断に委ね、「障害」という表記も可とすることとした。

11) 拙稿（2015）「生老病死と共に生きる―ケアの臨床哲学にむけて―」『哲學』（日本哲学会編）66, 45-61.

12) 拙稿（2012）「第10章　ケアの倫理と看護」シリーズ『生命倫理学』第14巻「看護倫理」（浜渦辰二・宮脇美保子編著）丸善出版。

13) 拙稿（2012）「北欧ケアと日本のケア―哲学の立場からの比較」『地域リハビリテーション』7 (12), 1042-1045. 備酒伸彦編著（2012）『地域リハビリテーション』「連載：みんなでケアを考える！―哲学者、文化人類学者、ケア研究者、従事者が一緒に考えるこれからの高齢者ケア」7(9-12), 8 (3), 三輪書店。

14) 本書第2章で指摘される通りである。

15) Hamauzu, Shinji (2009) "Narrative and Perspective", Nordic Society for Phenomenology, VII Symposium Husserl 150.

16) この点については、本書第12章参照。

17) レグランド塚口淑子（編）（2012）『スウェーデン・モデルは有効か―持続可能な社会にむけて』ノルディック出版.

18) これらについては、次を参照。尾崎和彦（1994）『北欧思想の水脈―単独者・福祉・信仰―知論争』世界書院；同（2002）『生と死・極限の医療倫理学―北欧・スウェーデンにおける「安楽死」問題を中心に』創言社；同（2002）『スウェーデン・ウプサラ学派の宗教哲学―絶対観念論から価値ニヒリスムへ』東海大学出版会；同（2006）『ディープ・エコロジーの原郷―ノルウェーの環境思想』東海大学出版会。

19) 18世紀のグルントヴィ（本書第1章参照）から19世紀のクリステン・コル（Christen Kold）に継承されたフォルケホイスコーレの教育思想が、国民全体に浸透していると言えるかも知れないが、思想的基盤にとっての教育の重要性を承知しつつも、ここでは教育にすべてを帰すような方向は取らなかった。本書では取り上げることができなかったデンマークの

序章　北欧ケアの思想的基盤を求めて

　　教育については、次を参照。清水満（1996）『生のための学校―デンマークで生まれたフリースクール「フォルケホイスコーレ」の世界』新評論；クリステン・コル（2007）『コルの「子どもの学校論」―デンマークのオルタナティヴ教育の創始者』（清水満訳）新評論.
20）前掲注8参照。
21）枚挙にいとまがないので、本書各章で挙げられている参考文献を参照。
22）前掲注6参照。
23）本書第9章参照。なお、「ケア」と「ケアリング」とを区別して論じる傾向もあるが、ここでは、とくに区別せずに、文脈により使い分けている。
24）本書では取り上げることができなかったが、次を参照。宮本顕二・宮本礼子（2015）『欧米に寝たきり老人はいない―自分で決める人生最後の医療』中央公論新社；「スウェーデンにはなぜ「寝たきり老人」がいないのか―幸福度世界1位「北欧の楽園」に学ぶ老いと死」『週刊現代』2015年09月27日号.
25）本書第6章参照。
26）アニータ・カンガス他（2012）『スウェーデンにおけるケア概念と実践（*Vård- och omsorgsarbete*)』（ハンソン友子他訳）ノルディック出版.
27）邦訳では「ケア」と訳されているが、原語のスウェーデン語では、前注のように、「ヴォード（vård）とオムソーリ（omsorg）」となっている。両語の微妙なニュアンスの違い、さらに「サービス」と「ヘルプ」の重なりとずれについては、次を参照。斉藤弥生（2014）『スウェーデンにみる高齢者介護の供給と編成』大阪大学出版会，129-134.
28）本書第11章参照。
29）このあたりについては、本書第2章、第3章を参照。
30）本書第4章参照。
31）第5章の備酒伸彦、第8章の山本大誠の両氏が、スウェーデン、デンマークを背景とした研究を行っていた。
32）第2章を担当した石黒暢、第3章を担当した斉藤弥生、第7章を担当した是永かな子の各氏である。
33）そこで、できるだけ「家と施設をつなぐもの」を失わないようにするための努力については、本書第3章参照。
34）本書第4章参照。
35）厚生労働省「人口動態調査」および『高齢社会白書』など参照。
36）本書第4章参照。
37）本書第3章参照。
38）厚生労働省中央社会保険医療協議会資料（平成23年1月21日）参照。
39）前掲注6参照。
40）ドイツ連邦議会審議会中間答申（2006）『人間らしい死と自己決定―終末期における事前指示』（山本達監訳）知泉書館；ドイツ連邦議会審議会答申（2004）『人間の尊厳と遺伝子情報―現代医療の法と倫理（上）』（松田純訳）知泉書館。本書第12章も参照。
41）拙稿（2012）「応用現象学とケア論―北欧現象学との交流のなかから」『文化と哲学』（静岡大学哲学会編）**29**, 1-14.
42）詳しくは、本書第2章および第3章参照。
43）http://www.jmari.med.or.jp/research/research/wr_455.html（2017年5月2日）
44）http://www.mhlw.go.jp/seisakunitsuite/bunya/kenkou_iryou/iryou/zaitaku/dl/anshin

21

2012.pdf（2017年5月2日）これについて詳しくは、本書第4章参照。

45）NHKクローズアップ現代「もう病院で死ねない〜医療費抑制の波紋〜」（2012年5月29日放映）。

46）本書第1部「在宅ケアから」を参照。

47）本書全体としては、日本との比較を考えて、主に「在宅ケア」という語を使っているが、北欧の現場ではふつう「ホームヘルプ」ないし「ホームヘルプサービス」という語が使われるようである。微妙に考え方が異なるかも知れないが、ここでは置き換え可能な言葉として使用しておく。

48）これは、本書第6章で紹介される「パーソン・センタード・ケア」にもつながっていくことであろう。

49）本書第9章の「生活世界ケア」へのつながりも参照。

50）拙共著（2015）「精神障がいをもつ人たちを地域で支える取り組み「べてるの家」訪問研修報告」『臨床哲学』（大阪大学大学院文学研究科臨床哲学研究室編）**16,** 158-253；拙共著（2016）「精神障がいをもつ人たちを地域で支える取り組み（2）沖縄訪問研修報告」『臨床哲学』（大阪大学大学院文学研究科臨床哲学研究室編）**17,** 154-188.

51）断るまでもなく、ほとんどのヨーロッパの言語では、日本語で「生」「生活」「人生」「生涯」「いのち」と訳される言葉は、1つ（英語では、"life"）である。第9章で「生活世界」というのと、第10章で「生」というのとは、同じ語であることに注意されたい。

第 1 部

在宅ケアから

第 **1** 章

在宅ケアの歴史と現在
—— デンマークにおける在宅ケアの歴史的展開 ——

石黒　暢

1　はじめに

　デンマークをはじめとする北欧諸国の社会保障制度は「北欧モデル」として国際的に注目されることが多い。高齢者介護分野においては、高齢者が社会サービスを受けながら、家族に依存することなく、住み慣れた地域で生活を継続することができる仕組みが整備されており、日本の高齢者介護施策の展開においても、北欧の施策を大いに参考にしてきたといわれている。

　北欧諸国の福祉国家の特徴の1つとして普遍主義（universalism）が挙げられる[1]。普遍主義とは一般的に、所得に関係なく均一の給付またはサービスを受給できる分配のあり方をさすが、実は複雑で多義的な概念であり、何をもって普遍主義というのか、研究者のなかでも見解は分かれている[2]。また、普遍主義という概念は時代と共に変化し、さらに政策分野によっても解釈が異なる。本章のテーマである高齢者介護分野において、普遍主義はどのように捉えられるのであろうか。北欧の社会サービスにおける普遍主義（social service universalism）は、社会のすべての階層に対してサービスが提供され、利用されていることと捉えられることが多いが[3]、これに対して、受給資格とアクセシビリティ以外の側面にも目を向ける必要があるという主張もある[4]。

　本章では、在宅ケアのなかで特にホームヘルプに焦点をあてる。普遍主義

の概念やホームヘルプサービスにおける普遍主義とは何かを簡単に整理した
うえで、デンマークの在宅ケアの歴史的変遷をたどる。特に日本において、
普遍主義的で量的にも質的にも充足していると捉えられがちなデンマークの
ホームヘルプサービスが、どのように変容してきたのかを批判的に論じたい。
北欧におけるケアの思想的・哲学的背景を明らかにするという本書の目的を
鑑みると、北欧各国の在宅ケア施策のダイナミズムを捉え、静的なモデルと
しての「伝統的な北欧モデル」のみにとらわれない広遠な視野を獲得する必
要があると考えるからである。

2 普遍主義の概念整理

1）普遍主義とは

　普遍主義とは、最狭義には、資力調査をせずに一定の条件を満たす者を対
象として給付やサービスを行うという意味である[5]。宮本太郎[6]によると、普
遍主義は、全体的な〈体制レベル〉と個々の〈政策レベル〉に分けて考える
必要がある。〈体制レベル〉の普遍主義という場合、すべての〈政策レベル〉
で社会福祉の給付やサービスが各政策分野にわたってすべての市民に提供さ
れている状況をさすが、厳密にいえばこのような状態は非現実的であり、そ
の意味で、これは1つの理念型であるといえる。また、〈体制レベル〉と〈政
策レベル〉の普遍主義は常に一致するわけではない。
　〈体制レベル〉での普遍主義の起源は1942年にイギリスで出された『ベヴァ
リッジ報告』にさかのぼる。当時のイギリスでは、資産・所得調査とスティ
グマを伴う選別主義的な救貧法に対して反対する運動から普遍主義の主張が
形成され、『ベヴァリッジ報告』へと結実した[7]。同報告は、健康保険と失業
保険、老齢年金などについて、一部の階層だけでなくすべての国民を等しく
対象とし、均一拠出・均一給付を原則に、最低生活費をナショナル・ミニマ
ムとして保障することを求めた。

一方、北欧諸国においては〈政策レベル〉での普遍主義が『ベヴァリッジ報告』よりも早い時期からみられていた。たとえば、スウェーデンでは1914年に世界でもっとも早く国民皆年金制度が導入されている。デンマークでは1891年に制定した老齢手当法（Alderdomsunderstøttelsesloven）に最初の普遍主義的な要素が見受けられる[8]。ドイツのような社会保険方式ではなく、非拠出型で租税財源をもって60才以上の高齢者の所得保障を行うという意味で普遍的であった。ただ実際は、すべての高齢者を対象としていたわけではなく、過去10年間に救貧法の援助を受けていない高齢者に限定されていた[9]。

〈政策レベル〉の普遍主義はさらに、水平的普遍主義と垂直的普遍主義に区別できる[10]。水平的普遍主義とは、職域に限定されることなく国民をヨコ並びに包摂するもので、ここでは、資力調査による一定の選別もありうる。たとえば、デンマークで年金生活者以外の国民に支給されている家賃補助（boligstøtte）がこれに当たる。一方、垂直的普遍主義とは、所得階層に沿ったタテの包摂であり、この場合、所得調査は基本的に廃止される。たとえば、デンマークで親の所得に関係なく18才未満の子どもに支給される児童手当（børneydelse）がこれに当たる。

普遍主義は1つの定義にあてはまらない多義的な概念であり、国によっても捉え方が違う。イギリスでは、普遍主義を各給付の性質として捉える傾向があるのに対し、北欧諸国では、普遍主義を福祉国家の性質として捉えるとともに、普遍主義的な政策の結果としての平等を重視する傾向がある[11]。実際、イギリスでは均一拠出・均一給付の原則にのっとった社会政策をとった結果として、階層間の平等を達成できていない。たとえば、ベヴァリッジ年金は、戦後イギリスの低成長経済に制約されて給付水準がきわめて低く、そのためにホワイトカラー層の生活水準を満たすことができず、多くは労使協約による職域年金や私的年金に走るという二重構造を生み出した。それに対して、北欧諸国は、各給付の普遍主義的な性質にはこだわらず、所得比例的な分配方法も採用しているが、結果として階層間の平等を一定程度達成することに成功している[12]。つまり、〈政策レベル〉での普遍主義にこだわったイギリスは〈体制レベル〉での普遍主義を達成することに失敗し、〈政策レベ

ル〉では選別主義的な手法も採用した北欧諸国は〈体制レベル〉での普遍主義をより高い度合いで達成したということができるだろう。

　また、20世紀前半に普遍主義を目指したヨーロッパ国家の背景にも言及する必要がある。普遍的な社会政策が求められたのは、人道的な観点からというよりはむしろ国力を増強するという観点からが大きいと思われる。人口再生産を促し社会の結束力を高めることの必要性が強調されていたが、それは、労働力と兵力を増強し、社会的秩序の安定をはかるためであった。ベヴァリッジ報告やそれに続く先進国の普遍的な社会政策は、国民のニーズよりもむしろ国力を高めるという国全体のニーズを出発点としていた。たとえば、1930年代から40年代にかけて北欧諸国が家族政策を中心にして普遍主義的な政策を展開したのも、国家を強化するために出生率を高めることを目指す意図が含まれている。しかし、国民の利益と国家の利益は必ずしも相反するものではなく、重なり合う立脚点である[13]。

　普遍主義的な社会政策の強みは、社会構造を何重にも分断せず、国民の連帯により、共生社会の構築を可能にすることにある。選別主義的な社会政策では、階層間の利益対立が生じ、社会構造の分断により国民連帯をはかることは難しいのである[14]。

2）社会サービスにおける普遍主義（social service universalism）

　在宅ケアサービスのような社会サービスが普遍主義的であるためには、アクセスしやすいものであるかどうか（accessibility）が重要なポイントとなる。ディートマル・ラウフ（Dietmar Rauch）[15]は、普遍主義的な社会サービスとは、サービスを必要とするすべての国民をカバーし、すべての国民にとってアクセスできるサービスであると述べている。普遍主義的なサービスは、まず、社会権に基づいて提供されることが基本的な要件となるが、福祉サービスの場合、社会権に基づき誰でもサービスを受けられるわけではなく、受給資格が定められており、ニーズに基づきサービスが提供される。高齢者介護の場合、日本の介護保険では、全国一律の要介護認定で介護を必要とするニーズ

の度合いが判断され、要介護度の限度額の範囲内でニーズに応じたケアプランが作成される。デンマークでは、各自治体が採用する方法で介護ニーズ査定が行われ、ケアプランが作成される。いずれの場合にも一定の基準に基づいてニーズが判断されるわけであるが、採用されている基準の内容によって、サービスの受給者の範囲が左右される。

　ミア・ヴァブー（Mia Vabø）ほか[16]は、社会サービスの普遍主義を論じるためにはより広い視野が必要であるとし、「アクセスしやすさ」だけでなく、「経済的に入手可能である（affordable）こと」や「サービスが魅力的である（attractive）こと」を必要条件として挙げている。

　「経済的に入手可能であること」は、サービスの利用料との関連で論じられ、低所得層でも支払い可能な利用料に抑えなければ、すべての階層に普遍的に利用されることができない。したがって、所得階層に応じて利用料を変える（応能負担）といったポジティブな選別性（positive selectivity）は普遍主義に反することではない。しかし、所得階層による利用料の格差を大きくしすぎると、高所得者層がサービスを利用するインセンティブが小さくなる。これは特にサービスの質が不十分であるときに起こりがちであり、利用料のわりには十分満足できるサービスが受けられないという場合、高所得者層は公的なサービスではなく民間のサービスを利用する傾向が強くなる。所得による二重構造を生み出すわけである。

　この意味においても「サービスが魅力的であること」は普遍主義を支える重要なポイントである。とりわけ、高齢者にとって魅力的なサービスであるためには、高齢者のもつ多様なニーズに介護サービスが応じることができるかどうかが問われる。普遍主義は、すべての人に同様の方法で対応するという画一性と混同してはならない。高度な普遍主義は多様性に対して繊細でなければならず、多様な個人の多様な価値規範やニーズを許容するのである[17]。

　ヴァブーほか[18]は、以上のような指標を用いて、スウェーデンとノルウェーのホームヘルプの普遍主義を分析している。本章においては、同様の観点からデンマークの在宅ケアの歴史的変遷を考察する。

3 在宅ケアの歴史的変遷

本節では、デンマークの福祉国家と在宅ケアの歴史を概観する。まず、18世紀の救貧法制定以降の福祉国家の萌芽と高齢者福祉施策の変遷を追い、ホームヘルプが制度化された1940年代以降は、その発展を中心に、ホームヘルプの公的制度成立期、拡大期、展開期の3つの段階に分けて論じる。

1）福祉国家の萌芽と高齢者福祉施策の変遷（1930年代まで）

中世以降のデンマークでは、家族から支援を受けることができない貧民の救済を教会が行っていた。絶対王政下の18世紀前半を統治した国王は、ドイツから伝わった敬虔主義に影響を受け、デンマークに敬虔主義の時代をもたらした。この時代には上流階級や富裕層のあいだで貧民救済に関心が集まり、最初の本格的な救貧法が制定されたのは1708年のことであった[19]。教区が住民の救貧に責任を負うことが定められ、救済を受ける者は労役所や救貧院に収容され、強制労働が課された。1849年に制定された憲法では、救済を受けることが権利として認められたが、一方で救済を受けると選挙権を失うことが定められた[20]。救済を受けることにスティグマを伴わせることにより、国民が可能な限り自活することを求めたのである。

19世紀のデンマークは戦争（第2次スレースヴィヒ戦争）の敗北や不況に苦しめられた時代であった。1870年代にアメリカからの安価な穀物が大量に輸入されるようになると、デンマークはたちまち農業危機に直面した。そこで富裕な農民は、穀物生産から酪農業へと転換した。耕作用の家畜などをつかって酪農業を始め、おもにイギリス市場に向けたバター、ベーコン、チーズなどの加工食品の輸出を増大させた。そこに冷却装置やクリーム分離機などの加工機械が発明され、小規模な農業経営者らがそれらを導入するために協同組合を相次いで結成した[21]。協同組合は連帯原則によって運営され、組合員の民主主義的な関与が認められていた。農業経営の近代化が進められ、酪農

第 1 章　在宅ケアの歴史と現在

生産を中心とする食料品の輸出を増大させたデンマークは、第一次世界大戦までに国民所得を先進国並の水準にまで押し上げた[22]。農民たちがこのように協同組合を設立・運営する力をつけていた背景には、1814年に他国に先駆けて義務教育制度がデンマークに導入されたことや、1860年代を中心にフォルケホイスコーレ（folkehøjskole, 国民高等学校とも訳される）運動が展開されてきたことがある[23]。フォルケホイスコーレは、牧師N. F. S. グルントヴィ（Nikolaj Frederik Severin Grundvig）の教育理念をもとにした学校であり、ラテン語ではなく母国語デンマーク語による教育、そして書物ではなく生きた言葉による人間教育を提唱した。グルントヴィは、聖職者のような特定の人々ではなく、農民や労働する平凡な多くの人々を豊かにすることを望む価値観を示した[24]。グルントヴィの思想は多くの支持者を得て、熱心な実践家たちの手により全国に学校が設立された。特に高等教育機関の少ない農村地域の青年たちの重要な人間形成、知性覚醒、技術教育の場となり、そこから多くの協同組合リーダーが育っていった[25]。

　農民たちと同様に都市の労働者たちも1870年代から徐々に労働組合の組織化を進めていった。このようにデンマークでは市民の草の根運動から生まれた自発的な組織がさかんに結成され、これらの組織がそれぞれの利益を代表して経済的・社会的・政治的に影響力を行使し、平等主義的かつ普遍主義的な福祉国家の推進に貢献してきたと言える。

　19世紀のデンマークは自由主義的な勢力が強く、労働者階級ではなく中産階級が優勢であった[26]。19世紀のおわりから20世紀のはじめにかけて、デンマークでは一連の大きな社会制度改革が行われた。1つは1892年に制定された疾病金庫法（Sygekasseloven）である。疾病金庫法は、国が認可した疾病金庫に国家補助が投入されることにより、収入額が一定額以下の国民が疾病金庫に加入することを可能とした。1898年には労働災害法（Lov om ulykkesforsikring）が制定され、労働災害に備えて雇用主が強制加入の社会保険を創設することを求めた。1907年には失業金庫法（Arbejdsløshedskasseloven）が制定された。失業金庫は19世紀末から同業者組織によって自発的に組織されてきたものであるが、同法では国家が補助を行うことが定められた。

31

これらの仕組みはいずれも社会保険方式で行われるものである。つまり、保険料負担と保険給付が対価的な関係にあり、保険料を負担した見返りとして給付を受ける。公的な支援を受けるためには自身も経済的負担を行い、貢献することが求められていた。

　一方、同時期に制定された高齢者扶助法（Alderdomsunderstøttelsesloven）は社会保険方式を採用しなかった。大地主勢力を支持基盤にもつ保守系の右翼党（Højre）政権が、主に農民が支持する自由党（Venstre）との合意のもとに1891年に制定した同法は、被拠出型で租税財源（自治体と国が拠出）をもって高齢者の所得保障を行う画期的なもので、デンマーク社会保障史のなかで最初の普遍主義的な特徴が見受けられる仕組みである[27]。原則的に60才以上の高齢者で過去10年間に救貧法の援助を受けたことがない者が「価値ある困窮者」として高齢者扶助の支給対象となった。高齢者扶助法は、救貧法から高齢者福祉施策をはじめて切り離したという意義をもつ[28]。高齢者は一生を通じて働いて社会に貢献したため、権利を失うことなく扶助を受ける権利を有するべきというのがその理由であった[29]。租税財源で普遍的な高齢者福祉制度を構築するというデンマークの高齢者福祉の方向性を確立した法律であったが[30]、過去に救済を受けて社会に負担をかけていないかどうかが問われる点や、本当に困窮しているかどうかが査定される点で、普遍的な福祉給付ではなかった。また、ドイツの首相オットー・フォン・ビスマルク（Otto von Bismark）の社会保険法のような社会保険方式を採用せず自治体と国の租税財源から拠出する方式をとったのは、当時の貧困問題が主に農村部の問題であり、国庫からも拠出される方式をとることによって、負担が農村部に偏らず、都市部からの負担も見込めたからである[31]。また、賃金労働者だけでなく農民を含めすべての国民が恩恵にあずかり得る普遍的な制度を導入する必要があったからである[32]。

　実際に高齢者扶助を受けた人は1892年で34,432人（人口の2％）であった[33]。高齢者扶助を受給している高齢者で自立した生活を送ることができなくなった場合には、扶助金の支給を受ける代わりに救貧院で暮らすことになっていた。1920年代からは高齢者対象の入所施設である養老院（alderdomshjem）の建

設が始まった。

1922年には高齢者扶助法が改正され、支給対象年齢が65才に引き上げられるとともに、扶助が「査定原則」（skønsprincip）ではなく「権利原則」（retsprincip）により支給されるようになった。つまり、それまでのように担当の役人が高齢者の状況を査定して裁量で支給金額を決定するのではなく、収入に応じた固定額が支給されることになった[34]。その後、1956年に大きな制度改正が行われ、より普遍的な国民年金制度が確立した。

20世紀に入ると、都市化がさらに進展し、自由主義的な保守党や自由党に代わって労働者が支持する社会民主党が勢力を拡大し、1924年には社会民主党政権がはじめて誕生し、労働運動を率いてきたトーヴァル・スタウニング（Thorvald Stauning）が初代首相となった。

1920年代からデンマークは不況の時代に入っていたが、1929年にニューヨーク株式市場の株価大暴落に端を発する世界恐慌で経済状況はさらに悪化した。穀物価格も暴落して農業が大打撃を受けるとともに、失業率が増加して労使の対立も激化した。危機的状況に対応する施策を巡って与党の社会民主党・急進自由党陣営と野党の自由党陣営が対立した。輸出に依存していたデンマークの農業不振を打開するために自由党は通貨クローネの切り下げを求め、社会民主党陣営は失業率の増加を受けて社会福祉制度改革を推進しようとした[35]。このような状況を受け、与党の社会民主党と急進自由党および野党の自由党が歴史的な政治合意「カンスラゲーゼ合意」（Kanslergadeforliget）を1933年に成立させた。国家の介入によって労働市場の危機を回避したとともに、政権が構想する社会改革（Socialreformen）への自由党の支持をとりつけた。カンスラゲーゼ合意は、デンマークが左派と右派の対立を乗り越えて中道の道を志向し、民主的な対話によって政党間の妥協をとりつけるとともに、福祉国家の推進に成功したという大きな意味をもつ。

この社会改革はデンマークの社会政策の大きな転換点となった。社会大臣であるカール・クレスチャン・スタインケ（Karl Kristian Steincke）によるこの改革では、それまでに制定された54の法律の複雑な体系を簡素化し、4つの法律（失業保険法、労働災害保険法、国民保険法、公的扶助法）にまとめた。公的な

33

支援を受けることが公民権の剥奪につながる救貧的な取り決めを原則的に廃止し、支援を受けることが社会権であることを強調した点や、社会保障に関する国家の関与と経済的責任を増大させた点においても、現代の福祉国家に向けて大きな一歩を踏み出した改革と言える。ただ、改革は同時に自助原則を強調し、社会保険をかけて自分で自分のリスクに備える必要性をも強調した。このように、福祉国家の萌芽期においては、社会保障給付は労働の見返りとして位置づけられる側面も大きかったと言える[36]。

2）ホームヘルプの公的制度成立期（1940年代〜1950年代）

　それまでの高齢者福祉施策は、高齢者扶助と養老院の提供のみであったが、1940年代に入ってからは「主婦レスパイト」（husmorafløsning）サービスが制度化され、続いて「ホームヘルプ」が制度化された。主婦レスパイトはホームヘルプ制度のモデルとなった仕組みで、1920年代からボランティア組織が運営するサービスとして存在しており、組織の会員となっている主婦の病気・出産時に家事や育児を支援するものとして提供されていた。1940年代には中高年女性の失業・雇用対策として国が主婦レスパイトに助成を行うようになり、財源は国が賄い、実際の運営はボランティア組織が行っていた。その後、主婦レスパイトについて検討する委員会を国が設置し、同委員会は、国と地方自治体が支援する仕組みを制度化すべきだという提言を1947年にまとめた。施設や入院の需要を減少させ、経済的にメリットがあることなどから、1949年に法定化されることとなった。サービス利用者としては子どもをもつ低所得世帯の女性が想定されていたが、高齢者も対象には含まれており、ホームヘルプサービスの起源となるシステムということができる。支援を担っていたのは主婦で、支援者となるには3ヶ月の研修を受けなければならなかった（研修の条項は1952年に削除された）[37]。

　主婦レスパイトは短期間のサービスであり、常時ケアが必要な高齢者は、介護施設に入所することになっていた。また主婦レスパイトを受けるためには資力調査があったが、脱救貧事業が強調されており、誰でも受けることが

できるサービスが意図されていた。

一方、1950年代から、都市部の地方自治体が、それぞれ独自の取り組みとして高齢者を対象とするホームヘルプ事業を始めた。その背景・理由は、老人ホームへの入所や病院入院等を減少させるため、また自宅で長く暮らせることが高齢者にとって理想的と考えられたため、そして中高年女性の失業・雇用対策のため等である。1958年には高齢者対象のホームヘルプサービスが公的な制度となり、法律に定められた。つまり、主婦レスパイトは、民間の取り組みがルーツであったが、ホームヘルプは、一部の自治体の取り組みがルーツである[38]。

地方自治体は主婦レスパイトとホームヘルプサービスを整備して住民に提供していたが、実際には、主婦レスパイトとホームヘルプは一体的に行われ、同じスタッフがサービスを提供している場合が多かった。ホームヘルパーの資格は当初定められておらず、社会省の通達[39]には「年配の女性はホームヘルパーとして十分な仕事をしている」と書かれていたが、1963年に主婦レスパイトのヘルパーと同じ研修を受けることが可能となった[40]。

主婦レスパイトとホームヘルプが制度化された当時は、サービスに関する詳しい規定が定められておらず、規則はゆるやかなものであった。利用者にはサービス利用時間のみが決められ、具体的なサービス提供内容はヘルパーと利用者が比較的自由に相談して決めることができた。多くの場合、ヘルパーは自治体が作成した週間タイムテーブルに従って利用者宅を訪問していた。ヘルパーには経験豊富な主婦が多く、固定的に訪問する利用者と親密な関係を築いて、献身的に支援を提供していた[41]。

施設介護に関しては、1952年に国が自治体による養老院の建設に対して低利子の融資を行うようになり、施設の建築に関する基準が定められた。養老院は次第に居住性の高いナーシングホーム（plejehjem）へと転換されていく。

また、1956年には全国民を対象とする均一給付の国民年金（folkepension）制度が確立し、収入に関係なく67才以上のすべての高齢者を対象に基礎年金が支給されることとなった。

3）ホームヘルプの拡大期（1960年代～1980年代）

　1950年代から1970年代前半にかけては、好景気により経済が発展し、社会保障制度が大きく拡大するとともに、女性の労働市場進出が進んだ時期である。1960年には25～44才の女性の就労率は30％にも満たなかったが、1970年には65％を超えていた[42]。

　1968年には「主婦レスパイトとホームヘルプに関する法律」が制定され、すべての地方自治体が両方のサービスを整備することが義務となった。60年代と70年代にはサービス量が飛躍的に拡大した。また、これ以降、両サービスに関する規定が強化され、サービスの内容や運営について詳細に規定されるようになった。「主婦レスパイトとホームヘルプに関する通達」[43]には、ヘルパーは言動を慎み、できる限りの働きをしなければならないことや、白衣にエプロンをして仕事をしなければならないことが記載されていた[44]。

　社会福祉関係の7つの関連法を1つにまとめた総合的な法律である社会支援法が1974年に制定され、1976年から施行されることになった。これに伴い、主婦レスパイトという名称は改められ、「一時的ホームヘルプ」と呼ばれるようになった。これにより、以前のホームヘルプが「永続的ホームヘルプ」と呼ばれるようになり、高齢者だけでなく必要と認められた人が誰でも永続的ホームヘルプを受けることができるようになり、個別のニーズ査定が強調されるようになった。

　1960年代にはホームヘルパーの専門教育について議論されるようになった。以前のように主婦であれば誰でもできる仕事ではなく、専門知識が必要な仕事として認識されるようになっていった。1974年には4週間の専門教育（後に7週間に改められた）を受けて資格を取得しないと、ホームヘルパーとして勤務できないようになった[45]。

　またこの時期には脱施設主義（在宅介護主義）が盛んに議論され、「できる限り長い間在宅で」が高齢者介護のスローガンとなった。介護が必要であっても自宅で生活を続けたいと考える高齢者が増え、ホームヘルプの仕事はますます高度な専門知識が必要な専門職になっていった。とりわけ、1979年から

1982年の間に社会省の下に設置された高齢者問題審議会が出した3部からなる報告書が社会に大きなインパクトを与えた。報告書のなかで、「生活の継続性」「自己決定の尊重」「もてる能力の活用」という高齢者福祉3原則が提示され、その後の高齢者介護政策に強い影響を与えた。自立支援もこの時期に盛んにいわれるようになったキーワードであり、ホームヘルパーの仕事は、高齢者の能力をできる限り活かすように支援することであると考えられるようになった。

　1980年代から小グループモデルの取り組みがみられるようになり、地区ごとにホームヘルプのグループを組織して、ヘルパーを派遣するようになった。それによってヘルパーの移動時間が短縮されるようになったとともに、ヘルパーが欠勤したときには別のヘルパーが交代することが容易になったが、利用者が決まったヘルパーからいつも支援を受けるという体制が崩れ、利用者とヘルパーの間で固定的で安定した人間関係を築くことが以前より難しくなった。サービス利用時間だけでなく、サービスの内容まで定めたケアプランが作成されるようになり、必ずしも同じヘルパーでなくてもサービスを提供できる体制がつくられた[46]。

　1987年には高齢者住宅法が制定され、続いて1988年には社会サービス法が改正された。これにより、高齢者入所施設であるナーシングホームの新規建設は停止されることになり、それ以降は高齢者の居住に適した高齢者住宅を供給し、外付けサービスであるホームヘルプサービスによって介護を受けることになった。後に、要介護度が高い高齢者を対象に、ホームヘルパーの拠点が建物内に併設されたタイプの住まいである「介護型住宅」が創設され、提供されるようになった。

4）ホームヘルプの展開期（1990年代以降）

　1990年代に入ると、一連の社会改革が議論され、実施されるようになった。ここで強調されたのは国民の義務であり、社会保障を受給する権利をもつためには、国民それぞれが社会における自らの義務を果たさなければならない

ことが明確化されることとなった。1998年から実施された社会改革の目玉は新しく制定された3つの法律「積極的社会政策法」「社会サービス法」「社会行政領域における権利保障および行政管理法」である。このうち「社会サービス法」は、1976年に施行された「社会支援法」を新しく改正したものであった。

　この時期には、介護サービスの質が議論の遡上にのぼるようになった。これは、1980年代より、デンマーク福祉国家の刷新と公的部門縮小が議論され、介護支出抑制策が進められるなかで、サービス利用者の信頼を取り戻し、介護スタッフのモティベーションを高めるために、サービスの質の改善が福祉国家刷新のなかの重点事項となったものである。質を保障するために、中央集権的なトップダウン方式でホームヘルプの供給プロセスがより詳細に規定され、さまざまな制限が課せられるようになった[47]。まず、ホームヘルプの申請・査定手続きがより詳細に規定されるようになり、1995年からは、査定結果を書面に残すことが定められた。続いて1999年からは、基礎自治体にクオリティ・スタンダード（kvalitetsstandard）の作成義務が課された。これは、提供するサービスの内容、範囲、提供について、最低基準を各コムーネが毎年定め、公表するものである。また、高齢者のニーズと高齢者介護サービスに関する言語を標準化・一律化した共通言語（Fælles Sprog）が導入された。

　ホームヘルプにおいて、サービスの標準化をはかるため、利用者宅に入る時間と帰る時間をバーコードで管理する体制をとる自治体が現れ、それを「バーコード方式」と呼び、これを批判する言説が、1997年1月に初めて報じられた。「分刻み体制」とは、ホームヘルパーが分刻みの時間管理に追われ、定められた時間しか支援を提供できないことを表した批判的な言葉であり、2001年8月にデンマークのメディアで初めて使われた。また、「ストップウォッチ方式」とは、ホームヘルプ利用者宅での支援時間をストップウォッチではかる方法を批判した言葉で、2001年11月に登場している。これらの批判的な言説は、2005年2月の総選挙前に加熱し、たびたび報道された[48]。

　2003年にはホームヘルプの自由選択制度が全国的に導入され、公的ホームヘルプだけでなく、民間セクターの提供するホームヘルプを選択することが

可能になった。ホームヘルプの自由選択制度は準市場的な仕組みであり、コ
ムーネに認可された、身体介護・家事援助サービスを提供する民間事業所と、
行政の公的サービスのなかから、利用者は支援を受けたい事業所を自由に選
択することができる。デンマークでは、要介護と判定された者は自己負担な
しでサービスを受けることができるが、民間事業所を選択した場合も同様に
無料で、サービスの運営コストはコムーネが事業所に支払うことになってい
る。また、民間事業所の認可基準をコムーネが設定し、提供される介護の質
が一定以上に保たれるように保障している。サービスの供給を民間に任せて
いても、公共が財源責任と監督責任を負っている点に留意しなければならな
い。これに先立ち、ニーズ判定・支援の発注機能と実際の支援の提供機能を
分離させる「発注・実施分離モデル」(Bestiller – Udfører Model, 略称 BUM) が導
入されている。コムーネには中立的立場のニーズ判定部門が置かれ、同部門
に属するニーズ判定員が利用者宅を訪問し、ニーズ判定をし、サービスをマ
ネジメントする。ニーズ判定員は利用者が選んだ事業所に支援を発注する。

　さらに、数年前から新しいケアのパラダイムとして「リエイブルメント」
(reablement) というリハビリ的支援の考え方がデンマークの介護サービスに大
きな影響を与えている。これは、生活の主体としての高齢者が失った機能を
取り戻し、自立・自律した生活を取り戻すことができるように支援するとい
う考え方である。デンマークではフレザレチャ（Fredericia）市ではじめてリ
エイブルメントの取り組みが行われ、成功をおさめたために、他の自治体がこ
のモデルを導入した[49]。2013年にデンマークのホームヘルプ委員会が出した
報告書に、今後の高齢者介護の重要な原則として打ち出された[50]。このよう
な自立支援は高齢者のクオリティ・オブ・ライフを高めるとともに、介護費
用の増大を抑制することができるというのが導入の背景である。これは「受
動的なケア」から「能動的なケア」への転換を意味する[51]。具体的には、介
護ニーズの査定の段階で、高齢者がサービスを受給しなくても自分の力で生
活を送ることができるよう支援できるかどうかを、一定の時間（多くの場合12
週間）をかけて判断し、可能なことは自立できるように支援していく。この理
念の導入とともに介護費用の削減を見込んで高齢者介護関連予算を削減して

いる自治体もある。このような理念は身体機能に過度の焦点をあてており、機能の向上につながらない支援サービスは提供しない方向へ進む恐れがあるとの批判もある。

このように、〈ホームヘルプの展開期〉は、ホームヘルプの標準化や統制の強化、さらに自立支援の強化が行われた時期である。ケアの標準化と分断化は、現場の視点や高齢者自身の視点を軽視するものであった。標準化や統制の背景にはすべての高齢者に平等にサービスを配分することを目指すという側面があったことは確かである。サービスの配分の条件や内容を詳細に設定し、上部でコントロールすることによって、誰もが同じ条件で同じだけサービスを受けられるように試みたが、結局サービスの硬直化を招き、高齢者の個々のニーズに対応できない結果となった[52]。また、近年の高齢者介護施策では、自立支援により高齢者のクオリティ・オブ・ライフを高めるとともに、増大する介護予算を抑制しようという動きが顕著になってきている。

4　在宅ケアの現在

このような在宅ケア関連施策の変容は何を示すのだろうか。ヴァブーほか[53]の前述の指標を用いて検討してみよう。

1990年代以降、すべての人に平等かつ公平にサービスを提供するためにサービス内容を標準化し、詳細に統制するアプローチをとることにより、ニーズのある高齢者誰もが一定基準のサービスを受ける権利が保障されるようになった。しかし、ケアサービスが「掃除支援」「食事支援」といったタスクベースで示されるようになり、従来のようにホームヘルパーが高齢者との関係性のなかで包括的、総合的にニーズを汲みとるという視点が損なわれ、個別ケアが以前より困難になったと言える。高齢者の多様なニーズを標準化、分断化する画一的な対応は、サービスの「魅力」を損なう方向に進んでいると考えられる。さらに、過度の自立支援強化は、高齢者側からの関与や義務をともなうため、高齢者にとっての「魅力」が減少する恐れがある。

第1章　在宅ケアの歴史と現在

　ただ、デンマークのホームヘルプサービスを利用している高齢者を対象に
実施された利用者満足度調査によると、家事援助サービスに満足していると
回答した割合（「非常に満足」と「満足」の合計）は83％（一方、不満足と回答した割
合（「非常に不満」と「不満」の合計）は7.1％）、身体介護サービスに満足している
割合は87.9％（不満足は4.8％）であり、利用者は概してホームヘルプサービス
に満足していることがわかった[54]。

　「アクセスのしやすさ」の面においては、1968年以降、すべての自治体がホ
ームヘルプサービスを提供することが義務づけられ、1970年代にかけてサー
ビス供給量は飛躍的に増加した。ニーズがあると判断された高齢者は誰でも
サービスを受けることができるシステムが構築されており、その意味ではア
クセスのしやすさが確保されてきたと言える。ただ、ニーズ判定の基準が厳
しくなりつつあることが指摘されており、実際にホームヘルプサービスを受
けている高齢者の割合は、1982年には67才の高齢者の18％であったのに対し、
2002年には65才以上の29％にまで上昇しているが、2014年には11.9％にまで
減少した。この減少は、高齢者の健康状態の向上だけではなくニーズ判定の
厳格化によるものであると言われている[55]。したがって、原則としての「ア
クセスのしやすさ」は維持されているが、供給の面においては低下している
と考えられる。さらに、自立支援を強化する方針が強化されたことにより、
実際にサービスを受けられる対象者の幅は狭くなっている[56]。

　サービスの利用料については、デンマークでは1992年以降、必要と判定さ
れた高齢者は自己負担なしにサービスを受けることができる制度が維持され
てきている（ホームヘルプを一時的に利用する人には一部自己負担あり）ため、「経済
的入手可能性」は維持されている。同じ北欧諸国でもたとえばスウェーデン
では一部自己負担が導入されている。スウェーデンで自己負担額は所得によ
って調整されており、要介護度の低い中〜高所得層がサービスを利用すると、
民間サービスを購入するよりも高くつくため、民間サービスを利用するケー
スが多くなる。一方、中〜高所得層でも要介護度が高くなると、公的ホーム
ヘルプの利用料のほうが民間サービスを購入するより安い。そこで多くの場
合、公的ホームヘルプ制度を利用することになるが、公的制度においても自

由選択制度を使って民間事業所のサービスを選ぶケースが多い。なぜなら、民間事業所の場合、追加のサービス（掃除の回数を増やす、公的ホームヘルプでは依頼できない仕事を頼むなど）を自己負担で依頼することが可能だからである。しかし、低所得層の場合、追加のサービスを購入することは困難なため、家族の支援に頼る場合が多い[57]。このように所得階層によって高齢者のなかに二重構造を生み出すのは、普遍主義の観点を鑑みると望ましくない。利用者負担はサービスの「アクセスしやすさ」と「魅力」にも影響を及ぼすことがわかる[58]。サービス利用料の無料原則はデンマークのホームヘルプサービスの特徴であり、低所得者層でもサービス利用が可能である仕組みは、普遍主義の観点から重要である。

5　おわりに

　普遍主義的な社会保障政策が特徴といわれるデンマーク福祉国家であるが、在宅ケアの変遷を分析すると、普遍主義のあり方が変容してきたことが明らかになった。労働の見返りとして支給された福祉国家初期の社会保障給付から徐々に発展し、包括的な介護サービスを所得や家族の有無に関係なくすべての国民が社会権として利用できる体制が国家によって整備され、高齢者サービスにおいても普遍的な「伝統的な北欧モデル」が構築された。しかし、福祉国家の刷新、ニュー・パブリック・マネジメントの影響、自立支援の強化等により、ゆらぎが生じている。このような変化をふまえると、「伝統的な北欧モデル」だけを出発点にしてデンマークの在宅ケアを捉えることには限界があるだろう。国内外の状況に影響を受けて絶え間なく変容する北欧の高齢者介護の理念と政策のダイナミズムを理解し、分析することが求められている。さらには、北欧諸国を一括りにするのではなく、各国の多様性をとらえる研究も必要である。スウェーデンの在宅ケアについては本書第2章で詳述されるが、デンマークの介護サービスにおける普遍主義はスウェーデンの普遍主義のあり方とは異なっている。横の多様性（各国間の違い）と縦の変容

第1章　在宅ケアの歴史と現在

（時間的な推移）を包括的に分析することが北欧における高齢者介護の諸相と思
想的背景を適切に捉えることにつながるといえるのではないだろうか。

注
　1）Esping-Andersen（1990）; Anttonen, Häikiö, Stefansson & Sipilä（2012）, 1.
　2）Anttonen, Häikiö, Stefansson & Sipilä（2012）, 1; Anttonen, Häikiö & Stefansson（2012）, 188.
　3）Sipilä 1997; Blomqvist 2004; Vabø & Szebehely（2012）, 121.
　4）Vabø & Szebehely（2012）, 121.
　5）冷水（2009）, 344；宮本（1999）, 18；秋朝（2014）, 90.
　6）宮本（1999）, 19-21.
　7）Anttonen, Häikiö, Stefansson & Sipilä（2012）, 3；杉野（2004）, 52；冷水（2009）, 344.
　8）Andersen（1997）, 3.
　9）本章3節参照.
10）Baldwin（1990）, 113；宮本（1999）, 20.
11）Anttonen & Sipilä（2012）, 37.
12）宮本（1999）, 21；Anttonen & Sipilä（2012）, 37.
13）Anttonen & Sipilä（2012）, 19-21.
14）訓覇（2008）, 35.
15）Rauch（2007）, 4.
16）Vabø & Szebehely（2012）, 121-124.
17）Thompson & Hogget（1996）, 32.
18）Vabø & Szebehely（2012）.
19）井上（1999）, 142.
20）Hastrup（2007）, 23-24.
21）井上（1999）, 130.
22）同上.
23）Jonasen（1994）, 34.
24）アナセン（1999）, 199.
25）井上（1999）, 147-148；田中（2012）, 73.
26）Hastrup（2011）, 30.
27）Andersen（1997）, 3；Hastrup（2007）, 25.
28）Ringsmose and Hansen（2005）, 9.
29）Levine（1978）, 57-58.
30）Hastrup（2011）, 35.
31）Jonasen（1994）, 39.
32）アナセン（1999）, 201.
33）Hastrup（2007）, 27.
34）Ringsmose and Hansen（2005）, 9-10.
35）アナセン（1999）, 202.
36）嶋内（2010）, 107.

37）Fuglsang（2001）.
38）Ibid.
39）Circulær no.61.
40）Fuglsang（2001）.
41）Fuglsang（2000）.
42）伊東（1992）, 63-64.
43）Circular no. 156.
44）Fuglsang（2001）.
45）Ibid.
46）Ibid.
47）Rostgaard（2011）, 74-75.
48）Petersen（2008）, 211.
49）Rostgaard（2014）, 197.
50）Hjemmehjælpskommissionen（2013）.
51）Rostgaard（2014）, 197.
52）石黒（2004）.
53）Vabø & Szebehely（2012）.
54）Sundheds- og Ældreministeriet（2015）.
55）Rostgaard（2011）, 79; Statistikbanken <https://www.statistikbanken.dk/>.
56）Rostgaard（2014）, 185.
57）Vabø & Szebehely（2012）.
58）Vabø & Szebehely（2012）.

参考文献

秋朝礼恵（2014）「スウェーデン・モデルに関する一考察」『地域政策研究』**17**, 87-103.
アナセン・ベント・R（平林孝裕訳）（1999）「デンマーク社会福祉の道」『デンマークの歴史』
　　（橋本淳編）, 創元社, 198-207.
石黒暢（2005）「デンマークにおける生活・居住ユニットケア―「交わり・ケア原則」からの一
　　考察」『IDUN ―北欧研究―』**16**, 167-198.
伊東敬文（1992）「白夜の国の老人たち」『健康保険』, **46**（3）, 52-57.
井上光子（1999）「デンマーク社会の歴史的基層」『世界の高齢者福祉 デンマーク・ノルウェー』
　　（仲村優一・一番ヶ瀬康子編）旬報社, 141-151.
訓覇法子（2008）「貧困縮小のための日本とスウェーデンの戦略」『日本福祉大学評論誌』**58**,
　　29-35.
嶋内健（2010）「デンマーク福祉国家の歴史的変遷とシティズンシップ―救貧法からアクティベ
　　ーションまで」『立命館産業社会論集』**46**（3）, 143-168.
冷水豊（2009）「高齢社会の諸相（6）介護保険制度の動向―普遍主義の観点からみた政策評価」
　　『老年精神医学雑誌』**20**（3）, 343-350.
杉野昭博（2004）「福祉政策論の日本的展開：普遍主義の日英比較を手がかりに」『福祉社会学
　　研究』**1**, 50-62.
田中秀樹（2012）「農民的蓄積と農協」『北海道大学大学院教育学研究院紀要』**116**, 71-85.
宮本太郎（1999）『福祉国家という戦略―スウェーデンモデルの政治経済学』法律文化社.

Andersen J. G.（1997）"The Scandinavian welfare model in crisis? Achievements and problems of the Danish welfare state in an age of unemployment and low growth", *Scandinavian Political Studies*, **20**(1), 1-31.

Anttonen, A., Häikiö, L., Stefansson, K. and Sipilä, J.（2012）"Universalism and the challenge of diversity", *Welfare State, Universalism and Diversity*（Anttonen, A. et al, ed.）, Edward Elgar Publishing, 1-15.

Anttonen, A., Häikiö, L. and Stefansson, K.（2012）"The Future of the Welfare State: rethinking universalism", *Welfare State, Universalism and Diversity*, Edward Elgar Publishing, 187-196.

Anttonen, A. and Sipilä, J.（2012）"Universalism in the British and Scandinavian social policy debates", *Welfare State, Universalism and Diversity*（Anttonen, A. et al, ed.）, Edward Elgar Publishing, 16-41.

Baldwin, P.（1990）*The politics of social solidarity: class bases of the European welfare state 1875–1975*, Cambridge University Press.

Blomqvist, P.（2004）"The choice revolution: Privatization of Swedish Welfare Services in the 1990's", *Social Policy and Administration*, **38**(2), 139-155.

Esping-Andersen, G.（1990）"*The three worlds of welfare capitalism*", Basil Blackwell Limited.

Fuglsang, L.（2000）*Menneskelige ressourcer i hjemmehjælpen: fra pelsjæger til social entreprenør*, Roskilde: Center for Service Studier, Roskilde University.

Fuglsang, L.（2001）"Management problems in welfare services: the role of the 'social entrepreneur' in home-help for the elderly, the Valby case", *Scandinavian Journal of Management*, **17**, 437-455.

Hastrup, B.（2007）*The social contract: between the generations*, Copenhagen: Multivers.

Hastrup, B.（2011）*Social welfare: the Danish model*, Copenhagen: Multivers.

Hjemmehjælpskommissionen. 2013. *Fremtidens hjemmehjælp – ældres ressourcer i centrum for en sammenhængende indsats*. Copenhagen: Hjemmehjælpskommissionen.

Jonasen, V.（1994）*Dansk socialpolitik: Menneske, økonomi, samfund 1709–1994*, Århus: Den sociale højskole i Aarhus.

Levine, D.（1978）Conservatism and tradition in Danish Social Welfare Legislation, 1890-1933: A Comparative View, *Comparative Studies in Society and History*, **20**, 54-69.

Petersen, J. H.（2008）*Hjemmehjælpens historie – Ideer, holdninger, handlinger*. Odense: Syddansk Universitets forlag.

Rauch, D.（2007）"Is there really a Scandinavian social service model?: A comparison of childcare and elderlycare in six European countries", *Acta Sociologica*, **50**(3), 249-269.

Ringsmose, J. and Hansen, M.B.（2005）*Fælles sprog og ældreplejens organisering i et historisk perspektiv*. Odense: Syddansk Universitet.

Rostgaard, T.（2011）"Home care in Denmark", *LIVINDHOME: Living independently at home*（SFI, ed.）, SFI, 73-94.

Rostgaard, T.（2014）"Nordic care and care work in the public service model of Denmark: Ideational Factors of change", *The transformation of care in European societies*（Leon, M., ed.）. Palgrave Macmillan. 182-207.

Sipilä, J.（1997）*Social care services: The key to the Scandinavian Welfare Model*. Aldershotä Avebury.

Statistikbanken <https://www.statistikbanken.dk/> Accessed 2017 May 7.

Sundheds- og Ældreministeriet. (2015) *Brugerundersøgelse om hjemmehjælp i eget hjem og i plejeboligplejehjem, december 2015,* EPINION.

Thompson, S. and Hogget, T. (1996) "Universalism, selectivism and particularism: Towards a postmodern social policy", *Critical Social Policy,* 46(16), 21-43.

Vabø, M. and Szebehely, M. (2012) "Universalism in the British and Scandinavian social policy debates", *Welfare State, Universalism and Diversity* (Anttonen, A. et al, ed.), Edward Elgar Publishing, 121-143.

第 **2** 章

在宅介護主義のゆくえ
── スウェーデンにおける高齢者在宅介護の変容 ──

斉藤　弥生

1　はじめに

1）「北欧ケア」という表現のあいまいさと危険性

　私は介護研究の中で「北欧ケア」という語は使わない。北欧5か国を総称しなければならないとき、それぞれの国とその国の成り立ちや文化を尊重する意味を込めて「北欧諸国」という語は用いることはある。「北欧ケア」という語について、次の4つの点が気になる。

　第1に、いつの時代のことを指すのか。20世紀のことなのか、21世紀のことなのか。たとえばスウェーデンでは、20世紀初頭まで、村落では行き場のない高齢者に対して「身元引受」、「競売」、「巡回介護」などが行われていた。「身元引受」は身寄りもなく、病弱な高齢者を引き取った家庭に若干の金銭を渡すものであり、「競売」は労働力として期待できる高齢者を対象にした人身売買である。「巡回介護」は隣人らが順番で病弱な高齢者を家に引き取り、交代で介護をするしくみである。いずれも1915年の貧困救済法により廃止された。戦後、福祉国家の拡大とともに発展した高齢者介護システムは、ホームヘルプを充実させ、地域で最期まで暮らせるしくみを目指した。今では専門職による介護が徹底しているが、1970年代初頭くらいまではホームヘルパー

はスウェーデンでも主婦の兼業職であった。1990年代終わりから21世紀に入り、スウェーデンの高齢者介護政策は民営化、市場化指向が強まり、ストックホルムでは6割の介護サービスは民間事業者による供給となっている。日本において「北欧ケア」という語で多くの人がイメージするのは、戦後、福祉国家の拡大とともに築かれた、自治体が一元的に担ってきた高齢者介護システムであろう。しかしこれも長い歴史で見れば、ほんの一時期の現象ともいえる。当然のことで、社会情勢が変われば、介護も変わる。

　第2に、どの国の、どの地域のことなのか。スウェーデンのことなのか、デンマークのことなのか、ノルウェーのことなのか、フィンランドのことなのか、アイスランドのことなのか。また首都に近いところか、または北極圏の過疎地域のことなのか。確かに北欧諸国は長い歴史の中で、同じ国であった時代もあり、また生活習慣において似ている点も多い。しかし介護は人々の生活を支えるものであるから、人々の生活が違えば、求められる介護も異なる。また住む環境が違えば必要な介護も違うのであり、介護を論じるにあたっては、その地域の歴史、政治、社会、文化、生活様式を踏まえた丁寧な議論にこだわりたい。介護はそこに住む人々の生活を支えるものだからである。

　第3に、誰を対象にしたケアなのか、高齢者なのか、障がいのある人たちなのか、子どもなのか。たとえばスウェーデンの歴史において、1934年の不妊断種法は障がいのある人たちを虐げ、さんざん苦しめてきた。（もちろん、それはスウェーデンに限られたことではない。）その苦難の歴史の中で、障がいある人たちの当事者運動が築いてきたノーマライゼーションという考え方は、'機能障がい者法'という権利法として具体化されており、頑強である。詳細は後述するが、スウェーデンにおいて、高齢者介護の財政削減が行われているが、障がい者福祉では予算が削られることはほとんどない。誰を対象にしたケアなのかによって、状況はかなり異なっている。

　第4に、在宅ケアとは何を指すのか。各国の介護資源を比較するために、OECD統計に在宅サービス利用率、施設利用率が示されるようになって久しい。しかし在宅介護利用者（Long-term recipients at home）への給付内容は国に

48

よって大きく異なっているため、単純な量的比較は意味をなさない。スウェーデンやデンマークの場合、在宅給付内容のほとんどはホームヘルプであるが、日本の場合はデイサービスが多く、またドイツの場合には現金給付も含まれる。北欧諸国間では、ホームヘルプの内容もかなり異なっている。ノルウェーでは身体介護は訪問看護に含まれており、ホームヘルプは家事援助サービスに限られることが多い。またデンマークではホームヘルプの内容に利用者とお茶を飲むことも含まれていることがある。在宅ケアと一言でいってもまちまちで、むしろ日本の介護保険制度のように、日本中どこにいっても同じでなければならないという考え方の方が世界的には珍しい。

　介護の議論では、どの立ち位置で、何をみているのかを明確にする必要がある。「ストックホルムでは高齢者介護の大企業がスキャンダルを起こしている」という研究や報道が、日本で報告されるときにはストックホルムという一地域の話ではなく、「スウェーデンでは……」となり、さらには「北欧では……」と解釈が拡大し、北欧諸国全体に大惨事が起きているかのように曲解されてしまう。その結果、北欧諸国のとりくみが科学的な検証のないままに否定され、日本の社会保障政策にも影響を与える。日本において介護の議論がいつまでたっても、その繰り返しを続けているようでならない。北欧諸国の介護は「北欧ケア」として、1つに括ることはできない。自治体に分権化されたしくみの中で、多様性が生み出されているからこそ、地域ごとにさまざまな実験をしているからこそ、北欧諸国の介護研究は興味深い。また他の国と同様の課題を抱えているからこそ、共感でき、興味深いのである。

2）本章の位置づけ

　本章は'スウェーデン'の、'高齢者'を対象とする'介護'に焦点をあてており、北欧諸国全体を論じるものではない。スウェーデンの人口は1千2万人、高齢化率は18.7％であり（2017年5月現在）、1990年代から人口は約100万人増加したが、高齢化率はほとんど変わっていない。一方で基礎自治体コミューンによる介護サービスの供給独占が大きな特徴であったスウェーデン

の高齢者介護も変化を続けている。特に2000年代以降のスウェーデンの高齢者介護は、コミューンごとに多様化が進み、'スウェーデンの高齢者介護'という一括のくくりでは説明しにくい状況である。たとえば民間供給率の数字をみても、まったく民間サービスが存在しないコミューンから、6割以上のサービスを民間事業者から供給しているコミューンもある（2015年）。また介護付き住宅入居率も3.5％から13.1％、ホームヘルプ利用率も4.2％から16.4％というように、介護サービスの編成も多様である（2015年）。

　そこで本章では、スウェーデンの高齢者介護研究を代表する著作をもとに、スウェーデンの高齢者在宅介護について、まずは歴史的変容を示し、在宅介護主義の功罪を議論する。2節ではマルタ・セベヘリ（Marta Szebehely）の論考（1995）により福祉国家の拡大期にみるホームヘルプの誕生からその全国的な普及について整理し、3節では1990年代以降のグローバル化と福祉国家の機能縮小の中でのホームヘルプの変容を示す。4節では、在宅と施設の境界が消滅していく過程をについて、グン＝ブリット・トリュゲゴード（Gun-Britt Trydegåd）の論考（2000）による介護管理職・専門職教育研究からの分析を紹介する。5節では結果として在宅介護主義が引き起こした社会的入院問題について、ペール・グンナル・エデバルク（Per Gunnar Edebalk）の論考（1990）を紹介する。

　在宅ケアという語のあいまいさは先に述べたとおりである。スウェーデンの在宅ケアの基盤はホームヘルプにより支えられているため、ホームヘルプに焦点を当てて議論する。

2　戦後福祉国家における高齢者介護の変遷

1）普遍主義型福祉国家の拡大期：ホームヘルプの黄金期

　1950年代初頭の老人ホーム批判から始まった脱施設論争と主婦ボランティアが実践するホームヘルプの人気は、政府の関心と結びつき、1950年以前に

は全く存在しなかった高齢者向けホームヘルプは急速に拡大していった。戦後福祉国家の建設にあたり、政府は子ども手当や疾病保険などの大きな財源を必要とする制度を開始した。その状況下で、ホームヘルプは老人ホーム建設費が不要であ

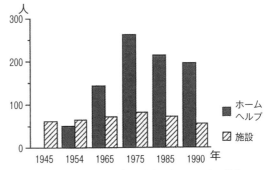

図2-1　ホームヘルプ利用者数と施設利用者の推移
（65歳以上1000人あたり）
(出所) Szebehely 1995：31

り、ボランティアで労働力を確保でき、しかも救貧的色彩のないホームヘルプは人々の人気を集め、政府にとってはこの上ない選択肢であった。

　図2-1はホームヘルプ利用者と施設利用者数（ともに65歳以上人口1000人あたりの数）を示すが、1945年にはホームヘルプ自体が存在せず、1954年でも施設利用者の方が多かったことがわかる。ここでいう施設はいわゆる老人ホームであり、サービスハウスなど多様な居住形態は含まれていない。

　1964年にホームヘルプへの特定補助金が導入された後のホームヘルプの普及は、普遍主義型福祉国家の展開として象徴的である。図2-1からもわかるように、1965年にはホームヘルプ利用者は施設利用者の約2倍となった。1960年には8万人、1970年には25万人がホームヘルプを利用しており、歴史上、最も利用者数が多かったのは1978年の35万人であった。この数字は当時の65歳以上高齢者人口の約3割に当たる。80歳以上の3人に2人は在宅サービスか施設サービスのいずれかを利用し、財政の40％を介護予算が占めるという自治体も普通であった。これだけのサービス利用率を経験した国は北欧諸国以外に見つけることは困難であろう。

　1963年には全国に1万9千人のホームヘルパーが存在した[1]が、1964年の特定補助金以降、1970年にはホームヘルパーは8万人にまで増加した。

　ホームヘルプの総供給時間も1965年には2千万時間、1980年には5千万時

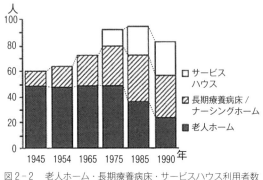

図2-2 老人ホーム・長期療養病床・サービスハウス利用者数の推移（65歳以上1000人あたり）
（出所）Szebehely 1995：31

間、1990年には1億時間となった[2]。その後、ホームヘルプの総供給時間は伸びたが、利用者数は減少し、1992年には27万人にまで減少した。総供給時間が増えているのに利用者が減少しているのは、重度の介護を必要とする高齢者にサービス提供がターゲット化（焦点化）されてきたためである。

　一方、施設利用者数はホームヘルプの増加とともに減少したわけではなく、1975年までは施設利用者も微増を続け、1975年をピークに減少していく。ホームヘルプは脱施設の象徴とされてきたが、実際には1970年代中盤まではホームヘルプも、高齢者居住のための施設は共に増加していたことがわかる。つまり、施設の代替としてホームヘルプが拡大したのではなく、財政状況がよい時代にホームヘルプが急速に拡大したという説明が妥当、とセベヘリ（1995）は指摘している。

　施設利用者の増加の中でも施設の種類が変化している点は注目される。図2-2は老人ホーム、長期療養病床（ナーシングホーム）、サービスハウス利用者の推移を示している。いわゆる脱施設論争を引き起こした古いタイプの老人ホームの数は増加せず、医療を必要とする高齢者のためのナーシングホームや質の高い居住施設としてのサービスハウスが増えていたことがわかる。しかしいずれもその利用率は1985年以降は減少傾向をたどる。

２）ホームヘルプの編成の変容

　ホームヘルプの拡大期においては、ホームヘルプの編成にも変化がみられ

た。セベヘリ（1995）は1950年代から1980年代を3つの時期に分け、ホームヘ
ルプの編成をそれぞれのモデルで捉え、その変容過程を説明している。ホーム
ヘルプの拡大と再編は、国の経済や財政事情の影響を受けてきたが、経済
も財政事情も極めて良好だった1960年代のあり様を「伝統的モデル」、1970年
代の経済低成長期の試みを「ベルトコンベア風モデル」、1980年代の公的セク
ターの肥大化が批判された時代の試みを「小グループモデル」として、その
特徴を分析している。1960年代はホームヘルプの供給をいかに増やすかが主
要な論点であったが、1970年代以降にホームヘルプの効果や効率などを含め
たサービス編成の議論が始まり、時代によって政策目標が変化してきた点に
注目したい。

2-1）伝統的モデル（1960年代）：主婦の兼業職として

　1952年のホームヘルプに関する社会庁令は、政府が初めてホームヘルプに
ついて記した公式文書である。ホームヘルプの対象を「老齢による困難、苦
痛、病気があり、日常生活に必要なことや自身の衛生管理を自分ですること
に不安を感じる人」とし、「週に数回にわたり、在宅医療と家事援助、激励の
ための訪問を行うことは、高齢者の生活の快適さと生活感覚を刺激する」と
してホームヘルプを高齢者の生活を支える幅広い事業として位置づけていた[3]。
またホームヘルプは特に一人暮らしの高齢者を対象とし、ホームヘルパーに
は無職の女性で「家事に豊富な経験を持つ専業主婦」から採用されるべきと
書かれていた[4]。

　1964年からコミューンのホームヘルプ事業に特定補助金が支給されるよう
になり、ホームヘルプの内容は「掃除、ベッドメイク、寝巻の手入れ、窓ふ
き、床掃除、階段掃除、クローゼットの衛生管理、毎週の洗濯、調理、その
他の家事。在宅医療、衣服のつくろい、身体介護の援助が必要とされること
もある。ホームヘルパーは高齢者を散歩に連れて出たり、一緒に何かをした
り、高齢者を援助したり、元気づけたりすることができる」という通達が社
会庁より出された。特定補助金の導入は、ホームヘルプの仕事を一定の範囲
で定型化したと言える。

53

当時、ホームヘルプは施設介護に比べて、費用がかからない選択肢として考えられていた。セベヘリ（1995）は、家庭の主婦をホームヘルパーに採用したことは、給与や教育に費用をかけないことを意味していた、と説明する。時間単位給付で、ホームヘルパーには高齢者を援助する時間だけが決められており、仕事内容はホームヘルパーと利用者の間で決めていた。ホームヘルプ事業の管理はコミューンの事務職員が担当し、主な仕事は高齢者とホームヘルパーのマッチングであり、教育の必要性も議論されたことはなかった。労働組合が組織化されるのも1970年代以降のことである。

2－2）ベルトコンベア風モデル（1970年代）：介護サービスの大量生産と集合化

　介護サービスの合理化のために集合的サービスを目指した1970年代を、セベヘリ（1995）は「ベルトコンベア風モデル」と称する。1970年代に増設されたサービスハウスは、介護を必要とする高齢者のための集合住宅である。バリアフリーの設計で、建物内にデイサービス、ホームヘルプステーション、カフェなどが配置され、コミューンによっては若い家族世帯も居住することが可能な場合もある。また買い物が便利なように、ショッピングセンターの近くに建てられることが多かった。

　サービスハウス増設の１つの目的はホームヘルプの合理化にあった。ホームヘルパーの移動時間を短縮すること、また足のケア、入浴、食事サービス、趣味の活動等は集合的サービスとして実施することで在宅サービスの合理化を図ろうとした。1960年代にはホームヘルプの利用増をめぐる財政上の議論はほとんど見られなかったが、1970年代初頭になってそのコスト増と人手不足が課題として考えられるようになった。

　大規模で、集合的なサービスの運営を行うために、1977年には社会サービス分野の管理職養成のための大学教育が始まった。またホームヘルパーの労働条件改善の要求もみられるようになり、時間給職員の比率を減らすこと、ホームヘルパーが上司や同僚の助言を受けられるよう職場環境を整備することも目指された。ストックホルム市はこれまでの時間単位給付を見直し、仕

事内容に基づく給付を導入した。

2－3）小グループモデル（1980年代）：介護職の採用難への対応と専門職化

　1970年代の介護サービスの集合化と管理職配置の流れは1980年代も継承されていく。小グループモデルはコミューン5)全体に小地域ごとにホームヘルプ供給エリアを設定して、24時間体制のホームヘルプを提供する仕組みである。ホームヘルプ部門の管理職として、各小地域に地区ホームヘルプ主任が配置された。小グループモデルは地区ホームヘルプ主任が責任者となり運営され、その役割をコミューン連合会等の関連組織が共同で刊行した報告書では「地区ホームヘルプ主任はホームヘルパーを小グループの中で仕事を適切に分担し、利用者個人のニーズに合わせてさまざまな介護サービスをコーディネートする」とした。そして時間単位給付の廃止が提案され、必要な介護内容に基づく介護計画が立てられるようになった。

　1970年代終盤にはホームヘルプの社会教育的方向性という考え方、つまり高齢者の残存能力を引き出すための自立生活支援の方向性が打ち出された。1978年に発行された高齢者介護をめぐる6つの報告書は、コミューン連合会、ランスティング（県）連合会、スウェーデン医療福祉合理化研究所、社会庁が合同で作成したものであるが、「ホームヘルパーの役割は、法律に規定される仕事の範囲でより向上されるべきである。コンタクトをとり、環境をよくし、情報提供を行い、より抜きの機能を持ち合わせた、社会教育的な方向性（自立生活支援の方向性）を持つソーシャルワークが開発されるべきである」というように、ホームヘルパーがより専門的な仕事とされるべきであるとしている。

　また1979年社会庁報告書『1980年代に向けての社会的なホームヘルプ』にも「ホームヘルパーを採用し維持することが困難な理由は、仕事内容が掃除やそれに類する作業に偏っているからである。高齢者向けのホームヘルプをより魅力的な仕事にするためには仕事内容を変え、高齢者の自立生活支援のための援助、高齢者の生活の活性化や社会的リハビリを仕事内容の基本にして、掃除、調理、買い物やそれに類する作業を縮小しなくてはならない」、さらに「採用がうまくいかない理由は、ホームヘルパーの社会的地位が低いこ

とにある。ホームヘルパー教育の向上はその社会的地位の向上につながる」
として、専門職化の重要性が記されている。このようにしてホームヘルパー
の公式な教育システムが始まったが、その結果、1980年代には若い女性層が
ホームヘルパーに採用されるようになった。

　北欧諸国で普及した、小地域単位で行われるホームヘルプのしくみは、日
本にも紹介され、高齢者保健福祉10か年戦略（ゴールドプラン）（1989）で小学
校区単位に在宅介護支援センターを設置するといった構想にもつながり、1990
年代半ば以降に始まろうとした24時間巡回型ホームヘルプシステムのモデル
になった。

3　財政の縮小化とグローバル化の影響——1990年代以降

1）予算削減と利用率の減少

　表2-1は高齢者介護サービスと障がい者福祉サービス（LSS法対象）の推移
を示している。スウェーデンにおける高齢者介護の支出は戦後を通じて伸び
続けてきたが、2000年から2009年の間に初めて支出の減少を経験した。障が
い者福祉サービスの支出は370億クローナから613億クローナに増加（66％増）
した。その一方で、この10年間に80歳以上人口が9％増えているにもかかわ
らず、高齢者介護の支出は953億クローナから896億クローナとなり、6％の
減少となった。社会サービス法は、枠組み法の性格をもち、給付水準や利用
料金の決定権がコミューンにあるため、その内容はコミューンの財政事情に
左右されがちである。障がい者福祉サービスの中でも社会サービス法対象の
サービスについては20％の支出削減となっていることが表2-1からわかる。
また高齢者介護サービス全体の利用者数はほとんど変化がみられないが、介
護付き住宅入居者は11万8,300人から9万5,400人に減少（19％減）したのに対
し、ホームヘルプ利用者は12万5,300人から14万8,400人に増加（18％増）した。
介護付き住宅入居者の約2万人が在宅でのホームヘルプ利用に移ったことを

56

表2-1　高齢者介護サービスと障がい者福祉サービス（LSS法対象）の推移（2000年、2009年）

	2000年	2009年	変化の割合
65歳以上高齢者			
―ホームヘルプ利用数（人）	125,300	148,400	＋18％
―介護付き住宅入居者数（人）	118,300	95,400	－19％
―高齢者介護サービス利用者数の合計（人）	243,600	243,800	＋/－0％
―高齢者介護サービス総支出（10億クローナ）	95.3	89.6	－6％
65歳未満の障がい者（LSS法対象者）			
―ホームヘルプ利用数（人）	14,500	20,400	＋41％
―介護付き住宅入居者数（社会サービス法）（人）	5,500	4,400	－20％
―障がい者福祉サービス利用者数（LSS法）（人）	42,400	55,600	＋31％
―パーソナルアシスタンス（LASS）利用者数（人）	9,700	13,800	＋42％
―障がい者福祉サービス利用者数の合計（人）	72,100	94,200	＋31％
―障がい者福祉サービス総支出（10億クローナ）	37.0	61.3	＋66％

（出所）Szebehely 2011：219

意味しており、これはホームヘルプも居住施設も共に増えてきた1960～70年代とは状況が異なっている。まさに施設から在宅への移行であり、施設を減らした分、在宅でのホームヘルプの利用が増えている。

2）「選択の自由」という政策

　スウェーデンは1995年にEUに加盟するが、国内の諸政策はEU政策の影響を強く受けるようになった。その1つが1994年の公共調達法改正である。公的機関による民間サービスや作業の購入はほぼすべてが同法の規制の対象となり、コミューンは入札等を通じて民間事業者の参入機会を提供しなければならなくなった。介護サービスは公的供給であるべきか、民間供給を導入するべきかという二者択一を問うイデオロギー論争はあまり意味を持たなくなった。その結果、1990年代には介護サービスの民間委託が急速に増え、1993年に比べ2000年にはその量は3倍に増加した。民間委託が増える中でも、財政運営は公的責任という政府方針は示されていた。

　公共調達による民間委託という手法の他に、ストックホルム周辺ではサービス選択自由化制度を導入するコミューンが現れた。高齢者介護におけるサ

ービス選択自由化制度はバウチャー制度の一種で、介護サービス判定で介護サービスが必要と判定された高齢者が自分でサービス事業者を選ぶしくみで、利用者のサービスへの影響力を強め、事業者間の競争を促すことを目的とする。ストックホルム近郊のナッカコミューンでは1990年代初頭から同制度を採用しており、2003年の調査では同制度を採用しているコミューンは10コミューンで全体の3％にとどまっており、ストックホルム近郊に集中していた。

ヨーン・フレドリック・ラインフェルト（John Fredrik Reinfeldt）保守中道政権（2006-2014）は2009年にサービス選択自由化法を施行し、全国的に同制度の導入を進めようとした。法律の趣旨は、利用者がコミューン直営サービスと民間サービスの選択肢を保障するためのサービス選択自由化制度を全国に普及させようとするものである。法制化により、同制度の普及が加速化するかと思われたが、2015年現在で同制度を導入したコミューンは約半数、一度導入したが廃止したというコミューンも3か所ある。また制度の運用はコミューンごとに多様である。たとえばストックホルムでは事業者の参入の自由を大幅に認めており、市内に200件を超えるホームヘルプ事業者がある。また自治体区によってはすべてが民間事業者という地域も存在する。一方、スウェーデン南部のヴェクショーでは参入規制を厳格にしており、ホームヘルプ事業者は全部で8事業所しかない。身体介護を提供する事業所はコミューン直営事業所と民間事業所1件のみである。24時間体制の身体介護はコミューン直営を中心に、家事援助については民間事業者の選択も可能という考え方のもとで制度設計がなされている。全国一律に行われている日本の介護保険制度からは想像できないほど、スウェーデンの高齢者介護システムはコミューンの裁量が認められており、多様性に富んでいる。

3）市場の寡占化の進行——ベンチャー投資系介護企業の登場

カレマケア社をめぐる一連の報道は、2011年10月11日に報道されたコッパゴーデン介護付き住宅での入居者死亡事故に始まった。その後、カレマケア社が受託する介護付き住宅で起きた事故や事件の告発報道が新聞やテレビで

約半年間も続き、国会では首相や関係大臣が議論するまでに至った。カレマ
ケア社はベンチャー投資系介護企業という名の、新グローバル資本主義の中
で生まれた新たなタイプの事業者である。民間介護事業者数は1999年には全
国で120事業者であったが、2002年には310事業者、2010年には400事業者を超
えている。また民間事業者のうち9割が営利法人であり、非営利団体は1割
程度である。営利法人の中でも大企業による寡占化が進み、在宅介護の分野
ではアテンドケア社、カレマケア社、アレリス社、フェレナデアケア社の4
社が民間供給シェアの大部分を占めている。2008年では上位2社のアテンド
ケア社とカレマケア社の2社で民間供給部分の半分以上を占め、両者でスウ
ェーデン全体の介護サービス供給の6〜7割を占めている。スウェーデンで
は1990年代初頭、カール・ビルト（Carl Bildt）保守中道政権（1991-1994）の時
代に公共サービスの民営化論争が始まった頃に介護企業が現れたが、大手企
業による買収が続いてきた。2005年頃から介護企業はベンチャー投資会社の
投機の対象となり、企業の転売により利益を生み出す構造が作られてきた。

　ベンチャー投資系介護企業はグローバル資本主義の産物と言えるが、新た
な課題を生み出している。企業自体が投機の対象であり、所有者が数年ごと
に代わるという体質をもつ事業者を介護サービス供給の側面からどのように
捉えるべきか。スウェーデン国内では政党で意見が分かれており、環境党と
左党は参入規制を厳格にし、職員の配置基準を決める等の規制強化を要求し
ている。保守中道系政党は党により濃淡はあるが、営利企業が介護サービス
に参入することを基本的に歓迎している。社会民主党は両グループの間で、
党としての態度は不鮮明である。しかし税財源の海外流出に対する世論の批
判は強く、どの政党も共通して一定の歯止めをかけたいと考えている。

　営利色が強い事業者の参入を含めた供給多元化の中で、政府はサービスの
質の低下を防ぐために、フォローアップ体制を強化しようとするが容易では
ない。たとえば社会庁は毎年『高齢者ガイド』という事業者評価を発表して
いるが、新聞紙上で数々の事件や事故が指摘されている事業者が高く評価さ
れていることもあり、その信憑性を問う声もある。コミューンが監査を強化
しても、その監査結果がコミューンの公共調達で反映されているとは限らず、

介護の質よりも政治判断が優先になりがちとなる。政治権力と事業者の癒着も懸念される。

ヴィクトール・ペストフ（Victor Pestoff）（2009）はスウェーデンにおける介護サービス多元化の議論では、公的供給を継続するべきというイデオロギー的議論と、民営化で効率化を図るという議論が繰り返されていて、公的解決か市場解決かという選択肢しかないと指摘する。またセベヘリ（2014）は北欧諸国間の比較研究の中で、スウェーデンの高齢者介護が最も市場化と営利化の方向性が強いことを分析している。

4）「私費購入化」の普及？──家事労賃控除の定着

ラインフェルト保守中道連立政権は、2007年7月から家事サービスの労賃支払いに対する税額控除（RUT-avdrag、以下、家事労賃控除）を導入した。政府は家事労賃控除の理由を2つあげており、第1に無申告の労働をなくし、正規労働とすること、第2に失業問題の解決に貢献することとしている。家事労賃控除は、自宅、サマーハウス、親の住む家において、掃除、洗濯、調理、庭の手入れ、雪かき、子守り、高齢者の散歩や銀行・病院への付添、保育所への送り迎えなどの家事サービスを購入した時に適用される。対象となるのは労賃で、材料費や移動にかかる費用などは控除の対象にならないが、納税義務のある18歳以上すべての市民が、年最高5万クローナまでの控除が可能である（2015年）。

家事労賃控除の利用者は増加しており、2009年には18万人が総額7億5千万クローナの控除を受けていたが、2010年には32万6千人が総額13億7千万クローナと2倍弱の伸びとなった。家事労賃控除を利用している世帯は全体の3.5％で、2人の子どもを持つ夫婦世帯に最も広がっており、次いで65歳以上の単身女性となっている。年齢別では75歳以上の利用が最も多く、75歳以上高齢者の約5％が家事労賃控除を利用しており、スウェーデンの高齢者介護に影響し始めている。

高齢者介護への影響として、具体的には次の2点を指摘できる。1つめに、

所得が高い高齢者は、公的な介護サービスの代わりに、家事労賃控除を利用する傾向が高まっている。公的な介護サービスの自己負担額は所得に応じているため、所得の高い高齢者にとっては家事労賃控除により家事サービスを購入した方が安く、またサービス判定を受ける手間を省くことができる。所得の高い高齢者に対しては、家事労賃控除の利用を勧めるコミューンも存在する。

　2つめに民間の介護事業者の市場参入を後押ししている。民間の介護事業者には、付加サービスの提供が奨励されている。付加サービスとは介護サービス判定を超えるサービスのことを指し、全額負担で購入することができるが、付加サービスの購入にも家事労賃控除を適用できる。付加サービスの提供はコミューン直営事業には認められていないため、事実上、民間の介護事業者をバックアップしていることになる。

　ここまで戦後のスウェーデンにおけるホームヘルプの展開について、その始まりと今日に至るまでを整理してきた。次にこの歴史を振り返り、2つの論点を介護の議論としてより普遍化してみたい。1つめは施設介護と在宅介護の境界線についてである。施設はその居住水準をあげることで自宅のような環境を目指してきた。一方で、普通の自宅でも施設並みに24時間対応のホームヘルプが利用できる。その意味では日本に比べ、施設と在宅の差は小さい。この特徴は介護職員の教育や自治体の介護サービス編成の経験によって説明できる。2つめは在宅介護主義のもたらした弊害についてである。在宅介護主義が行き過ぎると、共同居住を必要とする認知症高齢者への対応が遅れかねず、このこともスウェーデンの経験が説明している。

4　論点1 —— 施設介護と在宅介護の境界線

　スウェーデンでは、1960年代にはホームヘルパーを'ヘムサマリート'（hemsamarit）（＝家庭奉仕人）と呼んでいた。'ヘムサマリート'の語源は、聖書

61

にある「善きサマリア人」であり、この語源からみても、当時のホームヘルパーへの期待は「隣人を愛せよ」というキリスト教の精神に基づいていたようにみえる。1980年前後から公式文書では'ヴォードビトレーデ'（vårdbiträde）（＝介護補助士）というより専門的な用語が使われるようになった。

日本でもホームヘルパーの呼称は時代によって変化してきた。1960年代に始まったホームヘルパー派遣制度では、ホームヘルパーは'老人家庭奉仕員'と呼ばれ、1990年代に高齢者保健福祉推進10か年戦略では'ホームヘルパー'という語が使われ、2000年に導入された介護保険制度では法律上は'訪問介護員'となった。

さて、前述のように、スウェーデンにおいてホームヘルプの編成はその時代の経済と労働市場、財政事情の影響を受けて変容してきた。このことは多くの国で経験するところであるが、1970年代に３割強の高齢者がホームヘルプを利用していたという事実は、義務教育や水道・電気の供給、公共交通の整備と同様に、ホームヘルプが社会基盤（国民福祉の向上と国民経済の発展に必要な公共サービス）として定着するきっかけとなったといわれている。

トリュデゴード（2000）は、介護の専門職と管理職の展開に焦点を当て、高齢者介護の歴史的分析を行っている。介護の管理職は、従来、医療専門職というよりは社会的ケアの専門職だった。戦前には、介護の専門職の必要性に強い思いを抱いた慈善団体が、制度や政策に影響を与え、専門職養成にあたった。1950年代半ば頃から、老人ホームの管理職養成の必要性が議論され、その役割は徐々に医療色が強いものとなっていった。それは施設入居者が医療を必要としていたからでもあるし、老人医療の進歩も影響している。そのため、介護分野の管理職養成は、この需要に応えるべく、20世紀中盤の長い時代、介護管理職に老年科看護師的な役割を求めていた。しかし1970年代から1980年代にかけて、介護管理職は脱医療化（de-medicalised）の方向に進み、特に社会的ケアに重きを置いた教育が行われるようになった、とトリュデゴードは分析する。

先にも述べたように、戦前において、公的な高齢者介護は'施設'を基盤としたものしかなく、介護管理職といえば、施設長を指していた。自治体が

62

'施設'介護を重視していたことから、老人ホーム施設長は次第に影響力を持つ地位となった。しかし1950年代初頭にホームヘルプが登場することで、この流れは次第に崩れていく。ホームヘルプは施設介護とは異なる運営組織の構造を持つ。当時は、個々のホームヘルパーと個々の利用者の関係性が特に重視されており、'施設'のように入居者を全体として管理するという視点とは全く異なる運営形態を必要とした。ホームヘルプの拡大とともに、自治体は、ホームヘルプを管理し、コーディネートするための職員を配置することが必要となり、老人ホーム施設長職への期待は次第に少なくなっていった。またホームヘルパーを含む介護職員の教育訓練が普及するなかで、老人ホーム施設長職も、ホームヘルパーという新たな専門職の役割を受け入れるようになっていく。高齢者介護において、在宅介護と施設介護は共に補完し合うものと考えられるようになり、ホームヘルプ管理職と老人ホーム施設長職という、2つの管理職は次第に統合されていった。

　1980年代から1990年代にかけて活躍したホームヘルプ地区主任(hemtjänstassistent)は、高齢者介護の管理職として、2つの役割を担っていた。1つは担当地域のすべての介護職員の管理職としての役割であり、もう1つは担当地域に住む、すべての要介護高齢者のケアマネジャーとしての役割である。つまり、'施設'に居住する要介護高齢者も、'在宅'にいる高齢者も、'施設'で働く介護職員も'在宅'者を対象として働くホームヘルパーも、その管理職はホームヘルプ地区主任であった。このように高齢者介護の管理職の統合は、結果として'施設'と'在宅'の境界線をなくす方向へ働いたとみることができる。

5　論点2 —— 在宅介護主義がもたらした弊害

1）一方的な施設批判に

　スウェーデンの戦後福祉国家拡大期における高齢者介護について、施設介

護に関する研究や文献はほとんど存在しないことからも、スウェーデンの高齢者介護システムの整備においてホームヘルプに重きが置かれてきたことは明らかである。

スウェーデンの在宅介護主義は1950年代初頭のイーヴァル・ロー＝ヨハンソン（Ivar Lo-Johanson）による老人ホーム批判のキャンペーンがきっかけとなっている。ロー＝ヨハンソンらによる当時の老人ホーム批判は、福祉国家の管理主義への批判と解釈されることが多い。またちょうど同じ頃に、ウプサラで赤十字のボランティアによる高齢者向けホームヘルプが始まり、全国的にも注目された。1950年代半ばには、戦前の貧困救済法が廃止されたにもかかわらず、老人ホームには貧困救済事業の特徴、つまり入居者に対する管理的な体質が残っていた。これに対して戦後に新しく始まった高齢者向けホームヘルプは貧困救済事業の色彩がなく、家事使用人が不足する中、高所得層もホームヘルプに強い関心を示した。

戦後福祉国家建設において膨大な費用がかかる中、政府は脱施設に対する世論とボランティアによるホームヘルプの人気に目をつけ、計画していた老人施設の増設から在宅介護主義に大幅な方針転換を図った[6]。

エデバルク（1990）は、戦後の福祉国家発展期にみる在宅介護主義のイデオロギー的性格を指摘し、1990年代にその負の側面を指摘した。1950年代にみるスウェーデン政府の方針は高齢者本人が受けたい介護を選択できるべきというものであった。しかし1960年代の老人ホーム建設への補助金廃止といった政策は、表向きは選択の自由といいながら、政府は老人ホームなどの介護施設を締め出し、高齢者が施設を選ばないように仕向けたとして、エデバルクは当時の政府の政策転換を批判している。建設補助金の廃止は結果として、コミューンが老人ホームなどの介護施設を新設する動機を弱め、その分、医療機関であったナーシングホームの利用が増える結果となったからである。

在宅介護主義という強いイデオロギーが影響し、要介護状態に応じた介護サービスのあり方を考える研究や議論が存在しなかったことが、1980年代には社会的入院の問題にみられるように、介護にかかる社会的コストが必要以上に高くなるという現象を招いたと考えられている。

2）グループホームなど認知症対応の遅れに

　強力な在宅介護主義のために、認知症高齢者や重度の介護を必要とする高齢者の共同居住の効果についての研究や議論が遅れたことが指摘されている。

　図2-3は、施設介護と在宅介護に必要な費用の障がい度による分析を示している。一般に、障がいの程度が重くなれば介護にかかる費用は高くなる。しかし、費用の面からみれば、どこで介護するのが効果的かを検討する余地があることを図2-3は示している。障がいのレベルは一定程度までは、在宅介護の方がコストは安い。しかし重度の障がいの場合は、在宅介護は必ずしも安価なわけではなく、臨界点を超えると、在宅介護は高くなる。介護費用を考えるのであれば、臨界点の議論が必要となる。

　当然のことだが、介護の研究において、費用だけの議論は許されるものではなく、この議論の到達点は重度の障がいのある高齢者は施設収容が最も安いという話になり、かつての収容型施設の復活論につながってしまう。しかしエデバルク（1991）の議論はそうではなく、高いレベルの機能障がいがある場合、ホームヘルプやナーシングホームよりも、（現代装備の）老人ホームやグループホームの方が社会的コストは安いだけでなく、高齢者にとっても安心で魅力的な選択肢となるとしている。ホームヘルプはコストがかからないと

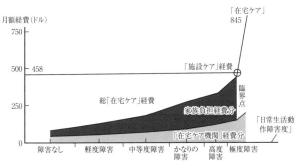

資料：U.S. General Accounting Office, *Home Herth: The Need for a Natural Policy to Better Provide for the Elderly*. Washington, D.C, HRD 78-19.December, 1977

図2-3　施設介護費用と在宅介護費用の特徴
（出所）右田（2005）

いう在宅介護主義は、主婦による安い労働力を前提にしていた。専門職としてのホームヘルパーを労働市場に求めることになれば、労働市場ではホームヘルパーは他の職業と競合し、結果として他の職業と同レベルの賃金コストがかかる。

エデバルク（1991）の論点は、1980年代入るまでは「ホームヘルプは安く、老人ホームは高い」という言説の真偽について研究も議論もされてこなかったという点にある。エデバルクは、ある老人ホームの入居者60人がすべて自宅でホームヘルプを利用した場合にかかるコストを算出し、それを比較した。後期高齢者に対しては、ホームヘルプによる在宅介護は老人ホーム介護より30％もコスト高であることを示した。同氏の研究は、戦後続いてきたイデオロギー的な施設批判に一定の終止符を打った。質の高い介護を提供するグループホームや介護付き住宅は、もはや‘在宅’の領域であり、後期高齢者が抱える孤独の解消に応えている。

3）エーデル改革（高齢者医療介護改革）の意味するもの

認知症や重度の介護を必要とする人たちが安心して暮らせる居場所がないことが社会的入院の要因となり、社会的コストの高騰を招いた。たとえば認知症高齢者にとっては、グループホームや小規模老人ホームなど共同居住が安心して暮らせる選択肢であり、ホームヘルプやナーシングホームより、生活の質の面でも、社会的コストがかからないという面でも優れているのである。在宅介護主義という強いイデオロギーは、そのことへの気づきを大幅に遅らせてしまったことが指摘されている。

スウェーデンでは1992年にエーデル改革が施行されたが、これは在宅介護主義というイデオロギーの軌道修正と捉えることもできる。ランスティング（県）の管轄であった老人医療の一部をコミューンに一元化し、高齢者介護システムの運営においてコミューンの権限を強化した。具体的にはランスティングが担当していた訪問看護、ナーシングホーム約490か所（約3万1千人分）、認知症対象グループホーム約400か所（約3千人分）、認知症対象デイケア約200

第2章　在宅介護主義のゆくえ

か所がコミューンの担当となり、これらの事業に従事する医師以外の職員（看護師、副看護師、作業療法士、理学療法士、ケースワーカー、医療補助職員、地域看護師等）5万人がコミューンの職員となった。またコミューンに対しては社会的入院費用支払い義務を課し、治療終了通告の後、コミューンが適切な受入ができないために入院延長がなされる場合、その費用はコミューンがランスティングに支払うこととなった。この改革はコミューンがグループホーム建設等、高齢者の居住環境を整備する動機につながった。

6　おわりに──誰がどのように介護し、誰が支払うか

　図2-4は「誰が介護をするか（供給）」、「誰が支払うか（費用負担）」の方向性を示している。表2-1で示したように、スウェーデンでは高齢者介護の財政規模は6％減となり、家族の負担が増える方向性を示す「再家族化」もやや懸念されている。しかしイエスタ・エスピン＝アンデルセン（Gøsta Esping-Andersen, 1999）のいう脱家族化、つまり介護や育児の家族の負担を軽減する政策に力を入れてきたスウェーデンにおいて、日本のように直接的な介護を家族が担うようになることは想定しにくい。また社会サービス法に基づき、必要な人に必要な社会サービスを提供する上で最終責任を持つのは基礎自治体コミューンであることが明確に規定されている点も日本とは大きく異なる。しかし市場化、私費購入化の動向は明らかに進行している。

　そしてここでも強調したいのは、この傾向はあくまでもスウェーデンのものであり、北欧諸国全体の傾向ではない。ノルウェーやデンマークには異なる特徴もみられ、これを「北欧ケア」の傾向とされては困るのである[7]。

　図2-5は、日本における80歳以上の訪問介護利用者と施設利用者の利用率の推移を示している。日本では介護保険制度が導入されてから居宅サービス利用者が97万人から394万人へ、施設利用者は52万人から90万人へ増加し（2000年、2015年）、介護サービスが急増した。しかし80歳以上高齢者の視点から見ると、介護保険制度の導入以降も、訪問介護利用者と施設利用者を合わ

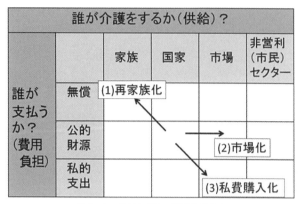

図2-4 誰が介護し、誰が支払うか
(出所) Szebehely 2013に加筆

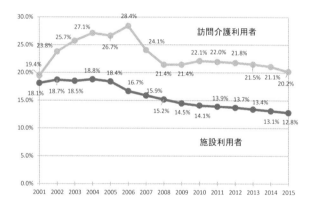

図2-5 ホームヘルプ利用者と施設利用者の割合
(日本：80歳以上高齢者)
(出所) 厚生労働省、介護給付費実態調査および総務省統計
　　　局人口推計により作成
(注) 2006年以降の訪問介護のデータは予防給付も含む。

せたサービスの利用率は決して増えておらず、むしろ減少傾向にさえあり、それはサービスの増加以上に高齢者数の増加が著しいためである。特に近年では、介護保険制度の持続性の議論から、サービス付き高齢者住宅の増設、軽度者への訪問介護や通所介護をめぐる改革は私費購入化の方向性を示している。費用負担のあり方とともに、誰にどのようなサービスが必要なのかについて、イデオロギーや固定観念に惑わされない科学的な介護の議論が必要である。

注

1）Szebehely（1995), 29.
2）ibid.
3）ibid., 63-64.
4）ibid., 64.
5）スウェーデンの基礎自治体で、全国に290コミューンがある（2017年）。
6）斉藤（2012), 96-109.
7）詳細は、斉藤・石黒編（2018)『市場化のなかの北欧諸国の高齢者介護』大阪大学出版会。

引用文献・参考文献

岡沢憲芙（2009)『スウェーデンの政治—実験国家の合意形成型政治』東京大学出版会.

岡澤憲芙・斉藤弥生（編）(2016)『スウェーデン・モデル —— グローバリゼーション・揺らぎ・挑戦』彩流社.

斉藤弥生（2014)『スウェーデンにみる高齢者介護の供給と編成』大阪大学出版会.

斉藤弥生・石黒暢（編）(2018)『市場化のなかの北欧諸国の高齢者介護』大阪大学出版会.

右田紀久惠（2005)『自治型地域福祉の理論』ミネルヴァ書房.

Edebalk, Per Gunnar（1990）"Hemmaboendeideologins genombrott – åldringsvård och socialpolitik 1945-1965", *Meddelanden från Socialhögskolan 1990: 4,* Socialhögskolan, Lunds Universitet.

————（1991）D*römmen om ålderdomshemmet.Åldringsvård och socialpolitik 1900–1952. Meddelanden från Socialhögskolan 1991:5.* Socialhögskolan, Lunds Universitet.

Esping Andersen, Gøsta（1999）*Social foundations of postindustrial economies.* Oxford University Press: Oxford, UK. ＝渡辺雅男・渡辺景子訳（2000)『ポスト工業経済の社会的基礎 市場・福祉国家・家族の政治経済学』桜井書店.

Gustafsson, Agne（1999）*Kommunal självstyrelse. Sjunde upplagan.* SNS Förlag: Stockholm, Sweden.

Pestoff, Victor（2009）*A democratic architecture for the welfare state.* Routledge: London, UK.

Szebehely, Marta（1995）*Vardagens organisering. Om vårdbiträde och gamla i hemtjänsten.* Arkiv: Lund, Sweden.

——————（2011）"Insatser för äldre och funktionshindrade i privat regi", *Konkurrensens konsekvenser. Vad händer med svensk värfärd?* （Laura Hartman, red.）, SNS Förlag: Stockholm, Sweden.

——————（2014）*Sustaining universalism? Changing roles for the state, family and market in Nordic eldercare*, Keynote. Annual ESPAnet Conference, 4-6 September, 2014, Oslo, Norway.

Trydegård, Gun-Britt （2000）"From poorhouse overseer to production manager: one hundred years of old-age care in Sweden reflected in the development of an occupation", *Aging and Society*, 20, pp. 571-597.

第 **3** 章

家と施設をつなぐもの
── 家財の記憶とエージェンシー ──

福井　栄二郎

1 場としての〈家〉

　本章では、近年の文化人類学の議論を手がかりとして、家と記憶の関係について考察する。

　文化人類学や民俗学、農村社会学では、これまでも家（家族、親族）を研究対象として扱ってきた。だがその多くは家督・財産の継承、成員補充の原理、婚姻による同盟関係など「法人としての家」がいかに永続し、発展するのかという点に重きを置いてきた。他方で、家族社会学におけるトレンドのひとつは、より多様化する家族形態が、いかにして「家族」たりうるのかという点である。この分野におけるアメリカ合衆国の主要な学会誌 *Journal of Marriage and the Family* は2001年を境に *Journal of Marriage and Family* へと改称した。この the を取った背景にこそ、家族形態の多様化がある。国際養子縁組、LGBTのカップル、シングル家庭、シェアハウス、生殖補助医療など、これまでの家族の典型例（the Family）に収まりきらない広範な現象が増加しつつある。そのなかでどのように親密性とケアの関係が構築されるのかという点に、家族社会学は着目している。換言すれば、「場としての家」が拡大していくプロセスでもあるだろう[1]。

　本書第4章の議論にも通ずるが、この「場としての家」を成立させている

図3-1　秦野良夫「家の記憶」2004年
（出典　保坂 2013：16）

ものは何だろうか。図3-1はアール・ブリュットの画家、秦野良夫が描いた「家の記憶」というシリーズの一作である[2]。一連の作品群では、何でもない日常の、家のなかの様子が丁寧に描かれている。秦野はそれを何も見ずに何十年も描き続けたという。そして当初は、何が描かれているのか誰もわからなかったらしい。しかし「2001年、親族により、これが子ども時代に住んでいた記憶の中の家や家具類だったことが」判明した[3]。彼にとって克明に描かれるべき家財はそのまま「家の記憶」と結びついており、家はそのまま記憶の収蔵庫となる。そう考えれば「場としての家」を考えるにあたって、ハコ（家屋）やヒト（家族）だけでは不十分であり、モノ（家財）とそれに付随する記憶にも着目しなければならない。

　この点は以前の拙稿で示唆したことがあるが[4]、紙数上の制約もあり、概観的な議論に終始しており、詳細な事例の検討を行うことができなかった。またモノの意味に関していえば、近年、文化人類学ではブルーノ・ラトゥール（Bruno Latour）らの議論が注目を浴びているが、前稿においては十分に議論するには至らなかった。本稿ではその点を踏まえ、スウェーデンにおけるインタビュー調査で得た資料をもとに、モノと記憶に関する議論を深化させてみたい。

　スウェーデンにおける資料は3節で明らかにするとして、まず次節では、

このモノとエージェンシーに関する議論を概観してみよう。

2　モノのエージェンシーとアクターネットワーク

　近年、ラトゥールやミシェル・カロン（Michel Callon）、ジョン・ロー（John Law）らの議論を嚆矢として、文化人類学においてもモノのエージェンシーに関する議論が盛んになされている[5]。そこではデカルト以降近代の人文社会科学の前提であった「主体としての人間」対「客体としてのモノ」という二項対立を越え、人間だけでなくモノや制度を含めた多様なアクターがエージェンシーを発揮するとされる。つまり人間のみに付与されていた主体性をモノにまで敷衍することで、これまでの人間中心主義の見直しが図られているのである。ヒトとモノと制度が複雑なネットワークを構築し、私たちの行為を作り上げる。この何よりも関係性に重きを置く彼らの議論はアクターネットワーク理論（Actor Network Theory、以下 ANT と表記）と呼ばれている。

　カロンはその例として、鋤を手に農作業をする農夫を挙げる。「農夫自身は彼の強さを増幅させて生産性を高めるよう意図された普通の道具を使用して、ただ一人働いていると思い込んでいる。しかし、それは違う。すき刃のおかげで、何もいわないが真の仲間、其処には居ないがどこかに居る活動的な仲間によって彼は囲まれている。こうした配備はすき刃によって生み出されている」[6]。

　畑を耕すという行為が、農夫と鋤の関係から生まれるというのはまだ理解しやすい。それはそこに鋤が見えるからだ。しかしカロンにいわせると、人の行為は決して見える関係だけに留まらない。彼は車の運転という行動が人とモノと制度の——見えない関係まで含めた——「ハイブリッド」であることを強調する。「私が東京から京都にドライブしようとして日産車のイグニッション・キーを回すや否や、私は次のようなもの全てを動員することになる：車をデザインしたエンジニア、材料の抵抗を調べた研究者、中東の砂漠を探索し石油のために掘削を行った会社、ガソリンを生産する精製所、高速道路

を建設しメンテナンスをする土木建設会社、私に運転を教えたドライビング・スクールとその先生、交通法規を創案し発行した政府、法規を強いる警察官、私に責任と向き合うことを援助する保険会社。……つまり、私が車を運転するという行為は集合的なのだ」[7]。

　このようにモノや制度をアクターと捉えることで、ANTはこれまでの人間中心主義を批判した。その後、人間以外の視点を記述するという流れは「存在論的転回」として、昨今の人類学の流行になりつつある。だがその議論が展開されるにつれ、議論の深化というよりも、ただ目新しさや派手さに飛びつくあまり、文化人類学の屋台骨であった「異文化に暮らす人々の思考」から乖離している感もある。結論ありきの議論に登場する「異文化」は、プロクルステスの寝台に乗せられた旅人のように都合よく切り貼りされてしまう。そこで本章では、ANTの初期の議論にのみ焦点を絞り、あまり議論を敷衍させすぎずに、人類学的議論にとってANTとエージェンシーの議論が可能なのかを再考してみたい。

　とはいえ、これまでにもANTそのものに対する批判は数多く出ている[8]。ここでは人類学的な視点からその意義を二点ほど再考してみたい。まず一点目は、その普遍性／個別性である。モノのエージェンシーを考えるとき、私たちは知らず知らずのうちに普遍的な力を想定している。おそらく農夫が鋤を握ろうとも、私が鋤を握ろうとも、それを振り下ろせば同じネットワークが構築され、同じ力が発動されることになる。この点に関して、ラトゥールは次のようなエピソードを提示する。あるホテルにおいて客が外出する際、フロントに鍵を戻してほしいというのがホテル側の希望であったが、その旨を周知してもなかなか鍵は返却されない。そこで鍵に大きな錘をつけると、もち運びに面倒なので、客たちは外出時に鍵をフロントに返却するようになったという。ここでのラトゥールの主張は、「鍵をフロントに返却する」という行為や、それを下支えする倫理観は、個人の主体性に帰されるのではなく、むしろ「錘」というモノのエージェンシーが発動し、人間を動かした帰結だということだ。つまり裏を返せば、「錘」は誰に対しても平等にエージェンシーを発動してくれる。認知科学や情報工学といった他分野においてANTが好

意的に受け入れられているのは、このモノのエージェンシーがある種の普遍性をもつからでもある。しかし、モノと人の関係性というのは、もっと個別的なのではないだろうか。

　もう一点、ANTを考えるにあたり問題となるのが、その記述の視点である。つまりドライブするとき、運転手と石油会社と道路交通法と教習所をネットワークとして結びつけ、そこに「エージェンシーが発動している」と記述するのは誰なのかということである[9]。当のドライバーはそのようなことを考えていないだろう。鋤を振り下ろす農夫もまた、すき刃の業者の流通過程にはおそらく無関心である。さらにいえば、錘そのものに「鍵を返却させてやろう」という「意図」はない。そのようなとき、各アクターの位置を確認し、ネットワークの配置を読み取り、その影響力を計測するのは、それらを記述する研究者をおいて他にない。

　この記述（者）のポジションに関して中川は、3つの位相を示している。1つ目は「観察文」である。これは読み書きの運用能力があれば誰でも可能なものである。たとえば「彼女は手を挙げた」という記述がそれに当たる。2つ目は「規約文」である。これはその文化の規約（ルール）がわからなければ書けない。「彼女は質問のため挙手をした」という文章が規約文となる。3つ目は「解釈文」である。ここには記述者の「解釈」が含まれる。「彼女はその場を盛り上げようとして挙手をした」といった文章が該当する。人類学でいえば、当該社会の規約を学んだ者が共有できる「規約文」で書かれたものが優れた民族誌であり、逆にその意図が誰にも担保されない「解釈文」は書くべきではないと中川は主張する[10]。では、ANTはどうか。「エージェンシーが発動する」「ハイブリッドのネットワークが構築される」といった文言は記述者の「解釈」であることが多く、そうした「不透明な意図」は、中川の言を借りると「下司のかんぐり」[11]でしかない。この批判を受け入れた後、私たちが辿るべき道は2つだ。1つはANTそのものを放棄すること。もう1つは、当該社会の人々の規約（物語）に沿いつつ、モノのエージェンシーについて考察することである。本章は後者の試論である。

3 スウェーデンにおける〈家〉

　上述の問題を踏まえ、筆者はスウェーデン、ストックホルム郊外の高齢者介護施設でインタビューを行った[12]。対象は施設で働くスタッフと入所している高齢者の方々である。

　スウェーデンの介護施設は、部屋[13]に個人の所有物をもち込むことができるなど、日本と比べて自由度が高いとしばしばいわれる。そこでインタビューでは、部屋にもち込んだ家財とそれに関する思い出や記憶に焦点を当てている。

1）入所者

①Aさん（女性、92歳）

　ここに来たのは今年の4月です。結婚した当初は南ストックホルム郊外に一軒家を買って、夫と娘（現在56歳）とで暮らしていました。一人娘は今でもよくに会いに来ますが、孫は他の街の大学に通っているので、それほどここへ来るわけではありません。

　昔、一軒家に住んでいた時は、だいたい300平米ぐらいの広さがあって、そこには家具がいっぱいありました。その後、夫が亡くなった後に住んだマンションは90平米ぐらいのところです。それから娘が結婚して、家具をいくつかもって行きました。次に引っ越したマンションも60平米ぐらいありました。そうやって家が小さくなるにつれて、家具をどんどん売ったり、娘にあげたりしてきました。ここは狭いので、ちょっとしかもってくることができません。昔は高価な家具もいっぱいもっていたのですが……。

　このランプは50年以上使っているものです（写真3-1）。小さくて場所もそれほどとらないし、もってきました。家具はもっといっぱいあったのですが、ここに合うようなものをもってきました。昔はもっと広い家に住んでいましたし、それとは別に別荘ももっていました。そこには家具も絵もいっぱいあ

第3章 家と施設をつなぐもの

りました。食器なんかもいろいろあって、ロイヤルコペンハーゲンのものも、何十年も使っている古いものもありました。けど、もうそんな広い家は必要ありません。私一人だし、それほど動けるわけではないし。だから家具なんかも、お気に入りのものがちょっとあればいいです。

写真3-1　Aさんの居室（ランプ）

　他にも本当に気に入った家具があったのですが、ここには狭すぎてもってくることができませんでした。たとえば、いろんな木を使ったモザイク状の家具で、1946年5月に、結婚に際してNKデパート[14]で買ったものなんかもありました。当時はNKデパートも家具の製作をやっていたんですよ。10点ほどしか作られなかった希少価値のあるものでした。娘か孫に引き継ぎたかったのだけれど、それもかなわなかったので、それは売ってしまいました。仕方ないですね。亡くなるときは何も天国にもっていけませんから。

② Bさん（女性、81歳）
　ここには今年の1月に来ました。もともと生まれは南スウェーデンのカルマルですが、子どものころに引っ越して、最近までこの近くの一軒家に住んでいました。その家には45年間住んでいました。夫は6年前に亡くなり、それからはずっと一人暮らしをしています。250平米の大きな家でした。子どもは3人います。みんな街の中心部に行ってしまって、この近くにはいません。けど、週に1回は会いに来てくれます。まあ、子どもたちにも家族がありますし、それほど頻繁には来られないのですが。
　ここにある家具は、すべて私の家からもってきたものです。家具もランプもシャンデリアもそうです。ただここは狭いので、全部というわけにはいきません。こういったものがあるのは家みたいでいいですね。もともといた家を思い出します。その大理石張りのチェスト（写真3-2）は、古くからあるもので、もともとは私の祖父母からもらったものです。

77

写真3-2　Bさんの居室（チェスト）

写真3-3　Bさんの居室（壁の絵画）

　その鉛筆書きで描かれた（シルクスクリーンの）絵（写真3-3）も昔からもっていたものでした。そこそこ有名な画家さんが描いたもので、ストックホルムの風景が描かれています。通し番号がついていて、それほど刷られたものではありません。今ではたぶん値が上がっているんじゃないかしら。いい買い物をしたと思っています。あちらの（色のついた油絵）は、ポーランドの画家が描いたものです。もともと絵画を集めるのが好きで、家にはたくさんありました。

　ここにもってきたのは、好きなもの、そしてここに合うようなものです。一番古いものといえばおそらく本棚にある聖書で、1800年代のものだと思います。もともとどこから来たかわからないけど、私の祖父がもっていたものです。私にとってはとても大切なものなので、ここにもってきました。

　たしかに夫が亡くなってからは、一人になって寂しいこともあったのですが……。ここは周りに人がたくさんいるので、寂しくはないですし、安心します。アクティビティもたくさんあります。自分で好きなものを選んで参加します。私は怠け者なので、それほどアクティビティに積極的ではありませんが。（入り口付近の棚の上を指して）そこにはワインもありますよ。毎日は飲みませんが、好きな時に飲みます。タバコも吸っていますよ。この部屋のなかでは吸えないので、部屋の外で吸うようにしてます。

③Cさん(女性、97歳)

ここには2年半ほどいます。それまではストックホルム北部のシニアハウスにいました。娘(72歳)はスペインにいるのですが、孫がこの辺りに暮らしているので、私もこちらに引っ越してきました。娘も夏の間数ヵ月はスウェーデンに来てくれて、私のそばにいてくれます。この絵(写真3-4)は、私の曾孫が私の誕生日に描いて贈ってくれたものです。彼が5歳のときで、当時住んでいた家を描いたものです。

家具やソファやランプなんかは、自宅からもってきました。絵もそうですね。ソファの上に

写真3-4　Cさんの居室(曾孫が描いてくれた「家」の絵)

写真3-5　ワイン会

飾ってある「花」のやつは絵ではなくて刺繡です。ずっと刺繡をやっていて、それも若いときに私が作ったものです。ランプとかその置き物なんて古いものですよ。いつからあるか、わからないくらい古いものです。その(入口付近に置いてある)テーブルは、私の夫が、そのお母さんのお兄さんからもらったものらしいです。その前にも使っていた人がいるのかもしれません。いずれにせよ、古いものです。テレビのところの棚なんかは比較的新しいものですが、私は古いものとか、ずっと使っていたものの方が好きです。

週に1回、金曜日の午後にワイン会があって、みんなでワインを飲むのですが、それが楽しみです(写真3-5)。私自身はワインは飲まないのですが、ゲームやおしゃべりするのが楽しみなんです。今日も早く行きたくて気分が落ち着きません。

２）スタッフ

④Dさん（施設長）

　ここを「アットホーム」な雰囲気にするために、何よりも家具、写真など
が必要です。自分のベッドシーツ、自分のタオル、自分の洋服なども重要で
す。この施設の各個室は、入所者さんとの賃貸契約という形態を取っていま
す。つまり部屋であっても、それぞれが「家」なのです。そこをどういう風
に利用するのかは —— どういう家具を置くか、どういう絵を飾るか、そうい
ったことは —— 入所者本人と家族が一緒にデザインして、決めていきます。
だから、その中身は家によってそれぞれ違います。けど、そういうことが重
要なのです。

　ここに引っ越してくる高齢者の多くは、それまで一人で暮らしていた方が
多いです。そして高齢者がこういった施設に入ると、初期の段階でうつにな
る傾向があるんです。今まで住んでいたところよりも狭いところで暮らさな
くてはならないし。自立性がなくなるというんでしょうか。スウェーデンで
はこの「自立」ということをとても大事にしています。何でも自分でやりた
い、他の人に頼みたくない、そういうことです。彼らはそれまできちんと一
人で生活していた。私たちの仕事というのは、彼らがここにきてもスムーズ
に自立した生活が営めるようにサポートすることです。

　そして私たちは、個別的にケアを提供したいと考えています。ここに来る
ときに、本人と家族にライフヒストリーを書いてもらいます。生まれ育った
ところ、どんな仕事に就いていたのか、食べ物の好き嫌い、趣味、ペットを
飼っていたかどうか、そういったことまで仔細に書いてもらって、私たちの
スタッフ一人一人が理解し、個別に対応できるよう心がけています。

　この施設ができた当時、まだ施設で余生を過ごす時間が長かったんです。
高齢者はもっと早い段階で、施設にやってきました。今は最後の最後になっ
て、本当に一人での生活が困難な状態になってようやく施設に入るような感
じです。だから前は亡くなるまで５〜６年はあったかもしれませんが、今は
平均して２〜３年しか住みません。昔は運動系のアクティビティもいろいろ

やっていたのですが、今はもうあまりないですね（それだけ身体を動かせる人が少ないということ）。できるだけ自宅に残るようにというのが、今の流れです。もちろん最後まで家で過ごせるというのが理想だと思います。

⑤Eさん（シルビアナース（認知症専門介護士））

認知症の方がこちらに引っ越してきたばかりの頃は、特に注意が必要です。それまでの自分の記憶に依存しているので、新しい環境に慣れるのがとても難しいのです。つまり、それまでの記憶というのがとても重要になります。だから必ずご家族にいうのが、「本人が今まで使用していたもので、一番愛着があるものをこちらにもってきてください」ということです。家具とか枕とかソファとか絵画とか、そういうものです。バッグとかもそうです。壊れていてもいいんです。その人にとって意味があって、大事にしていたということが大切なんです。

何が「アットホーム」なのかというのは、一人一人違います。認知症といっても、ここには65歳から95歳までの方がいらっしゃいます。そして認知症の方にとっては、ひょっとすると子どものときの記憶だったり、両親と過ごした時の記憶が「アットホーム」なものにつながっていたりもするんです。共有スペースにしてもそうで、置いておく家具なんかも、少し古いデザインにするというのも有効です。彼らはそれらを見て、いろいろなことを思い出すのです。それくらい、彼らにとって「アットホーム」であることと記憶は結びついています。

各個室に関していえば、入所者本人と家族が決めることになっています。好きにアレンジしてもらって構いません。思い出のあるカーペットやラグなども有効なのですが、転倒するリスクがあるので、そういった場合は、こちらからご家族にアドバイスを与えます。

またベッドの置き場所がとても大事で、ここに引っ越してくるまでの生活のなかで、ベッドがどの位置にあったのか──つまり窓がどっちに見えたとか、朝、太陽がどちらから昇ったとか、起きるとき右側から降りたのか左側から降りたのかとか──が重要になってきます。ここでもなるべくそれまで

と同じような生活リズムにしたいので、これは必ずご家族に訊いておくこと
です。もし寝たきりになったりすれば、窓から見えるものに対して、私たち
はとても気を遣います。鳥に興味がある方がいれば、窓から鳥が見えるよう
に、エサ台を設置したりもします。技術的なことをいえば、入所者さんのこ
れまでの記憶を辿って「アットホーム」的な雰囲気を作っておけば、転倒な
どのリスクは大きく軽減できるわけです。

　だから彼らがそれまでの人生のなかでどういう趣味をもっていて、どうい
うことに興味があるのか、きちんとリサーチしておくことが大切です。私た
ちは家族に訊いたり、本人に訊いたりしながら、なんとかして彼らの記憶に
近づこうとします。いいケアとはそういうものだと思います。

⑥Fさん（准看護師）

　今まで使っていた家具などを、居室にもってきてもらうことはとても重要
なことだと考えています。安心感が違いますし、「アットホーム」な雰囲気に
なります。とくに認知症の方はそうですね。古い記憶、まだよく覚えている
ものをもってきてもらうことが大切なんです。そういう慣れ親しんだモノ──
家具とかシーツとか本とか──に囲まれて生活することで認知症の症状を抑
えることができます。

　他には、私たちは、入所者さんたちがここに引っ越してくるまでに彼らの
情報をできるだけたくさん伺うようにしています。どういう生活をしていた
のかを訊いて、同じような環境、同じような生活をここでもできる限り続け
られるようにしたいと考えています。何時に起きるのか、食事はどういった
ものを食べていたのか、好き嫌いはあるのか、もっている病気と飲んでいる
薬、一日の生活の流れやリズムなどを話してもらいます。その人がどこで生
まれ育ったのか、どんな仕事に就いていたのか、家族関係はうまくいってい
るのかなど、その人がどのような人生を送ってきたのかということも訊きま
す。そうやってたくさんコミュニケーションをとって、環境が変わっても入
所者さんに負荷をかけないということが重要なのです。

　何か特別なことをするのではなく、普通の、一般的な家のようにするんで

すね。こうやってクリスマスのシーズンには飾り付けをして、ローソクに火を灯します。各居室では危ないのでやってはいけませんが、共有スペースや食堂などでは大丈夫です。オーブンでケーキやクッキーを焼いたりもします。この間もジンジャークッキーを焼きました。こういうことはスウェーデンではどこの家でもやっていることです。料理自体はスタッフが調理しますが、それを入所者さんが見えるようにしておくんですね。作っているところを見て、包丁の音を聞いて、匂いを嗅いだりする。そういうのも生活の一部でしょ。けど、これって何か特別なことではなくて、どこの家にもある普通のことで、私たちはそういった普通のことを提供するんだと、いつも考えています。

4 家財のエージェンシー

1）家財と記憶とケア

　前節では介護施設に入所する高齢者とそこで働くケアスタッフのインタビューを記述した。そこで特徴的なのは、スウェーデンの施設では、私物のもち込みに関してかなり自由が認められているという点である。たしかにベッドは介護用のものを用いるため施設が用意する。またラグやカーペットに関しては転倒防止の観点から「禁止」しているところと「なるべくならもち込まないほうがよい」としている施設があった。しかしそれでも多くの私物を居室にもち込むことができる。テレビや化粧品などはもとより、家具、調度品、写真、観葉植物、食器、美術品、ベッドカバー、カーテン、枕、ランプ、絵画などは、どこの部屋にもみられた私物である。Bさんのように、ワインや小型シャンデリアなどをもち込むことも可能である。

　またほとんどの場合、それらは施設が用意したものでも新たに購入されたものでもなく、もともと彼女たちが自宅で長らく愛用していた家財である。AさんやCさんの発言にもあるように、それは何も高級なものでなくてもよ

い。使い慣れて「お気に入り」であることが重要なのだ。

　ではなぜ愛着のあるモノなのか。1つの答えとして、そこには彼女たちの思い出や記憶が刻み込まれているという点が挙げられる。換言すれば、それは代替不可能な「かけがえのない」ものでもある。Bさんの大理石張りのチェストは祖父母から譲り受けたものであり、聖書は100年以上前に出版されたもので、もともとは祖父が愛読していたものである。Cさんの部屋にある絵は曾孫の描いた、いわば「落書き」である。それでも彼女にとってそれはかけがえのないものとなっている。「古いものが好き」だという彼女の小型のテーブルは、夫の母の兄から譲り受けたものでもある。Aさんに至っては、施設にもって来られなかった家具の記憶まで嬉々として語ってくれた。つまり、ひとつひとつの家財には彼女らの過ごした「時間」と「場所」と「人」の記憶が深く刻印されている。そしてことあるごとに、彼女たちはそれを手に取り、眺め、記憶を喚起する。そう考えるならば、個々の家財はそのままひとつの「モニュメント」となる。

　この点は、実はケアスタッフたちが重要視する点である。施設へ入所してくる当初は、環境や生活スタイル、そして日々を過ごすうえでリズムが変わるため、なるべくスムーズな転居が求められる。そのために彼女たちが着目しているのが、愛着のあるモノなのである。シルビアナースのEさん、准看護師のFさんが端的に指摘するように、愛着のあるモノがあれば、それに付随する記憶が喚起される。そして過去の記憶が喚起されれば、施設のなかでも穏やかに過ごせるのだという。つまり愛着のある種々のモノは、入所者たちのそれまでの生活と人生をそのまま施設へと運んでくれるキャリアーだと考えられている。

　では、そうすることでスタッフたちは何をしようとしているのか。一義的には認知症の症状悪化を抑制し、入所者たちの混乱を未然に防止するためである。しかしその先には彼女たちが提供しようとする、ケアの理念が垣間見える。たとえばインタビューのなかで、どの施設のスタッフも「アットホーム（スウェーデン語でいう hemma）」という言葉を口にしている。またある施設の施設長Dさんは、各々の居室は「部屋であっても、それぞれが家である」

84

と明言する。つまり、そこは入所者たちの生活空間であって、個別性・多様性が担保されなければならないという理念が横たわっている。衣食住という生存の最低限のことをいっているのではない。入所者たちが好きなときに庭の植物の手入れをし、飲酒・喫煙を嗜み、芸術を鑑賞する。また共有スペースはクリスマスに向けて飾りつけをし、蝋燭に火を灯し、ジンジャークッキーを焼く。そこまで提供できてはじめて「生の空間」となりうるのだと彼女たちは考えているのである[15]。

　個々に多様な生活空間を作り上げるためには、ハコ（居室）やヒト（スタッフ、医師、看護師）だけでは不十分である。そこを意味のあるモノで満たさなくてはならない。つまり「愛着のあるモノを持参する」というのは、入所者にとって、施設というもともと非知の空間を、記憶の詰まったモノで満たして「家のような」空間に改変する実践なのである。

　本書第2章で指摘されているように、現在では施設でも自宅でもない高齢者住宅が北欧では主流となっている。たしかにスウェーデンの高齢者施策をみると、1980年代を境に脱施設化が進められてきた。イーヴァル・ロー＝ヨハンソン（Ivar Lo-Johanson）の告発にもあるように、その背景には劣悪な施設の住環境があった。もちろんそれは事実なのだろうが、高齢者を自宅や地域に戻すだけでなく、他方でスウェーデンは劣悪だった施設を生の空間——つまり「家のような」空間——へと変える努力も決して怠らなかったのではないか。スタッフへのインタビューから窺い知れるのは、モノや記憶を手がかりにして「家」と同様「普通の日常」が送れる空間を作りあげようとする、ケアの理念である。そう考えると、高齢者住宅を含め「家のような」空間は、スウェーデンの居住福祉を考える際に重要な位置を占めているのだろう。

2) ANTの可能性／不可能性

　この点を踏まえたうえで、冒頭で議論したエージェンシーの議論を再考してみたい。カロンやラトゥールらの議論を通過した私たちは、スウェーデンの高齢者施設において種々のモノがエージェンシーを発現しているようにみ

える。実際、ケアスタッフたちも、モノの重要性を説き、あたかもそれらが人に働きかけているような語り口をする。

　ここで冒頭の議論に戻ろう。本章のはじめに筆者は疑義を2点呈した。まず、これまでのANTでは、モノのエージェンシーを普遍的なものと捉えるところにその特徴があったが、一方でモノと人の関係はもっと個別的ではないのかという点である。2点目はそもそも諸アクターのエージェンシーを「発見」するのは誰なのかという問題である。

　普遍性／個別性の問題に関しては、多くの議論は必要ないのかもしれない。上のインタビューで示されている通り、モノに刻まれた記憶というのはすこぶる個別的なものである。たとえばある絵画を見たとき、そこに内包された思い出やエピソード——誰から贈られたものか、それまで家のどこに飾ってあったのか、いつもらったのかなど——を喚起するのは、ある特定の人のみである。Cさんにとって大切な「曾孫の描いた絵」は、他人にしてみればただの「子どもの落書き」にすぎない。もしANTを踏襲して、モノのエージェンシーを考えるならば、こうした個別性をより考慮しなければならないだろう。スタッフたちが「ケアは個別的なものだ」というとき、それは人々の生も、それを支えるケアも多様かつ個別的であることを示唆していた。ならばその多様な生が刻まれたモノもまた個別的であり、その人とモノの関係性も個別的なのである。

　またケアスタッフのインタビューに顕著に現れているのが「愛着のあるモノが人に働きかける」という点である。愛着のある家財があれば、人々はそれまでの記憶を頼りに、違う環境でも穏やかに過ごすことができる。あるいは、認知症の症状が和らぐ。こうした語りからモノのエージェンシーを論じることはできるだろう。さらに極論まで突き詰めれば、「入所者本人」「スタッフ」「家族」だけでなく、「絵画」「テレビ」「聖書」「カーテン」……といったアクターのハイブリッドで彼女らの生が営まれていると主張することだって可能なのかもしれない。だが問題なのは、これが誰の「物語」なのかということである。これまでのANTの場合、多分に観察者や記述者による「解釈」が、人々の思考や実践よりも優先されるきらいがあった。しかし本章で

示したのはこうした観察者（筆者）自身の「物語」ではない。あくまでも、スウェーデンの人々の思考であり、彼女たち自身が織り上げた「物語」である。もしANTを人類学的に展開させるのであれば、こうした点を考慮に入れながら議論を深化させていかなければならない。

だが他方で、そもそもANTは人類学的な議論に不向きなのではないかという主張もある。また正確を期するなら、本章で論じてきたのは、実はモノのエージェンシーではないのかもしれない。というのも、入所者たちに働きかけているのは、モノそのものではなく「モノの記憶」だからである。たしかに鍵に付けられた錘が人の感覚に働きかけるのと、写真や絵画を見た高齢者が何かを想起して、自身の感覚が落ち着くのとでは、議論のレベルが異なる。また人の記憶はモノに仮託されているのではなく、人に内在しているのだとも言える。つまりモノをアクターとして捉えるのではなく、あくまでも人を中心に据えて、その記憶の可能性を探るべきなのかもしれない。

この点に関してティム・インゴルド（Tim Ingold）の強烈なANT批判は示唆するところが大きい。彼はエージェンシーというものが人間やモノに本来的に備わっていて、それをもつがゆえに行為するという図式を根本から否定する。また、種々の行為や現象は、個々の存在物がネットワークを構築し、エージェンシーを発動するなかで生み出されるのだというANTの視点そのものも退ける[16]。ANTでは個々のアクターの存在をアプリオリに想定し、それを結ぶ抽象的な（そして幾何学的な）ネットワークの線を引く。この線分には「アクターが関係している」という示唆以上の意味はない。それに対しインゴルドのイメージは、行為する人間がまず先にあり、時に他の存在者と重なり合いながら、そして時に縺れ合いながらその軌跡を縦横無尽に拡張していくものである。それはまるでナメクジの這った跡のようでもあり、ジル・ドゥルーズ（Gilles Deleuze）のいうリゾームのようなものでもある[17]。だから彼にとって重要なのは、アクターそのものでも、アクターを結ぶ抽象線でもなく、あくまでも個々の人間が辿った軌跡である[18]。そして彼はこのラインのイメージを敷衍する。曰く、それは身体的動作の導線となり、移動の痕跡となり、人生の軌跡となる。インゴルドはそれを、個々の存在物を抽象的に結びつけ

87

た「ネットワーク」ではなく、身体が撚糸となって拡張しつつ、他の存在物と絡まり合う「メッシュワーク」だという[19]。

　彼はこのANT批判をクモとアリの寓話によって描き出す。舞台は森の奥深く。そこでアリとクモが自らの社会観や身体観について議論を交わしている[20]。アリはクモに対し、自説であるANTを披歴する。アリも非アリもエージェンシーを有したアクタント（act -ant !）であり、つまりはアリだけではなく松葉もアブラムシも幼虫もすべてエージェンシーを有している。それを聞いてもなかなかANTを理解しないクモにアリはいう。クモだって、小枝や草を使って、クモの巣を張るではないか。それこそ「クモ」と「クモの巣」と「小枝」のハイブリッドではないか、と。それに対してクモは激しく反論する。

　「私のいいたいのは、クモの巣は単独の実在物ではないっていうことなの。……私がこの垂れ下がった繊維の端っこに結び付けた小枝や幹は、それ自体、複雑な地下茎システムの目に見えるほんの一端。すべての植物もまた、生きているラインの組織だわ。そして、もちろん私自身もそう。まるで私の身体が生の糸を撚るようにしてつくられたみたいで、私のたくさんの足を経由してクモの巣へと走り、そこからもっと広い外の環境へと広がっていくの。私にとって世界とは、異成分のガラクタが寄り集まったものではなくて、糸と経路が縺れ合ったものなの。あなたの「ネットワーク」に対して私のは「メッシュワーク」ね。つまり私がいいたいのは、行為というのはネットワークに分散したエージェンシーの結果ではなくて、メッシュワークのラインに沿って伝わった力の相互作用から現れるということ」[21]。

　モノをアクターと仮定し抽象的な線を引くのではなく、人の具体的な軌跡^{ライン}に沿い、その意味を見出すこと。インゴルドの議論の要諦はそういうことだ。

　それを踏まえ、ここでスタッフたちのインタビューに再度、目を向けてみよう。実は筆者が訪れたどの施設でも、入所者の詳細なライフヒストリーを入所前に尋ねている。趣味、性格、食事の好み、若いときの職業、服用している薬、毎日の日課、ベッドの向き、そして彼女らがどのような人生を歩んできたのかまで、詳細に訊き出そうとする。インゴルドによれば、物語^{ストーリーライン}は

それ自体が、はじめも終わりもないまさに縦横無尽のラインである[22]。ならば、入所者たちは自らの人生の軌跡を語り、スタッフたちはそれに耳を傾け、共に寄り添いつつそのラインを再踏することだ。そしてその道中で、意味のある物事を見つけ出そうとするのである。家族の写真や絵画、使い慣れた家具・調度類といった種々のモノは、彼女らの人生の軌跡のなかに ―― それこそクモの巣に落ちたハエのように ―― ぽつんと落ち込んで絡み取られたモノなのかもしれない。このようにインゴルドの主張は、実はケアスタッフたちによって忠実に実践されているとも言える。そして彼女たちは、そうやって丹念にメッシュワーク上の軌跡を辿ることが「よいケア」へとつながるのだと確信しているのである。

このように、入所者とスタッフの紡ぎ出した「物語」に沿えば、ANTのように種々の家財が意味をもち、アクターとして自分たちに働きかけるのだと主張することと、インゴルドのように記憶の軌跡を辿り、その糸に絡め取られたモノに意味を見出すという行為は ―― インゴルド自身の鋭い批判にもかかわらず ―― 実は非常に似通ったものとなる。いずれにせよ重要なのは、こうしたモノをめぐる「物語」は観察者の「解釈」ではなく、常に彼女ら自身の思考と実践として立ち現れているということである。繰り返すが、人類学は人々の「物語」を捨象した議論を展開してはいけない。クモが糸の上を「沿って」移動するように、人類学は人々の思考や実践に常に「沿って」進まなければならないのである。

5 おわりに

本章では、スウェーデンでのインタビューをもとに、モノの記憶とその重要性について議論した。インタビューを行った施設では、愛着のある家財が重要性をもつと考えられていた。つまりそこには入所者の記憶が内包されており、それを数多く部屋にもち込むことによって、非知の空間を「家のような空間」に設え直しているのである。

では、その記憶が刻まれたモノたちはどういう意味をもつのか。本章では、近年の人類学で盛んに議論されているANTをその出発点とした。入所者とケアスタッフたちの考えを総合すると「モノが人に働きかける」と論じることもできる。ゆえに、既存の理論に修正を加えつつもANTは可能なのかもしれない。けれども一方で、インゴルドの議論を踏まえるならば、個々のモノは、高齢者たちのメッシュワークに絡め取られた結び目であるとも言える。実際、ケアスタッフたちは、入所者たちの人生の軌跡を丹念に辿り、そこに意味のあるモノを見出そうと努力している。ならば、ネットワークもメッシュワークも、彼女たちの思考や実践から捉え直したとき、実はその差はそれほどかけ離れたものではないのかもしれない。

　今後、日本も在宅ケアのあり方が見直されることになり、本章でいうところの「家のような空間」の重要性が増していくことが予想される。それに伴い、北欧の在宅ケアの実践を見習おうとする動きも出てくるのかもしれない。だが、制度だけを安易に「輸入」しただけではうまく機能しないだろう。制度の背後には必ずそれを支える人がおり、彼らの考える「物語」がある。北欧ケアの実践から学ぶべきものがあるとしたら、そこまでつぶさに見届けられるかどうかが分水嶺となるだろう。

注
1) cf. 小池・信田（編）（2013）.
2) 秦野良夫（1935-2007）は群馬県出身。知的障害と聾唖の障害があり、20年以上にもわたり施設で作品の制作に取り組む。紙の菓子箱を定規代わりに使い、ゆっくりと作品を描いていたようだ。2007年に病気により死去（SAMウェブサイトより）。
3) 山陽新聞（2012）.
4) 福井（2015）.
5) Law 1992, Callon and Law（1995）, ラトゥール（2007）.
6) カロン（2006）, 44.
7) 同上, 45.
8) 青山（2008a）,（2008b）.
9) cf. サッチマン（1999）, 194-196.
10) 中川（1995）, 251-263.
11) 同上, 257.
12) インタビューは2015年11月に行った。高齢者施設は3ヵ所、延べ人数は10名である。個人

第3章　家と施設をつなぐもの

情報保護の観点から、施設名、地名、個人名等は明記しない。インタビュー内容に関しては、大きな改変を加えず、曖昧にしている箇所もある。またインタビューをさせていただいた内容は多岐にわたるが、紙数の都合上、議論に必要な個所のみ記載している。

13）部屋は8畳ほどの居室とシャワー・トイレルームの2部屋タイプが一般的で、今回インタビューをさせて頂いた方々も、すべて同じ間取りである。小さなキッチンが各部屋に備え付けられているが、安全面から使用はできない。

14）ストックホルム中心部にある老舗高級デパート。1902年に開業。一流ブランドや高級店が集まっている。正式名称は Nordiska Kompaniet。

15）スタッフとの談笑中、入所者の飲酒の話になった。日本の介護施設では、酒・タバコが禁止されているところも少なくない、という話をすると、彼女たちスタッフは一様に驚き、「なぜダメなのですか？」と問うてきた。筆者には詳細な事情がわからないのだが、おそらくは施設の「管理上の都合」なのだろうと答えると、彼女たちは怪訝そうな顔をした。つまり日本の施設の「事なかれ主義」によって、入所者の自立した生活が制限されていると映るのだろう。この点に関していえば「ここは病院ではないので……」というのもよく耳にする語り口のひとつである。彼女たちは、病院という「管理する施設」の対極に、自分たちの施設を置いているようだ。

16）Ingold（2013), 95-97.

17）Ibid., 132-133.

18）インゴルド（2014).

19）Ingold（2013), 132.

20）寓話のなかで批判されるべきアリとはもちろん ANT を意味し、インゴルドの主張を代弁するクモとは Skilled Practice Involves Developmentally Embodied Responsiveness のことを指す。本論ではその意味にまでは踏み込まないが、彼一流のユーモアが随所にちりばめられている。

21）Ingold（2008), 211-212.

22）インゴルド（2014), 144-154.

参考文献

青山征彦（2008a)「アクターネットワーク理論が可視／不可視にするもの──エージェンシーをめぐって」『駿河台大学論叢』35, 175-185.

─────（2008b)「人間と物質のエージェンシーをどう理解するか──エージェンシーをめぐって（2)」『駿河台大学論叢』37, 125-137.

カロン, M.（2006)「参加型デザインにおけるハイブリッドな共同体と社会・技術的アレンジメントの役割」（川床靖子訳）『科学技術実践のフィールドワーク──ハイブリッドのデザイン』（上野直樹・土橋臣吾編）せりか書房. 38-54.

Callon, M. and J. Law（1995)"Agency and the Hybrid Collectif", *The South Atlantic Quarterly*, **94**(2), 481-507.

福井栄二郎（2015)「延長する「家」──日本とスウェーデンの聞き取り調査から」『社会文化論集』11, 17-36.

保坂健二朗（監修)（2013)『アール・ブリュット　アート　日本』平凡社.

Ingold, T.（2008)"When ANT Meets SPIDER: Social Theory for Arthropods", In: *Material Agency: Towards a Non-Anthropocentric Approach*,（Knappett, C. and L. Malafouris eds.),

209-215, Springer.

——————(2013) *Making: Anthropology, Archaeology, Art and Architecture*, Routledge.

インゴルド，T. (2014)『ラインズ――線の文化史』（工藤晋訳）左右社.

小池誠・信田敏弘（編）(2013)『生をつなぐ家――親族研究の新たな地平』風響社.

ラトゥール，B. (2007)『科学論の実在――パンドラの希望』（川崎勝・平川秀幸訳）産業図書.

Law, J.（1992）"Notes on the Theory of the Actor-Network: Ordering, Strategy and Heterogeneity", *Systems Practice*, 5, 379-393.

中川敏（1995)「民族誌的真理について」『現代人類学を学ぶ人のために』（米山俊直編）世界思想社，248-263.

サッチマン，L. A. (1999)『プランと状況的行為――人間-機械コミュニケーションの可能性』（佐伯胖監訳）産業図書.

SAM（Spririt Art Museum）「秦野良夫」
http://www.spiritartmuseum.jp/jp/permanent-collection.php?artist=015（2017年 6 月25日閲覧）

山陽新聞（2012)「アール・ブリュットで行こう――鞆の津ミュージアムの軌跡」2012年 9 月 2 日（備後版）

第 **4** 章

人間的な生の拠り所としての「ホーム」
── 在宅（home）ケアの哲学的な基盤をもとめて ──

竹之内　裕文

1　はじめに ── 問いとしての「在宅ケア」

　少子高齢化はアジア諸国に広く認められる傾向である。なかでも日本社会では、人口減少により経済規模が縮小するなか、高齢化が社会保障費を増大させるという困難な事態が進行している。これを受けて日本政府は、医療・介護分野において在宅ケアを推進する施策を打ち出している。たとえば厚生労働省の「在宅医療・介護の推進について ── 在宅医療・介護あんしん2012」（以下「あんしん2012」と略記）では、疾患・障害を抱えても、「住み慣れた生活の場」で暮らすことができるように、必要な医療・介護サービスを地域単位で供給する地域包括ケアシステムへの移行が提唱される[1]。

　ここで「住み慣れた生活の場」とは、さしあたり「自宅」を指示する。しかし国民の死亡場所の構成割合を見ると、「病院」が約8割を占め、「自宅」は1割前後で推移している。国民の多数が「自宅」で最期を迎えるためには、公共的な医療・介護サービスを継続的に供給するほか、家族の介護負担、経済的負担、急変時の対応など、慢性期・終末期ケアにかかわる多くの懸案を解決しなければならない[2]。しかしその解決はけっして容易ではない。それに応じて「あんしん2012」では、自宅のほかにも「住み慣れた生活の場」を確保すべく、サービス付高齢者住宅を整備するという施策が打ち出されるの

93

である。

　自宅に代わる「終の棲家」を求める動きは、民間レベルでも活発である。たとえば近年、注目を集めるホームホスピスは、在宅介護が困難な人や既存の介護施設に適応できない人を対象に、民家等を活用した「ケア付の家」を提供することで、「最期までその人らしく暮らせる」ように支援している[3]。

　「住み慣れた生活の場」や「終の棲家」を拡充する試みは、当事者たちの選択肢を増やすという意味で望ましいものだろう。ただそれと同時に、「在宅」ないし「自宅」にある種の概念的な混乱が生じ、「在宅」ないし「自宅」と「施設」との区別が不明確になりつつある。

　たとえば死亡診断書（死体検案書）には、「死亡したところの種別」という記入欄があり、1.病院、2.診療所、3.介護老人保健施設、4.助産所、5.老人ホーム、6.自宅、7.その他の項目から、いずれかを選択することになっている。死亡診断書（死体検案書）記入マニュアル（平成29年度改訂版）によれば、ここで「老人ホーム」とは「養護老人ホーム、特別養護老人ホーム、軽費老人ホーム及び有料老人ホーム」を指し、「自宅」には「自宅の他、グループホーム、サービス付き高齢者向け住宅（賃貸住宅をいい、有料老人ホームは除きます。）」が含まれる[4]。

　このように死亡診断書では、「自宅」の定義が示されないまま、グループホームとサービス付高齢者向け住宅が「自宅」として扱われ、既存の各種老人ホームから区別される。新しいタイプの「ホーム」——グループホーム、ケアハウス、ホームホスピスなど——の登場とともに、自宅／施設、在宅死／施設死という線引きの根拠が曖昧になっているのである。

　こうして私たちは、在宅ケア（home care）にかかわる根本的な問いに直面する。在宅（home）とはどのような場を言うのか。また在宅（home）で提供されるケアは、いかなる意味で望ましいと言えるのか。これらの問いとともに私たちは、在宅（home）とケアの連関、さらに住む（dwelling）という人間の営みについて探究するという課題に導かれる。よい生（well-being）の実現という目標を見据えつつ、この探究を進めることで、今後の社会で求められる在宅ケア（home care）のあり方が浮き彫りにされるはずである。

第 4 章　人間的な生の拠り所としての「ホーム」

　以上の展望のもと、次の手順で考察を進めよう。まず「あんしん2012」を
糸口に、在宅（home）ケアの現状を概観し、その哲学的基礎を築くという課
題を確認する（2）。次いで、スウェーデンにおける脱施設化の試みに題材を
求め、ホームを拠点に、地域社会で生活することの意味について考察する
（3）。そのうえで、ケアとの連関において「ホーム」の意味を考察し、そこか
ら「住む」という営みとそれを支える人間の基本的な存在様式を浮かび上が
らせる（4）。最後に、これらを踏まえて、ホームケアの可能性と今後の方向
性について展望する（5）。

2　在宅ケアの基礎論の欠落
　　──「在宅医療・介護あんしん2012」をめぐって

　「あんしん2012」は、「施設中心の医療・介護から、可能な限り、住み慣れ
た生活の場において必要な医療・介護サービスが受けられ、安心して自分ら
しい生活を実現できる社会」へのシフトを目指す。では従来の「施設中心の
医療・介護」から「在宅医療・介護」へと転換する理由は何か。「あんしん
2012」では、明確な根拠が示されないが、以下の4つの背景的要因が挙げら
れる。①「我が国は国民皆保険のもと、女性の平均寿命86歳（世界1位）、男
性80歳（同4位）を実現するなど、世界でも類を見ない高水準の医療・介護制
度を確立」していること、②「しかし、入院医療・施設介護が中心であり、
平均入院期間はアメリカの5倍、ドイツの3倍」に達し、「また自宅で死亡す
る人の割合は、1950年の80％から2010年は12％にまで低下」していること、
③「国民の60％以上が自宅での療養を望んでいる」こと、④｜死亡者数は、
2040年にかけて今よりも約40万人増加」することである。これらの基本的事
実を確認しておくことにしよう。

　①に関して言えば、日本では1961年に国民健康保険法が改正され、すべて
の国民が何らかの公的な医療保険に加入する国民皆保険体制が確立された。
また2000年には、40歳以上の加入者が保険料を出し合い、介護が必要なとき
に認定を受けて、必要な介護サービスを利用する介護保険制度が導入された。

95

日本人の平均寿命は、戦後ほぼ一貫して延びており、世界保健報告（The World Health Report）では2006年版から最長寿国の座を保っている──2013年は男女平均84歳（男性80.21歳、女性86.61歳）。健康寿命についても、日本は世界のトップレベルにある──2013年は男性71.19歳、女性74.21歳──が、平均寿命と健康寿命の間には、男性で9.02年、女性で12.4年の開きがある[5]。この約10年の期間をどのように支えるか──医療・介護サービスをどのように供給し、介護と経済の負担をだれが引き受けるのか──が問われているのである。

　ここで厚生労働省が注目するのが病院中心の医療と施設中心の介護（②の論点）である。「医療の効率性あるいは医療の質を測る指標として使われている平均在院日数」を見ると、日本は36.4日（2002年）で、ドイツの10.9日、フランスの13.4日、イギリスの7.6日、アメリカの6.5日と比べてかなり長い[6]。

　また「病院死」の割合は、戦後ほぼ一貫して増加してきた。1951年の時点では、在宅死の83％に対して、病院死はわずか9％を占めるにすぎなかった。両者の比率は1977年に初めて逆転し、2010年現在、病院死77.9％に対して、在宅死は12.6％にとどまっている。米国の30％（2004年）、オランダの35.3％（2003年）、スウェーデンの42％（1996年）、イングランドとウェールズの58.4％（2003年）、スコットランドの58.1％（2003年）と比較しても、日本の病院死の比率は突出して高い[7]。ここで注目されるのが③の論点である。

　「高齢者白書（内閣府、平成29年度版）」によれば、「治る見込みがない病気になった場合、どこで最期を迎えたいか」という質問に対して、回答者の54.6％が「自宅」、27.7％が「病院などの医療施設」、4.5％が「特別養護老人ホームなどの福祉施設」、4.1％が「高齢者向けのケア付き住宅」と答えている[8]。また「終末期医療に関する調査」（平成20年3月実施）によれば、自宅を拠点に「最期まで」「療養生活を送りたい」という回答者が63.3％を占める[9]。

　さらに日本社会では、1970年代後半からの極端な少子化により、類を見ない勢いで人口減少と高齢化が進行している。合計特殊出生率は1989年に史上最低値の1.57を記録し、2005年には1.26まで落ち込んだ。高齢化率は2007年

第4章　人間的な生の拠り所としての「ホーム」

に21.5％に達し、日本は「超高齢社会」——総人口に対する65歳以上の高齢者の人口比が21％を超える社会——に突入した。高齢化率は2014年現在で26％であるが、今後も上昇を続け、2035年には33.4％に達すると推計される[10]。年間死亡者数も108万（2006年）、131万（2015年）、154（2025年）と増加し、2040年には167万のピークに達すると予測される（④の論点）。

　「世界でも類を見ない高水準の医療・介護制度」を維持していくためには、高齢者一人あたりの医療・介護費用を削減していく必要がある。しかも日本の場合、高度成長期における病院死の急増により、他の先進諸国と比較して、在宅死の占める割合が極端に低い。国民も自宅での最期を志向しているのだから、（病院や施設と比べて割安な）在宅死の比率を他の先進諸国並に引き上げていくべきであり、それが実現可能となる具体的施策を整備していく必要がある。

　厚生労働省が在宅医療・介護を推進する理由は、およそ以上の通りである。ここでも「在宅home」の定義は示されず、「住み慣れた生活の場」で療養することの意義は素通りされる。それゆえ在宅（home）ケアがいかなる意味で望ましいのか、在宅（home）ケアの「基礎論」を欠落したまま、医療・介護コストの削減要求が前面に出るかたちで、在宅ケアへの政策的シフトが進められているのである。

　ここで、さしあたり2つのことを考えておく必要があるだろう。1つは、在宅ケアによってコストが削減されるという主張の成否である。高度の機能障害を抱える場合など、在宅介護よりも施設介護の方が効率的なケースがある。またケアを必要とする高齢者が分散すると、ケア従事者の移動に時間と費用がかかる。にもかかわらず在宅介護は割安であると主張されるとき、それが安い労働力によって担われる、もしくはその一部が専業主婦などによって無償で担われることが暗黙の前提とされているのではないか。逆にいえば、在宅介護を脱家族化（外部化）したうえで、在宅介護職の専門性を高め、それに応じた報酬を用意するならば、在宅介護が割安であるという主張が成り立たなくなる可能性が高い。

　スウェーデンでは、写真集『老い』（1949年）を通してイーヴァル・ロー＝ヨ

97

ハンソン（Ivar Lo-Johanson）が老人ホーム（ålderdomshem）の救貧院的な実態を告発したことで、高齢者介護が社会問題となった。「収容施設に老人を隔離するのではなく、老人の家に介護サービスが出向くべき」という考えが普及し、ホームヘルプを拡充する動きが加速した[11]。脱施設キャンペーンとともに、その論拠が吟味されないまま、「ホームヘルプは安く、老人ホームは高い」という「神話」が流布したのである[12]。その際、常套文句として使われた言葉が「本人の希望」であったことは、銘記されるべきであろう[13]。

　いずれにしても、在宅医療・介護の推進によりコストが削減されるかは、慎重に吟味される必要がある。また、かりにコスト削減につながるとしても、在宅医療・介護を推進する理由としては、それだけでは不十分である。在宅ケアの比較研究 —— 対象は米国、ノルウェー、スウェーデン、イギリス、オランダ、カナダ（マニトバ州）、アルゼンチン —— が結論するように、在宅ケアの根拠は「単なる高価な施設ケアを防ぐ、費用削減の手段以上のものであるべきである」[14]。

　在宅ケアは、いかなる意味で望ましいと言えるのか。それを明らかにするためには、「住み慣れた生活の場」で暮らす意義について主題的に考察する必要がある。その際、スウェーデンにおけるホームケアの歩みが参考になるだろう。必要な医療・介護サービスを地域単位で供給するという前述の「地域包括ケアシステム」は、スウェーデンの影響下にあった1990年代の日本の福祉政策を理念的に継承しているからである[15]。疾患・障害を抱えながら「住み慣れた生活の場」で暮らすという発想も、その起源を辿れば、「高齢者も障害者も住み慣れた地域で」というノーマライゼーションの理念に遡る[16]。ノーマライゼーションという理念のもと、スウェーデンでは「住み慣れた生活の場」で暮らす意義が追究され、それに基づいて障害者の脱施設化が進められてきたのである。

　もう1つ、ここで考えておきたいことは、在宅ケアへの転換が失敗した場合、どのような事態が生じるかという問題である。多くの先進国は、ホームケアへの政策的誘導を試みてきたが、芳しい成果を上げていない。日本でも、在宅医療・介護へのシフトが成功する保証はない。在宅ケアを推進する根拠

が明確でないと、かりに政策的誘導に失敗した場合、ケアの基本指針が見失われてしまう。逆に、在宅ケアがどのような特徴をもち、いかなる意味で望ましいのかが明確になっていれば、在宅ケアのエッセンスを病院や施設でのケアに導入し、後者の質を高めることができよう。

このようにケアの拠り所を明らかにするという意味でも、なぜ「自宅」が望ましいのかと問い、「在宅home」が志向される理由を明らかにしておく必要がある。次節では、スウェーデン社会における脱施設化の試みを題材に、ホームを拠点に、地域社会の一員として生活する意味について考察することにしよう。ただし、この試みを主導した「ノーマライゼーション」の理念に関する立ち入った考察は、本書の第10章に譲り、ここでは必要最小限の記述にとどめる。

3 ホームを拠点に地域社会で暮らす
—— 脱施設化の試みが示すもの

スウェーデンでは、1950年代末から障害者入所施設の実態が暴露され、60年代後半には障害者入所施設の解体が公共的に討議されるようになる。知的障害者援護法（1968年施行）では、ベンクト・ニィリエ（Bengt Nirje）を事務局長とする知的障害児者連盟（FUB）の尽力が実り、すべての障害児者に対して、教育、職業訓練、地域生活の機会が保障され、「ノーマライゼーション」の実現にむけた一歩が踏み出される。ニィリエはやがてスウェーデンを去ることになるが、スウェーデン社会はその後、ノーマライゼーションの原理に基づいて施設を解体し、障害者が社会参加する権利を保障する方向に大きく舵を切る。

知的障害者等特別援護法（Omsorgslagen 1986年施行）では、施設ケアから地域ケアへの政策転換のもと、すべての入所施設を閉鎖し、それに替わって知的障害者に個別の住宅やグループホームを用意するという方針が打ち出される。さらに「機能障害者を対象とする援助およびサービスに関する法律」（1994年施行、LSS法）は、対象を知的障害者からすべての障害者 —— 自閉症や身体

障害を含めて、「日常生活を送ることが困難であり、援助やサービスを必要とする」（第1条）すべての者——に拡充したうえで、ランスティング（県）とコミューン（基礎自治体）に対して、1994年12月31日までに入所施設の解体計画を提出することを義務づける（第6条）。さらに「特別病院・入所施設解体法」（1997年）では、施設解体の完了期限が1999年12月31日と具体的に定められる。

　以上のような経緯により特別病院と入所施設は次々と閉鎖され、障害者たちはグループホーム（gruppboende）やケア付住宅（servicehus）に移り住んだ。ただし、「100年以上にもわたる施設収容（1866年以後）の伝統」とともに根を張った「施設文化」と「施設病」は、脱施設化の試みを困難にした[17]。その困難を乗り越える原動力となったもの、それは社会福祉のコスト削減という政策目標ではなく、「ノーマライゼーション」の理念を基礎づける人間の生に対する洞察であった。

　スウェーデン社会庁の報告書（1990年）が指摘するように、入所施設では人びとが集団単位で扱われることが多く、入所者を個人として認識し理解することが容易ではない。しかも入所施設は「住宅・労働・交際・余暇など日常生活のあらゆる場面・事柄がそこで完結してしまっている」特殊な環境にある[18]。そのうえ「地域から遠く離れ、隔離された所にあることが多い」ため、「独特の規範と運営システムをもつ特殊な施設文化が形成されてしまい、社会的コントロールがきかなくなってしまう」[19]。さらに施設という閉じた空間で、ひとたび画一的な生活に順応してしまうと「施設病」に罹り、施設の外に出て、自分の判断で社会生活を営むことが困難になる。かくして施設入居者は、施設職員を「主人」として、施設職員が満足するようにふるまう習癖を身につけてしまうのである[20]。

　また河東田博が注記するように、

　　施設解体の諸費用の計算を細かく行ってみると、地域グループホームへの移行は、けっして安上がりでないことがわかる。入居者の生活の質を高めようと思えば思うほど、そのコストは高くなる。費用の面からいえば、入所施設運営費用とそれほど変わらなくなる。したがってスウェーデンにおける施設解体は、一部の国で

第4章　人間的な生の拠り所としての「ホーム」

　行われている経費削減のための政策などではなく、むしろ人間らしさを追求し、
生活の質を高め、一社会人として共に地域のなかで生きていくことを認識し合っ
た結果であったことがわかる[21]。

　ただし施設解体の理由として、経費削減が挙げられなかったわけではない。
たとえばヨーテボリのコミューン議会は、総体的に経費削減になるという判
断のもと、ベタニアをはじめとする施設の解体に賛成した[22]。高齢者ケアに
関して斉藤弥生が指摘する通り、障害者入所施設の解体においても、「ノーマ
ライゼーションの理念に代表されるような人間性の追求」と「より効率的な
医療・福祉システムの構築」という2つの動因が併存しているのである[23]。
人間性の追求と効率的な医療・福祉システムの構築が同時に達成されるなら
ば、それが望ましいが、後者を理由に、前者を犠牲にすることは避けなけれ
ばならないだろう。
　そもそもノーマライゼーションの原理は、「障害の程度にかかわらず、すべ
ての障害者に適用でき、また他の社会的弱者と呼ばれる人々すべてにあては
まる」もの、「あらゆる社会のあらゆる年齢層に有益であり、個人の発達や社
会変革に適応しうる」ものであり、その限りで「普遍的なもの、特定の文化
に限定されたものではない」[24]。さらにニィリエによれば「ノーマライゼーシ
ョン」は個人の尊厳ないし自己決定の問題と不可分の関係にある。

　　最も弱く、社会から逸脱した価値のない人たちだと思われてきた知的障害をも
　つ人々の自己決定の問題を解決することができれば、私たちは、彼ら以外の価値
　が低いと見られてきた人たちや他の障害をもつ人たちに、有意義で、その社会に
　合った、あたり前の自己決定を保障することのできる新しい社会をつくることが
　できるだろう。そうすれば、知的障害をもつ人々以外の障害をもつ人々の生活条
　件をごく普通にすることができ、生活の質を向上させることにもなる。自己決定
　の権利が知的障害をもつ人々に尊重されないなら、他の多くの人々に対しても、
　この権利は尊重されることはない[25]。

101

「ノーマライゼーションの理念に代表されるような人間性の追求」を、福祉（welfare）の原義としてのよい生（well-being）の追求と読み替えるならば、脱施設化は、障害者のよい生（生活・人生）を達成する試みと捉えられる。逆にいえば、施設解体という政策は、住むという営みが生のあり様を大きく左右するという認識を前提にしている。現に社会サービス法の草案（1979年）では、次のように指摘される。

> よい住居は、障害をもつ人びとが社会共同体に参加することができ、他の人びとと同様に生活することができるための前提条件である。住宅政策の目標は、すべての人びとが自分の住居をもつことにある。

　ここに見られるように、スウェーデンの社会福祉政策は、よい生ないし幸福な生の実現が住むという基礎的な営みによって左右されるという認識によって支えられている。その認識はOECDの報告書においても共有されている。
　次節では、OECDの報告書と原発避難者の経験を手がかりに、ホームとケアの相互関係に迫り、そこからホームケアの「哲学的基盤」[26]を明らかにすることにしよう。それを通して「住む」という営みとそれを支える人間の存在様式（being-at-home）が立ち現れることになるだろう。

4　人間的な生の拠り所としての「ホーム」
── ホームとケアの関係をめぐって

　「ホーム」とは、どのような場所か。よい生（well-being）に関するOECDの報告書では、次のような認識が示される。

> 適切な住居（housing）は、たんなる四方の壁と屋根以上のものである。住居は、極端な天候や気象条件から護られるといった基礎的ニーズを満たすのに不可欠である。住居は、リスク（risks）や危険（hazards）を免れて、眠ったり休息したりするのに適した場所を提供し、安全、プライバシー、私的空間を感じさせるはず

第4章　人間的な生の拠り所としての「ホーム」

である。さらに住居は、家庭（a family）をもつといった他の不可欠なニーズを満たすためにも重要である。これらすべての要素が「家屋 housing」を「ホームhome」とする。これらすべての要素は、人びとにとって本質的に価値あるものである[27]。

　これによれば「ホーム」とは、生存のための基礎的ニーズが充足されるだけでなく、大切な人たち（家族ないし友人）と共にあり、同時に、自分なりの生活が尊重される場所、それゆえ安らぎが感じられる場所を指す。これらの条件を満たすとき、その場所は「ホーム」となるのである。

　「ホーム」についての理解をさらに深めるため、東日本大震災により「ホーム」を奪われた被災者たちの経験に学ぶことにしよう。物事の意義は、それが失われたときに、鮮烈に感得されるからである。なかでも福島原発事故の避難者たちは、近い将来に「ホーム」を再建するという希望を抱くことが困難であるだけに、ホームの大切さを痛感させられたと思われる。たとえば社会学者の佐藤彰彦は、富岡町避難住民からの聞き取りに基づき、避難住民が「失ったもの」を次のように描出する。

　　あなたの暮らしのなかで、ある日突然、「逃げろ」と言われて、気がついたときには、家も、家族も、人間関係も、仕事も、学校も、毎日の暮らしも、大事なアルバムや、かけがえのない人からのプレゼントや、慣れ親しんできた風景に、いつもいたお気に入りの場所、それこそありとあらゆるものを失い、あるいは放射性物質で汚された。今まで生きてきた証しや思い出、先祖の暮らし、当たり前につながっていたはずのすべての者、それらを一切合切喪失したのだ[28]。

　ここで「ホーム」は、第1に、文字通りに「四方の壁と屋根」を超えて、学校、仕事、風景、特定の場所、先祖伝来の暮らしなど、土地との密接な連関を示している。また「ホーム」は、第2に、生きてきた証し、思い出、先祖の暮らしなど、各人のアイデンティティと不可分な関係にある。このうち土地との連関について、社会学者の山下祐介は次のように指摘する。

103

今回、原発事故で人々が失ったもののなかには、その地を離れては享受できない、
　　その地固有の価値といえるものがある。農地や山林はもちろん、その地に育まれ
　　ていた歴史や文化、さらにはその地固有の人間関係や社会構造など、コミュニテ
　　ィにかかわる様々なものがそこには含まれる[29]。

　ここに示されるように、土地は、住む（dwell）という人間の基礎的な営み
の文字通りの「土台」として、ホームに存立基盤を与える。また同時に、土
地との連関は私たちのアイデンティティ、とりわけ「場所に基づくアイデン
ティティ place-based identity」と深く関係する[30]。ヴァンダナ・シヴァ（Vandana
Shiva）が指摘するように、「具体的な文化的コンテクスト —— 私たちが食する
食べ物、着用する服、話す言語、抱く信仰 —— は、私たちの人間的なアイデ
ンティティの源」なのである[31]。
　ネル・ノディングズ（Nel Noddings）によれば「ホームは、避難場所（shelter）
や食べ物だけでなく、人がそこから、またそこで、アイデンティティを請求
する場所を提供する」[32]。ホームには、「自分の所有する物や愛着のある事物
を蓄えておく場所がある」からであり、「個人のニーズに応える人びと、同時
にその個人に対して、自分たちのニーズに応えることを要求する人びとが存
在する」からである[33]。
　さらにホームは、私たちのアイデンティティ形成において不可欠な役割を
担っている。私たちはホームにおいて（at home）、人びと、動物、植物、事物、
考え方などを世話・手入れする（care for）ことを学ぶ（あるいは学び損ねる）か
らである[34]。応答の習性（habit of response）は、ホームで学ばれ、そこで出会
われる動物、植物、事物に向けられるのである[35]。
　その意味で私たちの人生（life）は、文字通り「ホームから始まる starting at
home」といってよい。ホームは、人間的な生を営むために不可欠な拠点であ
る。特定の場所に定住し続けるか、住み処を転じるかにかかわらず、私たち
が人間であること／になることに関して、ホームは存在論的な意義を有して
いる。私たちは生きる拠り所（home）を必要とし、それを得ることで人間的
な生を営む。私たちはいわば「拠り所に身を落ち着ける存在 being-at-home」

なのである。

　この洞察とともに私たちは、「世界内存在 In-der-Welt-sein」という概念に導かれる。これは世界に住むという人間の存在論的な在り方に対して、ドイツの哲学者マルティン・ハイデガー（Martin Heidegger）が与える統一的表現であり、「世界」と「内存在」という 2 つの契機によって構成される。

　一方の「世界 Welt」は、私たちの日常的な生活が前提する意味のコンテクストないしネットワークを指示する。「世界」とは、各人が常に、既にそこに帰属しながら、同時に、他の者たちとともに形成していく可能性に開かれた場であり、人間の共同存在の舞台と性格づけられる。他方の「内存在 In-Sein」は、「……のもとに住む wohnen bei」という人間——ハイデガーの存在論的術語では「現存在 Dasein」——の基礎的な在り方を指示する[36]。

　私たちは「ホーム」という場で、互いのニーズに応答すること、互いをケアすることを習得して、より広い「世界」に踏み出していく。その場合も「より広い世界を動きまわる自己は、ホームで出会ったものによって導かれる」だろう[37]。「世界」に住むためには、それが馴染みのもの、親しみを感じるもの、その内に拠り所を確保できるものであることが前提になるからである。

　「ホーム」は、私たちが「世界」に住むための拠点を提供する。「拠り所に身を落ち着ける存在 being-at-home」であるからこそ、私たちは「世界内存在 being-in-the-world」であることができるのである。これら 2 つの存在様式は、不可分かつ相補的な関係にあり、私たちがアイデンティティを形成・獲得する足場を提供している。ホームを拠点に「世界」に住むという人間の基本的な在り方を踏まえて、本章の最後に、これからのホームケアについて展望することにしよう。

5　これからの「ホームケア」のために——在宅主義を超えて

　冒頭で確認したように、日本社会では「在宅」ないし「自宅」という概念に揺らぎが生じ、自宅／施設、在宅死／施設死という線引きの根拠が不明確

になっている。にもかかわらず、「在宅」の定義が示されないまま、したがってなぜ「在宅ケア」が望ましいのかも明らかにされないまま、在宅ケアへの政策的な転換が進められようとしている。これは危うい事態である。在宅医療・介護への政策誘導が成功する保証はないからである。「在宅ケア」を推進する根拠が明確でないと、政策的誘導に失敗した場合、ケアの基本指針が見失われ、ケア現場は混乱に陥ることになるだろう。

　これもすでに確認した通り、「ホーム」とは、生存のための基礎的ニーズが充足されるだけでなく、大切な人たち（家族や友人）と共にあり、同時に、自分なりの生活が尊重される場所、それゆえ安全が確保され、安らぎが感じられる場所である。それは多くの場合、「自宅」と呼ばれる場所に相当するだろうが、広義の「施設」と呼ばれる場所である可能性も排除できない。「ホーム」と「自宅」とは、必ずしも合致しないのである。

　実際、家族などに先立たれた独居者にとって、「自宅」はもはや、基礎的ニーズが充足され、安全と安らぎが得られる場所ではないかもしれない。逆に、「施設」と呼ばれる場所であっても、安全と安らぎが確保され、自分なりの生活が尊重され、さらに親密な交友関係に恵まれるならば、それは「ホーム」となるだろう。

　たとえばホームホスピス「かあさんの家」は、入居のみならず、短期入所、通所にも開かれた「安心のケア付きの自宅ではないもう一つの家」、「住み慣れた地域、家にできるだけ近い環境で過ごしてもらいたいという思いで立ち上げたケアハウス」である[38]。現在は、介護職などの専門職が24時間切れ目なく常駐し、在宅医療（24時間対応）との緊密な連携のもと、日常の暮らしを維持しながら看取るプロセスを支える医療が提供されている。そこにボランティアや地域住民、マッサージなどのインフォーマルな支援が彩を添える。

　私たちが「拠り所に身を落ち着ける存在」である限り、人生のいかなる局面や段階にあっても、私たちは生きる拠り所（home）を必要とする。グループホーム、ケアハウス、ホームホスピス、宅老所などの創設は、高齢期・終末期を生きる拠り所を共に築く試みと捉えられる。

　生きる拠り所（home）の確保は、あらゆるケアの前提であり、高齢期や終

第4章　人間的な生の拠り所としての「ホーム」

末期に限定された課題ではない。私たちは、人間的な生においてホーム（拠り所）が占める位置を踏まえながら、人生のあらゆる局面・段階で、ホームレス（拠り所なき）状態を無くすという社会的課題に取り組む必要がある。ならば「ホームレスである」とは何を意味するのか。前掲のOECD報告書によれば、

　　　ホームレスであること（homelessness）は物質的貧窮のもっとも深刻な形態であり、人びとが定住のための住まい（permanent accommodation）を持つことができないことを言う。ホームレスであると、他の基本的人権（仕事の権利、ヘルスケアと社会保障の権利、プライバシーと教育の権利）が守られない可能性が高くなる。これらの権利の多くを行使するためには、定住する住所（permanent address）を持つことがその前提条件とされるからである。ホームレス状態の多くの人びとは、生活空間（living area）を他の人びとと「シェア」したり、避難の場（shelter）を頻繁に変えたりしなければならず、それによって尊厳を阻害されることになる[39]。

　ホームレス状態の定義と評価については、国際的な合意が得られていないが、これを「路上生活者 rough sleepers」と規定することには強固な批判がある[40]。それはあまりにステレオタイプであり、ホームレス状態にある人びとの多数を見落としてしまうからである。にもかかわらず日本では、「ホームレス」が「路上生活者」と「緊急収容施設 emergency shelters」の入所者に限定される[41]。それと対照的に、北欧諸国では、友人や（通常は別居している）家族と一時的に同居する場合も、「ホームレス」と見なされる。北欧諸国と日本とでは、すべての市民に「ホーム」を確保するという社会政策的課題に対する「感度」が明らかに異なるのである。
　「ホーム」に対する感度の差異は、「福祉」思想にかかわると思われる。現にスウェーデンでは、すべての市民を対象に、住宅政策、教育政策、男女共同参画社会づくりの政策を統合した「包括的福祉」が社会的合意のもとに進められてきた[42]。「包括的福祉」を思想的に支えるもの、それはよい生（well-

107

being）の実現にとって、住むこと、教育機会を得て自らの潜在能力を発揮することと、社会参加して共同体の一員となることが不可欠であるという認識にある[43]。包括的福祉を特徴づける多種の理念・考え方——脱施設、社会参加、個の尊厳、自己決定、平等、民主主義——はいずれも、人間的な生の基盤を視野に収め、その「普遍性」に応じた拡がりを獲得してきた。本章で論及した脱施設化の試みは、その具体例である。

　すでに確認した通り、脱施設化の試みには、「人間性の尊重」と「効率的な医療・福祉システムの構築」という２つの動因が認められる。スウェーデンの社会福祉政策は、脱施設化の試みに限らず、この２つの要求をともに満たそうと試行してきたと言えるだろう。「効率的な医療・福祉システムの構築」が追求されても、それがひとり歩きして「人間性の尊重」を犠牲にするということがなかった。それはなぜなのか。「人間性の尊重」が「人間性の探究」によって支えられていたからである。「包括的福祉」の思想は、その結実であると言ってよいだろう。

　「人間性の尊重」という理念が堅持されるためには、「人間性」に対する確かな洞察が求められる。たとえば、住む者（homo habitans）としての人間の在り方が洞察されるところでは、生きる拠り所（home）の確保は、特定の人々——たとえば高齢者、病者、障害者——に限定された課題ではなくなる。ホームケアの充実は、人生のあらゆる局面・段階で、ホームレス（拠り所なき）状態を無くすという社会政策の一環と位置づけられるのである。このような人間理解が広く共有され、それが社会的連帯によって支えられるところでは、境遇や状況の変化に応じて、その都度の生の拠り所（home）をどのように確保していくかという視点から、人生設計が立てられ、それにふさわしい居住形態が選択されるだろう。

　基礎的ニーズの充足、大切な人たちの存在、その人らしさの尊重、安全の確保、安心感などの諸条件が満たされるとき、ある場所は生きる拠り所（home）となる。これらの条件のうち、いずれを、どこで、どのように、だれとともに満たすのかという問いに導かれて、多様な拠り所（home）が築かれるならば、その先に、すべての市民に対して、切れ目なく（seamless）生きる拠り所

（home）を提供する社会の姿が見えてくるはずである。

このような社会が実現するならば、世界はすべての人間にとって、生きる拠り所を見出せるもの、馴染みあるもの、親しみを感じるものとなり、よい生ないし幸福な生を実現する足場が築かれることになる。

河野哲也によれば、「私たち人間は、根本的に、より良い場所を探して移動する存在」であり、それゆえ「所有的で固定的な居住に対して、移動する棲息が先行すべきである」[44]。「移動する存在であるからこそ、ある特定の場所に住むとか、定住するということに意味が生じる」というのである[45]。河野の主張は、「移動できるものだけが定住できる」というテーゼに集約されるだろう。これに対して本章は、「拠り所（home）を見出すことができるものこそが移動できる」と主張する。世界に住む者（homo habitans）として、私たちは移動の間も、その都度の生の拠り所（home）を必要とするからである。特定の場所に定住するか、移動するかにかかわらず、生きる拠り所（home）は、私たちが人間的な生を営むための不可欠な拠点なのである。

注

1) 厚生労働省医政局指導課 在宅医療推進室「在宅医療・介護あんしん2012」http://www.mhlw.go.jp/seisakunitsuite/bunya/kenkou_iryou/iryou/zaitaku/dl/anshin2012.pdf（2017年5月4日）

2) 竹之内裕文（2007）『高齢社会を生きる　老いる人／看取るシステム』（清水哲郎編）東信堂，95-116.

3) 全国ホームホスピス協会 http://www.homehospice-jp.org（2017年5月4日）

4) 厚生労働省「平成29年度版死亡診断書（死体検案書）記入マニュアル」http://www.mhlw.go.jp/toukei/manual/dl/manual_h29.pdf（2017年5月4日）

5) WHOによる「健康寿命 healthy life expectancy」の定義は、「疾病および／あるいは傷病（disease and/or injury）により万全ではない健康状態で生活する年数を考慮した場合、『万全な健康 full health』のもとに生活を送ることが期待できる平均年数」である。http://www.who.int/healthinfo/statistics/indhale/en/（2017年5月4日）

6) 小林仁（2006）「医療制度改革における平均在院日数とは何か──新たな政策目標の意義と問題点」『立法と調査』**257**.

7) Gomes, B. and Higginson, I. J.（2008）"Where People Die（1974-2030）", *Palliative Medicine*, **22**.1, 33-41; Cohen, J. et al.（2008）"Population-based study of dying in hospital in six European countries", *Palliative Medicine*, **22**.2, 702-710.

8) 内閣府「平成29年度版高齢者白書」http://www8.cao.go.jp/kourei/whitepaper/w-2017/

zenbun/29pdf_index.html（2017年10月23日）

9) 「人生の最終段階における医療に関する意識調査報告書」（終末期医療に関する意識調査等検討会、平成26年3月、32）。ただしその内訳は、「自宅で療養して、必要になればそれまでの医療機関に入院したい」（23%）、「自宅で療養して、必要になれば緩和ケア病棟に入院したい」（29.4%）、「自宅で最後まで療養したい」（10.9%）である。http://www.mhlw.go.jp/bunya/iryou/zaitaku/dl/h260425-02.pdf（2017年5月4日）

10) 内閣府「平成27年版高齢社会白書」http://www8.cao.go.jp/kourei/whitepaper/w-2013/zenbun/s1_1_02.html（2017年5月4日）

11) 斉藤弥生（2006）『スウェーデン —— 自律社会を生きる人びと』（岡沢憲芙・中間真一編）早稲田大学出版会 156.

12) 斉藤弥生（2014）『スウェーデンにみる高齢者介護の供給と編成』大阪大学出版会，125.

13) 同上，124.

14) アブラハム・モンク，キャロル・コックス（1992）『在宅ケアの国際比較 —— 欧米7カ国にみる高齢者保健福祉の新機軸』（村川浩一ほか訳）中央法規，222.

15) 斉藤弥生（2006）167.

16) 同上，158.

17) ヤンネ・ラーションほか（2000）『スウェーデンにおける施設解体　地域で自分らしく生きる』（河東田博ほか訳），現代書館，71, 121. 施設解体の試みは障害者自身より、むしろその家族たちに大きな苦痛を与えたようである（同書119）。障害を抱える家族の一員を施設に預けるという自分たちがかつて下した選択の当否を、家族は問われることになったからである。ほかにも移転先の地域住民の眼を気にかける、家族の介護負担を懸念する、地域社会で生活が営めるかを不安視する声が聞かれたという。

18) 同上，175.

19) 同上，176.

20) 同上，83.

21) 同上，178.

22) 同上，110.

23) 斉藤弥生（1997）『スウェーデンハンドブック』（岡沢憲芙・宮本太郎編）早稲田大学出版会，224.

24) ベンクト・ニィリエ（2004）『ノーマライゼーションの原理〔新訂版〕—— 普遍化と社会変革を求めて』（河東田博ほか訳）現代書館，127, 130.

25) 同上，88.

26) アブラハム・モンク，キャロル・コックス（1992）i.

27) OECD（2011）*How's life?: Measuring well-being*, OECD Publishing, 82.

28) 山下祐介・市村高志・佐藤彰彦（2013）『人間なき復興 —— 原発避難と国民の「不理解」をめぐって』明石書店，222.

29) 同上，149. コミュニティは、各メンバーの退去（死亡）と加入（誕生）とともに、絶えず再編される歴史的な動態であり、その限りで既に存在しない者たち（過去世代）と未だ存在しない者たち（未来世代）に開かれている。同様に、コミュニティの基盤である土地は、先行する世代が拓き、改良を加えてきたものである。現在世代はそれを受け継ぎ、未来世代に譲り渡していくのである。

30) Noddings, N.（2002）*Starting at Home, Caring and Social Policy*, University of California

第 4 章　人間的な生の拠り所としての「ホーム」

Press, 263.

31）Shiva, V.（2005）*Earth Democracy: Justice, Sustainability, and Peace*, South End Press, 113.

32）Noddings, N. op. cit., 249. 傍点強調は引用者による。

33）Ibid.

34）Ibid., 165.

35）Ibid., 175.

36）ハイデガーが語源に遡りつつ注釈するように、「内 In」は「住む」「居住する」「滞在する」「耕す」「世話する」「敬愛する」といった意味を、「存在 Sein」は「……のもとに住む」「……と親しんでいる」という意味をもつ。Heidegger, M.（1979）*Sein und Zeit*, Max Niemeyer Verlag, 15. Auflage, 54.

37）Noddings, N., op, cit., 2002, 175.

38）http://www.npo-hhm.jp/past/mother/index.htm（2017年 5 月 4 日）

39）OECD op.cit., 83.

40）Ibid.

41）Ibid.

42）斉藤弥生（2009）『スウェーデンを知るための60章』（村井雅人編）明石書店，250.

43）竹之内裕文（2012）「北欧ケアの思想的な拠り所 —— 問いとしての「福祉」」『看護研究』**45-5**, 450-465.

44）河野哲也（2014）『境界の現象学　始原の海から流体の存在論へ』筑摩書房，167.

45）同上，166.

第 2 部

ケアの現場から

第 **5** 章

高齢者ケアの現場から

備酒　伸彦

1　はじめに

　よりよいケアを実現するためには、ケアの手法はもとより、その根拠となる理念が十分に論議され、その上でそれが、ケアを使う人と提供する人の双方によく理解されることが不可欠である。すなわち、序章で述べられているように、「ケア」、「ケアされること」、「ケアすること」についての十分な議論と理解が必要である。

　日本では、介護保険施行時（2000年）に、「介護を必要とする個人がその人らしく生きることを支えるという理念」が明示され、さらに、「個々の尊厳を保つケア」という考え方が謳われた。そしてそれは国民に広く理解され、契約型の社会保障という、従前とは全く異なる仕組みをもつ介護保険制度が動き出した。その時から15年以上を経た今、「地域包括ケア」という仕組みが示され、ケア関係者の間では合言葉のようにこの語が交わされている[1]。もちろんこのことに異論はない。包括的にケアを実施することは正論だろう。しかし、ここで立ち止まって考えてみたい。地域包括ケアを実施することによって本当にケアはより良いものになるのであろうか。

　すなわち、「ケアの主体者は誰なのか、ケアの目指すべきものは何なのか」といったケアの理念に関わる問いに我々は答え得るのだろうか。この問いに

対する答えを「包括的ケア」という言葉に置き換えて、本質の合意がないまま、より良いケアが実現できるという幻想を抱いていないだろうか。

　本章では、このような疑いを掲げながら、これからの日本のケアのあり方について、スウェーデン、デンマークのケアの実際を手がかりに考えていきたい。

　また、筆者が日本の高齢者ケアの現場を経験していることと、スウェーデン、デンマークにおけるケア現場を繰り返し訪れていることから、理論的な側面は本書の他章に委ね、本章では実際のケアの在り様に重きを置いて考えていくことにする。

2　日本の高齢者ケア

1）高齢者政策の変遷

　図5-1は日本の高齢化の進捗に、ゴールドプランと介護保険の実施時期、スウェーデンのエーデル改革に関わる情報を追記したものである。

　1980年代初頭、スウェーデンにおいては、治療を終えた高齢者がそのまま病院に留まるという社会的入院が社会問題化していた。

　その背景には、ケアサービスの提供についてランスティング（県）とコミューン（市）の役割分担にかかる対立や、ケアサービスの拠りどころを医療に求めるのか、福祉に求めるのかも含めた、ケアの質や在り方にかかる議論が未成熟であるという理由があった。これを解決するために、1982年「社会サービス法」が施行され、これにより高齢者、障害者、保育、生活保護などの福祉に関する法律が統合された。そして、同法で福祉サービス提供におけるコミューンの最終責任を規定したことにより、身体介護を重視した24時間対応ホームヘルプ、補助器具センター、デイサービスなどの在宅福祉サービスが拡充された。さらに1992年に「高齢者の生活の質を向上させること」を主眼としたエーデル改革が成され、現在のケアサービスに至る端緒が開かれた訳

116

第 5 章 高齢者ケアの現場から

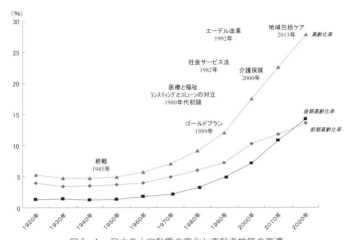

図 5-1 日本の人口動態の変化と高齢者施策の変遷
(出典：わが国の高齢化率の推移（国勢調査、国立社会保険・人口問題研究所「人口資料集」)

である。

あらためて図 5-1 に目を転じると、日本はスウェーデンに遅れること10年で、ほぼ同じような社会課題に向けて、介護保険制度の施行という形で大きな政策転換を図っていることがわかる[2]。

当時の日本における高齢者ケアの環境を振り返ると、1983年、筆者が理学療法士として勤務したある老人病院では、40人部屋とも呼べるような劣悪な環境であった。社会的入院という言葉で括るにはあまりに過酷な、人としての尊厳が守られない環境に、"寝たきり老人"が押し込められていたというのが率直な記憶である。

そのような環境が介護保険制度の誕生によって大きく変わったことは認めるべきだろう。救貧、救困型の福祉から、契約型の社会保障へと大きく舵をきった制度の理念は、日本の高齢者ケアのあり方を突き動かすだけの力を持ち合わせていた。一方で、介護保険制度開始から15年以上を経た今、制度によるケアサービスの提供は定着し、介護予防といった新たな試みも形として示されているものの、ケアの質に関わる論議が尽くされ、それに基づいたケアの改良が行われているとは言い難く、この点においてスウェーデンに代表

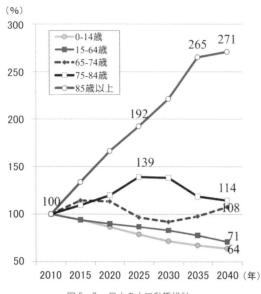

図5-2 日本の人口動態推計
(出典：国立社会保障・人口問題研究所将来推計人口平成25年3月推計)

される北欧ケアに後れをとっていると言わざるを得ない。

図5-2は日本の人口動態の推移を示すものである。2010年の各年代の人口を100として指数化すると、2040年には85歳以上人口が271に増加し、15～64歳（生産年齢）の人口が71に減ずることが示されている[3]。

このような人口動態の変化も大きな一因となって、2015年に39.5兆円であった医療費が2025年には54.0兆円、同じく介護給付費が10.5兆円から19.8兆円に増額すると推計されている[4]。

2）連携システムの構築による対応

このような人口動態の変化、経済環境に対応するために、日本では地域包括システムという連携システムが展開されている。

このシステムが機能するかどうかは本章の範囲を超えることで言及しないが、1980年代初頭の老人保健法による老人保健事業、1990年に創設された在宅介護支援センターによるシステムに極めて近似した構図で、名称を地域包括ケアシステムと変えたのみでは実現できるとは考えられないだろう。そこで、「連携」について日本とスウェーデン、デンマークを比較して一考したい。

図5-3は上段が日本の高齢者ケアにかかる連携を、下段がスウェーデン、デンマークの連携をイメージ化したものである。日本では、多くの場合、図のように関連機関や職種が重なりあった連携がイメージされる。対して、スウェーデン、デンマークではそれぞれの領分が厳然と区別され、

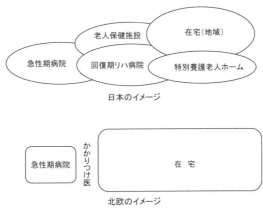

図5-3 日本と北欧の医療・ケア連携のイメージ

その時々の当事者の必要度に応じて、多機関、多職種が関わるというイメージがある。さらに言えば、日本の場合、医療モデルの中での連携が主で、上流である急性期病院から在宅や福祉施設に流れていく考えが根底にあることを臨床現場で感じる。

この点について、俄かに両者の是非を論じることは避けるが、ケアとは何かという点からその手法としての連携を考える姿勢は保ちたいものである。

そこで、次節からはケアのあるべき姿について、日本とスウェーデン、デンマークを比較しながら考えていきたい。

3 北欧の高齢者ケアと日本の高齢者ケア

日本は高齢者ケアサービスメニューの多くを、スウェーデンやデンマークに倣って作り上げてきた。デイサービスやグループホームなどはその好例で、名称からサービスの外形まで、スウェーデンやデンマークのそれをほぼそのまま輸入したとも言える。一方で、それらケアサービスの目的や、その目的を実現するための具体的な方法に関する検討が決定的に不足している。そこ

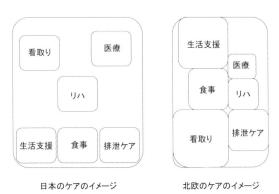

図5-4 日本と北欧のケアサービス選択のイメージ

で本節では、北欧と日本のケアサービスの実際を見比べながら、我々がこれから進むべき方向について考えてみたい。

図5-4は、ケアサービスがどのように選択され、重みづけられるかについて、日本と北欧のそれを比較して模式化したものである。当事者個人の価値観による重みづけにより、「生活支援」「食事」の大きさが変わってくることを示している（図の配置には意味はない）。

スウェーデン、デンマークのケアでは、サービスを使う当事者の、たとえば「私は生活支援を一番に考えてほしい。食事も大切。将来、その時が来たら尊厳を保った看取りをしてほしい。延命治療は必要ない。リハビリテーションも痛みを取り除く程度でよい。」といった意思に従ってケアサービスが組み立てられていくのに対して、日本では、サービスを提供する側の、「医療はこうあるべきだ」「リハビリテーションはこうあるべきだ」「生活支援はこうあるべきだ」という考えに基づいてケアサービスが組み立てられている感が否めない。ただし、サービスの選択に当たって全て自己決定が優先されるべきであるという論は乱暴に過ぎる。「自己決定」は慎重に扱われるべきものである。なぜならこれは時代や国民性、教育、社会の状況などさまざまな要素が関わるものであって、「北欧でなされているから、今すぐ我が国でも」と考えるべきものではないからである。さらに、北欧においても個人の自己決定に全てが委ねられているというわけではなく、自己決定できる社会的合意、換言すればケアサービスに関する常識が日本とは異なるという点も忘れてはならない。

第5章　高齢者ケアの現場から

　このような現状に鑑みれば、今の日本においてケアサービスの選択全てを当事者の自己決定に委ねることは早計と言える。「当事者が自己決定する」のではなく、「当事者に自己決定を強いる」ことにもなりかねない。とはいえ、特に施設ケアでは、往々にして、サービス提供側の価値観が強く働き、それが善意に基づくものであるにせよ、当事者が自己決定できる事柄についても、その機会を奪っている可能性があることを十分に意識しておく必要がある。その上で、このケアの主体性ともいうべきテーマに向かって、我々はどのような一歩を踏み出すべきなのか。ここでは、「決定の自律」、「晴れと褻のケア」、「普通の暮らしを支えるケア」、「ケアの主体者は誰か」という視点から考えてみる。

1）決定の自律

　写真5-1はストックホルムにある認知症高齢者へのケアを開発するモデルルームでの一コマである。ドア横に取り付けられた装置は、調理器具などの切り忘れを知らせるもので、住人が器具の電源を切らないまま外出しようとするとランプが点灯して知らせる、それでも気付かずにドアを開けると警報音が鳴り、それでも対応がなされなかった場合には安全のため自動的に器具の電源を切るという仕掛けである。

写真5-1　スイッチの切り忘れを知らせる装置

121

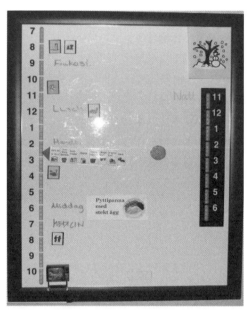

写真 5-2　わかりやすいインフォメーション

この設備は機械的には複雑なものではなく、日本の技術力からすれば容易に設置できるものである。ところが、日本においてこのような設備は未だ見当たらず、福祉用具の開発、普及啓発担当者に紹介するたびに、その反応から、そもそも発想の出発点が異なることに気づかされる。

ここで観点を変えて、「行為の自立」と「決定の自律」という語で考えを進める。たとえば、歩く、座る、話をするといった「行為」を行う場合、人はそれに先立って、歩こう、座ろう、話をしようという「決定」をしている。そして、ケアスタッフは「行為」を支援することに重きを置く。すなわち、日本では「まず安全」が優先された発想から設備の設計が始められるのである。それ自体は間違いではないが、「行為を支援することが、当事者の決定の機会を奪っていないか」という疑いをもつことを忘れてはならない。ことに施設ケアにおいては、その閉鎖された環境と相まって、自らが決定する機会が制限されがちな環境にある。そこに、行為の自立支援が優先されて決定の自立機会が奪われると、決定という精神活動において廃用性機能低下が生じることは自明である。一方、「まず、当事者に知らせて対応を待つ」という発想から出発するこの設備は、自らスイッチを切ろうという決定を支援することにつながるもので、日本のケアに取り入れるべき発想のひとつであると言える[5]。

写真 5-2 は、ホワイトボードに時計を組み込むという単純な仕掛けである

が、これによって、「時間」と「今、何をすればよいのか」が一目瞭然である。しかも、敢えてローテクの仕掛けであることから、単に、今が何時かだけではなく、一日の流れの中での時間的位置取りがわかる。また、文字のみではなくアイコンを取り入れることで、何をすればよいのかを想起するに足る材料が提供される。

　これらのことは、認知症の人が自らの行為を決定する上で極めて重要なことである。決定の自律を支えるケアという発想は、ケアの主体を当事者に移すための具体的な第一歩であると言うことができる。

2）晴れと褻のケア

　写真5-3は、スウェーデンのショートステイ施設と、デンマークのデイサービス施設である。スウェーデン、デンマークのケアの現場を訪ねてほとんどの施設で感じるのが、「やや高級な家の雰囲気」である。そのような環境の中でケアサービスを眺めていると、ケアにあたる職員が、高齢者にとって家の中での普通の営みを保ちながら、その中で必要なアクティビティを提供しようとする姿勢が見えてくる。

　スウェーデン、デンマークの施設ケア、通所ケアであっても、運動を取り入れたアクティビティやレクリエーションが用意されていることは日本と変わりがない。ただし、その内容は、たとえば高齢者向けによく練られ

写真5-3　デンマークのケア環境

た内容の体操であったり、十分鑑賞に堪えるレベルの音楽の演奏であったりする点が日本とは異なっている。しかも、それらが提供される環境は、先述のとおり、施設的ではない家の雰囲気が保たれている。そのような環境をして、当事者に落ち着いた安心感を与え、同時に当事者自身が自らの存在に尊厳を感じ得ていることは明らかである。

写真 5-4 の上の写真はある日本の特別養護老人ホームの風景である。この風景に「家」を感じることはできるだろうか。高齢者が写真のようなホールで落ち着きを感じることはできるだろうか。

写真 5-4　日本のケア環境

　下の写真は日本のデイサービスセンターの風景である。無秩序に飾り付けられた壁に向かったとき、たとえば、認知症の人であれば、落ち着かないどころか恐怖を感じるかもしれないことは、ケアに従事するものであれば容易に想像できるはずである。

　さて、このような相違は何によって生まれているのかと考えると、「晴れと褻(ケ)」という言葉が筆者には想起される。晴れとは祭りや祭礼といった非日常を指し、褻は普段の暮らしである日常を指すものである。

　スウェーデン、デンマークのケアを観察すると、いかに、高齢者にとって普段の普通の暮らしを保つかということに腐心している様子が見えてくる。褻の落ち着いた雰囲気の中で、その人らしい生活を実現しようとするものである。それに対して日本では、ケアスタッフが働く、ケアスタッフが中心となっている晴れの場に、高齢者を迎えてサービスを提供するという意識が強

いように観察される。

　もちろんこれはケアスタッフの善意によるものと解釈できるので、全部を否定するものではないが、結局、そのような対応が高齢者の混乱を招くのであれば、その内容は見直すべきである。

　ましてやケアの主体性という観点に立てば、ケアスタッフの晴れの場という考え方は明らかに間違いであると言える。

3）普通の暮らしを支えるケア

　筆者がデンマーク、スウェーデンの高齢者ケア現場を訪れるたびに感じるのが「普通を支える」という感覚である。

　写真5-5の上の写真はデンマークのグループホームでの、下の写真は日本の特別養護老人ホームでの食事風景である。同程度の障害度である人たちの食事風景として見ると彼我の差に不思議な思いがしてくる。さて、デンマークではなぜこのような食事風景が実現されているのだろうか。

　まず1つは、座位姿勢の良さを挙げることができる。両者の座位姿勢の差は歴然としている。そしてその大きな理由が車椅子の違いであることも明白である。日本の特別養護老人ホームでは、個々の状態に合わせて調整ができない普通型の車椅子が使われているのに対して、デンマークでは調整可能なモジュールタイプの車いすが用いられ

写真5-5　デンマーク（上）と日本の食事風景（下）

写真5-6　デンマークの食卓

ている。グループホームや特別養護老人ホームを使う身体機能レベルの高齢者にとって、車椅子は生活の基盤となる福祉用具である。それだけに、単なる福祉用具ではなく、ケアの理念が反映されるものとも言えるが、日本においてその扱いは低い。一方で、車椅子を含む福祉用具の専門的知識をもつ理学療法士や作業療法士を置く特別養護老人ホームも増えている。

　この矛盾を考えるに、日本のケア現場では身体機能への治療的思考が強く、他方、生活環境の中での快適な動作を実現することにまで考えが及んでいないことを認めざるを得ない。この点はケアに関わる全ての人が考えなおすべき課題であると言える。

　さらにもう1つ、写真のテーブルを見比べると大きな違いに気づく。

　日本のテーブルに我が家の食卓を想起する人はあるだろうか。トレーに合成樹脂の食器が並び、テーブルの上には何の飾りも、調味料もなく、ティッシュペーパーの箱が置かれているばかりである。それに比べてデンマークのテーブルはどうだろう。花が飾られ、ごく普通の家庭で見られるような食器が並べられ、キャンドルが灯っている。

　ある時（写真5-6参照）、同行者の1人がグループホームのスタッフに「火は危なくないですか」と尋ねた。それへの答えは「ええ、でも私たちは食事の時に灯をともすのは当たり前なので」というものであった。このさり気ない言葉に、「彼らは、ここで暮らす人たちの普通の暮らしを支えようとしている。それに対して日本では、障害に焦点を当てたケアに終始していないだろうか」という反省に近い疑問を感じた。

　日本においても、ケアスタッフに「摂食嚥下」に関する知識や技術があることは当然とした上で、「食事を楽しむ」という意識をもったケアを考え、実

行する時期が来ているのではないだろうか。

　さらに、グループホームなどの施設においてロウソクを灯すためには何が必要かと考えると、丁寧な「個別評価」という答えに行き当たる。たとえば、Aさんは火の認識があって扱い方もわかる、Bさんはそのいずれもないといった個別的な評価が不可欠である。その上で、Bさんの近くではロウソクは灯さないが、Aさんには灯をつけたり消したりもお願いするといった判断をケアスタッフが下した上で実行する。

　この点も、日本のケアの現場では見られない光景である。日本のケアの姿勢としては、サービス利用者や認知症がある人といった一括りの扱いとなっていることが否めない。個別評価に基づく個々に応じた対応を実現する。このことによって、日本のケアは大きく変わることは明らかである。

4）ケアの主体者は誰か

　写真5-7はスウェーデン北部にあるグループホームでの1コマである。

　2つの写真は、ジャケットを着た男性の施設長が、利用者である女性の部屋を訪れた時のものである。筆者は、ケアスタッフが集まる種々の研修会で、来場者にこの写真を示して「この写真を解釈して、説明を付けてください」と呼びかけてみた。その後、「ここは写真に写る女性の部屋です。そこを訪れた施設長は"客"ですから、彼が座って、実はこの後、彼女が紅茶を

写真5-7　スウェーデンのグループホームの居室

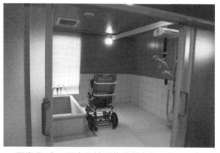

写真5-8　日本の特別養護老人ホームの工夫

入れました」という説明を加える。その時の来場者の反応は肯定とも否定ともとれる、いわば戸惑いの表情であった。日本の施設ケアは、未だ、「ケアスタッフの領域に利用者を迎え入れている」という意識が強いことを感じるやり取りである。

日本においても、「施設は利用者の住まいである」といった声は大きくなってきた。しかし、それを感覚として受け入れ、実際の場面に反映されるには至っていないと言わざるを得ない。「ケアの主体は利用者である」ということを頭では理解していても、感覚が追いついていないという解釈は間違いではないであろうし、日本のケアが、このような変革を目前にした不安定な時期にあるということも言えるだろう。

一方、日本においても実際の場面で、既にこれを具現化しているところもある。

写真5-8の上の写真は日本の特別養護老人ホームの居室の風景である。来訪者がドアをノックして開けても、ベッドの寝姿がいきなり目に入らないようにロールスクリーンが下がっている。大げさな設備ではないが、従前のケアの考え方では見られなかった工夫である。

下の写真は同じ特別養護老人ホームの浴場である。「ヒノキの個浴」、まさに日本人としての主体性を実感できる場面である。一方で、身体障害がある人にとって個浴は必ずしも使いやすいものでないし、ケアする側にとっても負担は大きい。この両方を解決するためにリフトが設備されている。これは

第5章 高齢者ケアの現場から

単に浴室の設計にとどまらず、ケアの理念と、それを合理的に実現する手法の具体的な例として注目すべきものであると言える。

写真5-9の上の写真は、グループホームに併設された畑である。長年、畑仕事を経験した人の中には、住む場所が変わっても自らの"仕事"を忘れたくない人もある。そのような人にとって、この場所は自らの主体性を確認するためにも極めて重要なものであろうと思われる。日本においても、このような腰の据わったケアが実現されていることに、これからの発展への期待を感じる。

写真5-9　さまざまな取り組みを行う日本のグループホーム

下の写真は同じグループホームの居室に囲まれた中庭である。この施設では、ここに利用者の家にあった庭木を植え替えることを試みている。利用者にとっては、住まいが自宅からグループホームに替わっても、窓から見慣れた庭木が見えるわけである。日本人らしい心情をもったケアサービスと言えるだろう。

これらのように、日本の文化や風土に根差した対応も実際に目に見え始めた状況にある。この芽を伸ばして、日本らしいケアの主体を当事者とするケアサービスの発展を期待したい。

5）縦割りではなく開かれたケア

　本節の冒頭で、日本の高齢者ケアの多くは北欧に倣ったものであると記したが、この項では輸入しなかった（できなかった）サービスを例に、これからの日本のケアについて考えてみたい。
　写真5-10はスウェーデンの街角でみかけるレストランである。一方で、日本でいうところのデイサービスの食事機能も併せ持っている。すなわち、このレストランは年齢や障害の有無にかかわらず誰もが利用するレストランというわけである。法・制度によってサービスが細分化されている日本においては理解されにくいものである。
　さてこのようなサービスによって何がもたらされるか。さまざまな分析ができるかとは思うが、1つ明確なことは「多くの人がケアサービスを知っている」ということである。将来、自らが高齢となり、あるいは障害をもった場合、ここで同じように食事を摂れて、今まで通り人と交流することができるということを目の当たりにできるということは、ケアサービスによって安心を得るという点で極めて意義深いものである。
　日本においては残念ながらこのような発想は未だ希薄である。高齢になれば「特別な施設のお世話になる」というところから脱して、普通の暮らしを継続するためのケアサービスという「常識」を醸成していくことはこれからの日本のケアにおいて重要な点であると考えられる[6]。

写真5-10　スウェーデンのレストラン

第5章　高齢者ケアの現場から

このような発想をさらに進めたものに、ミーティングポイントというサービス（場所）がある（写真5-11参照）。この場所はレストランと同様に、誰もが使うスペースである。ここで年齢や障害の有無を越えた出会いも得られ、また、たとえば高齢者は高齢者向けのサービスにも出会うことができる、障害のある子どもはそのためのサービスに出会うこともできる。という機能をもっている。

写真5-11　スウェーデンのミーティングポイント

日本においては、高齢者施策、障害者施策など種々個別に議論されることが一般的であるが、「人が生まれ、生き、そして生涯を終える」という必然に立ち戻って、人を支える術を考えることがケアサービスを充実させるために不可欠なものであると考える。

4　おわりに

本節の冒頭で、本書序章の一部を引いてより良いケアを実現するためには、「ケア」、「ケアされること」、「ケアすること」についての十分な議論と理解が必要であると述べた。

この考えに立つと、ケアのあるべき姿について、直接ケアに関わる者の中で考えることの不合理さが際立つ。ケアに関わるさまざまな職種というより

も、全ての市民が、日本の文化を背景としながら、「よりよく生きるためのケア」を考える環境を醸成することが何より大切であるということをあらためて強く認識する。

換言すれば、ケアサービスは、それを提供する者の側ではなく、ケアサービスを使う人の側にあるべきものなのである。

さて、日本のケアを、スウェーデン、デンマークと見比べてきた本章の最後に、日本のケアの根本的な考え方が変わりつつあることを実践している先進的な特別養護老人ホームを紹介したい。

写真5-12　先進的な取り組みを行う日本の特別養護老人ホーム

写真5-12の上の写真は、この特別養護老人ホームの外出、会食風景である。大人が楽しい宴席を囲んでビールで乾杯する。ごく当たり前のことであると誰もが頷くだろう。ところが「施設の入所者」にとって、その当たり前さえ制限されているのが

写真5-13　特別養護老人ホームのお見送り風景

日本の現状である。この施設のような考え方は未だ行き渡っていないものの、一部では当たり前が当たり前になりつつあることに希望を感じる。

下の写真は、利用者が自分の部屋を掃除しているところだが、家での風景であれば何の不思議もないだろう。ところが、特別養護老人ホームなどの入

所施設ではとたんに「あり得ない風景」になってしまう。この施設ではこの矛盾を軽々と飛び越えたケアとして実現されている。このような考え方の変化を身近に感じることは嬉しいものである。

この写真5-13はこの特別養護老人ホームでのお見送りの風景である。ここでは多くの方が施設で最期を迎え、お葬式を経て、一緒に過ごした人たちに見送られて旅立っていく。

見送られる人を見守る人たちの表情が穏やかで、自らにも必ず訪れる死を静かに受け入れるような表情が印象的である。看取り見送ることはより良く生きることであるということを教えてくれる写真であるとも思う。より良く生きるためのケアの実現を心から願うものである。

注
1) 小野太一（2014）『社会保障，その政策過程と理念』社会保障研究所.
2) 岡本祐三（2002）『高齢社会の医療と福祉：新時代の地域福祉と高齢者のライフスタイルの考察』（財）全労済協会.
3) 社会保障統計年報データベース，国立社会保障・人口問題研究所. http://www.ipss.go.jp/ssj-db/ssj-db-top.asp（2017年5月10日）
4) 西村周三他（2013）『地域包括ケアシステム―「住み慣れた地域で老いる」社会をめざして』，国立社会保障・人口問題研究所.
5) 本章注2）参照.
6) 竹内さをり・備酒伸彦（2017）「高齢者ケアに対する市民の意識醸成に関する一考察：スウェーデンと日本の市民への意識調査から」『地域リハビリテーション』三輪書店，12(2)，172-177.

.

第 **6** 章

認知症ケアの現場から

齊藤　美恵

1　はじめに

　認知症患者の増加が世界的な課題となり対策が求められている。日本では、社会的・経済的成長の阻害要因にもなりうるという見通しのもと、公衆衛生および福祉政策における課題として対策がとられている[1]。対策の主なねらいは、慣れ親しんだ場所で安心して安全に暮らし続けられることである[2]。認知症患者の症状は、自宅あるいは自宅に近い環境で過ごすことによって和らげることが可能だといわれる[3]。したがって、生活環境に配慮する対策は一定の効果をあげることが可能であろう。だが、認知症は社会的な問題である以前に認知症を患う人々自身の問題でもある。生活環境に配慮するだけでは、対策として不十分ではないだろうか。たとえば、認知症患者の抱える苦悩が彼ら自身の体験を通して徐々に明らかにされている[4]。それらの当事者体験によると、彼らは周囲の人々から疾患に対する理解が得られないなかで、人格や個性、能力が失われるような混乱と恐怖を抱えながら日々の生活を送っており、家族も患者と同様のストレスを抱えているという[5]。そうであれば、認知症患者とその家族のためにとるべき対策には、生活環境のみならず、彼ら自身が疾患を通して体験する苦悩をいかに和らげるかという視点が欠かせないと思われる。

認知症患者へのケアは、望ましいケアのあり方を求めてさまざまな実践が
試みられており、そのひとつに緩和ケアがある[6]。緩和ケアとは、英国の医
師シシリー・ソンダース（Dame Cicely Mary Strode Saunders）が1960年代に始め
た近代ホスピス運動に連なるものであり、医療の対象から外されることの多
かった末期がん患者の身体的な痛みと同時に、死にゆく過程における苦悩を
和らげる医療を基本としている。日本では末期がん患者へのケアの方法とし
て知られているが、スウェーデンでは認知症患者へのケアの方法としても認
知され急速に拡大普及している。

　スウェーデンでは、老年医学を専門とする医師バルブロ・ベック＝フリス
（Barbro Beck-Friis）が、1990年頃から独自の医療を行ってきた[7]。それは、認知
症という疾患が身体におよぼす苦痛と避けがたい死への苦悩を緩和しようと
するものであった。ベック＝フリスは、それまで精神病院や老人ホームに収
容され敵切なケアを受けることのできなかった認知症患者に対して、心身に
生じる苦痛の緩和という手法をとり入れたのである。ベック＝フリスによる
認知症患者への医療は、認知症とがんという対象とする疾患が異なるものの、
患者の苦悩を緩和するという意図において、ソンダースによる緩和ケアに通
じるものがあり、それは、認知症のための緩和ケアとみなされ、スウェーデ
ン王室の後押しを受けることにより広く社会に認められるようになった[8]。さ
らに欧州では、欧州緩和ケア学会が2009年に「認知症の診断から死後に至る
まで緩和ケア・アプローチを適用する」[9]という考え方を示すに至っている。

　認知症は、「進行性で、一般的に不可逆性」であり治療方法が未だに確立さ
れていない[10]。しかも、重度の認知症患者の多くは「多くの疾患を合併」し
たり「多くの障害」を抱える「フレイル（脆弱）」の状態にあるがゆえ、彼ら
の困難な状況は、「診断や病院を基本としたケアモデル」においては「見落と
され、探索の下にうずもれ、結果として患者も介助者もあれこれと苦しむこ
とになる」可能性があると指摘されている[11]。そうであれば、住み慣れた環
境で暮らし続けられることはもちろん大切だが、彼らが認知症によって遭遇
する可能性のある苦悩を和らげるための対策が政策にも掲げられるべきであ
ろう。先に述べたように、スウェーデンでは認知症ケアに緩和ケアが取り入

136

れられている。しかしながら日本において緩和ケアは、がん患者のためのケア方法として理解され、認知症患者へのケアとして理解されているとは言いがたく、未だ手探りの状態にあると思われる[12]。

筆者は、2014年にスウェーデンのストックホルム市とヨーテボリ市の高齢者住宅で実践されているケアを通して、認知症緩和ケアについて学ぶ機会を得た。本章では、筆者の視察報告を行い、スウェーデンにおける認知症ケアの取組みを手掛かりに日本における認知症患者へのケアのあり方について考えたい。

2　スウェーデンの認知症ケア

1）認知症ケアのための政策 —— 日本との比較から

スウェーデンと日本における認知症ケアの違いを明らかにするため、まずは両国における政策の違いに焦点をあてる。

スウェーデンでは、1940年代以降、高齢者のための住宅政策[13]に焦点が当たるようになった。きっかけは、当時の老人ホームが「社会から隔離された」環境の中で、十分なケアが行われず「姥捨て山」のようになっていることが明らかにされたことである。その後、1950～1960年代にかけて高齢者が居住する家の充実が図られ、1970年代には老人ホームに代わる「住居ホテル」がつくられた。しかしながら、高齢者に認知症がある場合、認知機能の低下をともなう精神疾患とみなされれば精神病院への入院あるいは、長期療養病床施設か療養型施設への入居を余儀なくされた。その結果、認知症のある高齢者は、「廃用症候群」に陥るか「虚弱」な状態に陥り、場合によっては寝たきりになることもあったという。

1980年代に入ると「高齢者の自立した生活」のため自宅での生活を継続することが望ましいとする「在宅主義」が強調されるようになり、住宅改善（修築、改築、増築）プログラムが導入された。さらに1992年のエーデル改革（一般

に「高齢者政策」として理解されている）においては、高齢者のための施設（サービスハウス、老人ホーム、ナーシングホーム、グループホームなど）が「特別な住居システム」——言わば"私の住まい"とみなすことのできる「特別住宅」——として整備された。この「特別住宅」は、入居者が"私の住まい"とみなすことのできる場所であるため、「家庭的で豊か」な環境にするための工夫が凝らされている。

　では、「家庭的で豊か」な環境とは、どのような環境のことを指すのであろうか。日本にも、認知症患者が家庭的な環境の中で生活することができる施設としてグループホームがある。参考までに、スウェーデンの特別住宅と日本のグループホームを比較して、特別住宅を「家庭的で豊か」な環境にするための工夫とは何かを明らかにしたい。

　表6−1は、日本のグループホームとスウェーデンの特別住宅の「人員基準」と「設置基準」である。

　人員基準について比較すると、日本では利用者数に応じて職員の配置比率が決まっており、利用者のケア計画を作成する者、管理者などもきめ細やかに規定されている。他方スウェーデンでは、職員の配置率のみが参考値として設定されているのみで、基準が緩やかであることがわかる。視察報告において触れるが、実際スウェーデンの施設では、職員の配置を入居者の状態（介護度や認知症の重症度など）に応じて責任者の裁量で調整していた。さらに、日本でもスウェーデンでも主として配置されている職員は介護職員であるが、両者には質的な差が認められる。日本の介護職員は主として介護福祉士であり、入居者の日常生活の支援に特化した看護とは異なる専門性を持つ職種である。他方スウェーデンで配置されている介護職員は「アンダーナース（undernurse）」という名称をもつ職種である。日本語に訳すと准看護師と捉えられることもあるが、実際は介護と看護の両方の役割をもつ。具体的には、医療行為を主とする看護と生活支援を主とする介護を同時に担い、入居者への医療的支援と生活における支援の両方を可能にするのである。

　次に、設置基準を手がかりに居室の快適さについて比較する。日本のグループホームには、「原則個室」で「7.43㎡以上」の広さがあり、「居間・食堂：

第 6 章　認知症ケアの現場から

表 6 - 1 「日本とスウェーデンにおける認知症者のための施設基準」

	日本のグループホーム	スウェーデンの特別住宅
人員基準	・利用者：介護職員＝ 3：1 ・計画作成担当者 1 人以上（ケアマネジャーを含む） ・管理者：ユニットごとに常勤専従者 1 人 ・代表者：厚生労働省の所定研修を受けた介護業務経験者など	基準は特に設定されていない。 ＊参考までに筆者が視察した施設での職員配置率（入居者に対する割合）を示す。 　介護職員0.98 　　（あるいは、アンダーナース0.91） 　看護師　0.04（約25人に対して 1 人）
設置基準	・1 事業所あたり 2 ユニット以下 ・1 ユニット 5 〜 9 人 ・原則個室7.43㎡以上 ・居間・食堂：それぞれの機能が独立している方が望ましい ・その他：日常生活を送るのに必要な設備機能、防災設備	特別住宅のための基準ではなく、一般住宅の基準を適用している。 ・建築法：1 部屋と台所（キッチン）付きの1.5部屋。トイレおよびシャワー室（浴室）が必要。 ・住宅庁令：認知症用には簡易キッチンを設置しない。 ・労働環境法：職員が機能的に働ける広さと構造（特に、ベッド周りとトイレ）。 ・その他：入居者 1 人あたり50㎡（居室35㎡、共有面積15㎡）の場合補助金が付く。

（厚生労働省（2013）、藤原（2013）の資料[14]をもとに筆者作成）

それぞれの機能が独立している方が望ましい」という規定があり、施設であっても可能なかぎり入居者の居場所を確保しようという試みがなされている。他方スウェーデンには、施設独自の設置基準はなく既存の法令を施設にも適用している。たとえば、建築法による基準によって「1 部屋と台所（キッチン）付きの1.5部屋（ただし、認知症用には簡易キッチンを設置しない）」と「トイレおよびシャワー室」が設けられ、「1 人あたり50㎡（居室35㎡・共有面積15㎡）の場合補助金が付く」という規定を利用することで、入居者 1 人あたり日本の約 5 倍もの広さを自分の個室とすることが可能になっているのである。さらに、労働環境法を適用して、職員にとっても働きやすい広さと構造に関する基準を設けることで、入居者のみならず職員にとっても快適な環境が整えられている。

　スウェーデンでは、約70年の歳月をかけて、高齢者にとっての住まいとはいかにあるべきかの試行錯誤が繰り返されてきた。その過程において、「自立した生活」の確保から「家庭的で豊か」な環境づくりのための取り組みが行

われてきたのである。現在では、人員基準や施設の設置基準を緩やかにし、入居者の状況に応じた裁量が現場に委ねられるという方法がとられている。実際の家庭も、そこに住まう人が快適に暮らすため、自らの状況や好みなどに応じて自由に環境を整えていくものであろう。安全確保のための施設基準を最小限とし、基本的には一般住宅の基準を適用していること、アンダーナースが医療と生活をつなぐ機能をもっていることなどが入居者の状況に応じた環境を整えやすくし、特別住宅を「家庭的で豊か」にしていると言える。他方日本では、人員基準を細やかに設定し、安全で適切な環境のための基準を細やかに設けるがゆえ、家庭的とは言いがたい画一的な空間をつくり出しているのではないだろうか。住まいが家庭的であるかどうかは、入居者1人あたりに確保されている面積よりも、むしろ自由が確保されていない点にあると思われる。さらにスウェーデンでは、施設環境を職員にとっても働きやすく整えている。これは、職員のストレスを和らげると同時に、自ずとケアの質を高めることに寄与するであろう。施設を快適に整えることは、入居者のみならず職員への配慮の点からも欠かせないのである。

2）認知症緩和ケア
——認知症緩和を専門とするシルビアナース／シルビアシスター

　スウェーデンにおける認知症ケアにおいては、医療と生活をつなぐ機能を持つアンダーナースの果たす役割が大きい。アンダーナースは、王立財団法人シルビアホームで緩和ケアに基づいた認知症看護を専門とする教育を身につけることにより、認知症ケアを専門とするシルビアナース[15]（あるいはシルビアシスター）として活躍することができる。

　シルビアホームは、認知症の研究機関であると同時に教育機関でもあり[16]、ケア実践の場としてデイケアも併設されている。シルビアホームの設立に中心的な役割を果たしたのは先述したベック＝フリスである。彼女は、高齢者医療とリハビリテーションを専門とする医師としての経験を通して、たとえ認知症患者であっても、適切な支援や対応をすることにより、「（患者が）自信

をもち、一人の人間として安心し、気持ちの良い毎日を送ること」ができるということに気づいた[17]。同時に、患者が自信と安心を取り戻して穏やかに過ごすことは、介護する家族にも極めて大きな精神的な安らぎをもたらし、身体的負担を軽くする効果があることを見出した[18]。さらにベック＝フリスは、「認知症には、治療方法がみつかっていない」がゆえ、「死ぬまで精一杯、生き生きと生きることができる」ための支援が必要であると考え、「症状コントロール」「（さまざまな職種による）チームワーク」「（患者・家族との）人間関係・コミュニケーション」「家族への支援」という認知症ケアの4つのポイントを示した。この4つのポイントは、患者と家族のQOL（Quality of Life）を支える柱である。さらに4つのポイントとQOLは、「すべての人間が平等であること」という土台の上に位置づけられ、総じてベック＝フリスによる認知症緩和ケアの理念となっている[19]。

　シルビアホームでは、ベック＝フリスによる緩和ケアの理念に基づいた認知症ケアのための知識と技術を身につけることができる。技術のひとつには、日本でもよく知られる「タクティールケア」[20]がある。その他シルビアナースの活動については、視察報告において紹介する。

3）アンダーナース養成の仕組み

　スウェーデンの看護師養成[21]は、看護師と准看護師とに大別することができる。このうち、准看護師はアンダーナースと呼ばれ、看護師と介護福祉士とを合わせた役割をもつ。看護師の教育機関は大学である。看護師養成課程3年を経たのち、社会保健庁へ届け出ることにより看護師免許を取得することができる（届出制）。免許取得のための国家試験はない。専門看護師になるには、養成課程3年を経たのち、1年間の専門課程を修了する必要がある。専門課程には、「地域」「小児」「外科」「老年」「救急」の4領域がある。

　アンダーナースは、基礎教育（日本でいう小学校と中学校の9年間）を終了した後、高等学校（3年間）で行われる。高等学校には幾つかの種類があり、アンダーナースになるためには介護・福祉コースを卒業することが要件となって

141

いる。

3 認知症緩和ケアの実際（調査報告）

1）方法

　調査は、2014年9月18日から9月24日にかけて、スウェーデンストックホルム市（ストックホルム県）近郊およびヨーテボリ市（ヴェストラヨートランド県）の高齢者施設で行った。

- 調査のねらい：高齢者施設（認知症の高齢者が居住している施設）において行われている緩和ケアおよび日常生活を支えるためのケアの特徴について明らかにすることとした。
- 訪問施設：現地に在住する福祉に精通する人（日本人）に調査のねらいを伝えたうえで選定してもらった。また、同じ人に施設でのインタビューにおける通訳を依頼し、施設の担当者にはスウェーデン語で回答してもらった。
- 質問内容：①施設概要（施設の特徴、職員構成、勤務形態）、②認知症入居者の日常生活を支えるケアの工夫、③意思決定のための支援の方法、④看取りの方法についての4つとした。
- 倫理的配慮：調査内容については、予め施設長に文書ならびに口頭で調査内容について説明し、了解を得て行った。また、①撮影の可否、②撮影した画像の取り扱いについても説明し了解を得た。なお、画像の取り扱い方法については、報告書などに供する可能性があること、原則として個人が特定されないよう目隠しなど処理を行うが、個人の了解が得られた場合にはこの限りではないことについて説明をした。

　訪問した施設は7カ所である。私立のグループホーム1カ所、市立の老人

第6章　認知症ケアの現場から

表6-2　訪問した施設ならびにインタビュー対象者

施設		インタビュー対象者
1	私立グループホーム	ロビーサゴーデン	施設責任者（地域看護の専門看護師）
2	市立老人ホーム	ヨハネスルンド	アンダーナース（社会福祉士の資格有り）
3		グラスベリエ	アンダーナース（責任者研修修了者）
4		トルネット	アンダーナース（社会福祉士の資格有り）
5		ベガハウス	看護師
6	私立老人ホーム	ニィーヤバルベット	アンダーナース（認知症専門看護師／シルビアナース）
7	財団法人老人ホーム	エングゴードバッケン	理学療法士、看護師（緩和ケアを専門とするが専門看護師ではない）

ホーム4カ所、私立の老人ホーム1カ所、財団法人の老人ホーム1カ所（表6-2）。

2）結果

(1) ロビーサゴーデン／私立グループホーム（施設1）

　ロビーサゴーデンは私立のグループホームであり、2階建ての瀟洒な建物ならびにケアの内容と質において地域で人気の高い施設である。総ベッド数36床であり、認知症症状の重症者から軽症者までが入居している。施設の責任者は、地域看護の専門看護師である。

　専門看護師によれば、認知症の症状によって外出をしたいと思う人もしたくないと思う人もいるため（軽い方は外出したがり、重い方は外出したがらない傾向にある）、建物の1階に軽症者、2階に重症者が入居できるように区別していた。建物内にはアンティークの家具や雑貨などが古民家風に配置され、入居者は「自分の家にいるように」過ごすことができるようであった（写真6-1）。

　介護職員は、看護師2人・アンダーナース40人である。ただし、看護師はアンダーナースへの教育・指導的役割も担うため、実質的なケアはアンダーナースが行っていた。

　施設には医師が常駐していないため、病状の変化に応じた入居者について

143

写真6-1　ロビーサゴーデンの居間

の家族への説明は看護師が行っていた。看護師は、看取りの過程における「意思決定」を支えることを看護師の重要な役割と捉えていた。たとえば、入居者が亡くなるとき、家族によっては輸液することを希望する場合があるという。このようなとき、入居者本人には身体的な苦痛ができるだけ少なくなるようにすること、家族には看取りでの後悔が残らないようにすることを大切にし、死とは自然な経過であること、自然な経過の中で迎える死は苦しみが少ないことなどを看護師が家族に説明することで、看取りの意思決定に関与していた。その結果、ほとんどの方が穏やかな死を迎えることができているようであった。

この施設では、ケアの基本的な考え方にSOC（Sence of Coherence）と、「それは誰のためのケアなのか常に自らに問いかけること」を位置づけていた。2つの考え方は、職員のケアを方向付けるうえで重要な役割を果たしていると専門看護師は捉えていた。

(2) ヨハネスルンド／市立老人ホーム（施設2）

ヨハネスルンドは市立（ストックホルム県ハーニンゲ市）の老人ホームで、総ベッド数100床の規模の大きな施設である。入居者の内訳は、要介護状態と認知症の方である。居室には夫婦で住むことができ、筆者が訪問した時点では3組の夫婦が入居していた。要介護状態の方は特に、介護度を高くしないようにするための機能訓練が必要であり、作業療法士2人・理学療法士2人が所属している（写真6-2）。それ以外の職員構成は、看護師6人・アンダーナース90人、医師2人（専任）である。そのうち、ケアの責任者は社会福祉士の資格を持つアンダーナースである。

ケアの基本的な考え方として、「その人（入居者）が尊厳をもって生きていると実感できること」を重視している。入居者の最期の迎え方についても基本的には入居者自身の判断に委ねているようである。なかには「一人で逝きたい（亡くなりたい）」と希望する人がいるが、死の間際にはできるだけ家族がそばに居られ

写真6-2　機能訓練ができるように、内廊下に広々としたスペースが設けられている

るよう調整し、家族が到着できない場合には必ず職員の誰かがそばにいるように努めていた。さらに、死を目前にして後悔したり、恐怖を訴える人がいるため、週1回の牧師による施設訪問が行われていた（ただし、入居者に占めるキリスト教信者数は少ない）。

(3) グラスベリエ／市立老人ホーム（施設3）

　グラスベリエは市立（ストックホルム県セーデルテリエ市）の老人ホームで、総ベッド数64床の施設である。入居者の内訳は、要介護状態と認知症の方である。建物は3階建てで、認知症の方は2階以上に、自分で車椅子を使用できる方は1階に入居していた。職員構成は、看護師3人、アンダーナース70人、理学療法士1人、作業療法士1人、医師1人（非常勤）で、勤務形態は3交代制である。ケア責任者は、責任者研修を修了したアンダーナースである。看護師3人の中には救急医療と老年看護の専門看護師がいること、医師が非常勤であることから、看護師には処方権（輸液、服薬）が認められていた。

　この施設は2012年に開設され、施設を取りまく街が施設を中心に形づくられている最中であった。なぜ、施設を中心とした街づくりを行っているのか責任者に質問したところ、彼女は「高齢になることは人生の一部であり、高齢者を人々の見えないところに押し込めてはいけないと思うから」と答えた。この施設と道をはさんだ隣に保育園があり、高齢者と子どもはお互いに行き

来することができるようにする
ほか、子どもが施設を訪問して
交流する機会も設けられていた。
建物の1階には大きな広間があ
り、街の人々の交流の場として
も使用されていた（写真6-3）。

写真6-3 グラスベリエは建物自体が街のシンボルとなっている

(4) トルネット／市立老人ホーム（施設4）

　トルネットは、2014年中の開設を間近に控えた市立（ストックホルム県ボートシルカ市）の老人ホームである。総ベッド数は54床で、入居者の内訳は要介護状態と認知症の方である。職員構成は、看護師2人、アンダーナース60人、理学療法士1人、作業療法士1人、医師1人（非常勤）で、ケアの責任者は社会福祉士の資格を持つアンダーナースである。

　この施設が新しく開設されることになったのは、市内に認知症の高齢者が増えてきたためであるという。実際、この建物を建築中に、認知症の配偶者を持つ人の近所に住んでいた人が、その配偶者が介護に懸命で自らのケアすら十分にできなくなったことをみかねて、入居できないかどうか相談に来たことがあったという。トルネットの近隣で認知症高齢者は、基本的に自宅で暮らし続けたいと思っており、それが可

写真6-4 建物が街とつながるように、広々とした窓がしつらえられている

能な場合にはホームヘルパーの支援が受けられるようである。責任者によれば、この施設は「家族の介護負担を軽減するために」必要なのである。窓から外を眺めると、まるで街の中にいるような錯覚にとらわれた。それほど広い窓であった。トルネットの入居者は、この広い窓を通じて街にいる人々との一体感を味わうことができるのである（写真6-4）。

(5) ベガハウス／市立老人ホーム（施設5）

　ベガハウスは、市立（ヴェストラヨートランド県ヨーテボリ市）の老人ホームである。総ベッド数138床で、入居者の内訳は、慢性疾患で長期入院を必要とする方、要介護状態、認知症の方である。夫婦で入居できる居室が2部屋ある。入居者はそれぞれ安心して過ごせる場所が異なるため、建物の1階を人々の交流ができる場所として、2階以上を家庭的な雰囲気が味わえる場所として整えられていた。この施設には、大きな図書室が備えられていた（写真6-5）。図書室には、お気に入りの本に出会えること以外に、懐かしい景色を思い出すこと、懐かしい風景に出会えることなどが期待できるようである。

　職員構成は、看護師1人、アンダーナース77人、理学療法士1人、作業療法士1人であり、ケア責任者は看護師が担っていた。

　この施設では、入居者それぞれが過ごしたいように1日を過ごすことができる。たとえば、好きなときに食事できるし、好きなときに就寝・起床することもできるのである。職員はそのため、入居者が「1日をどう過ごしたいと思っているか」を把握しなければならない。そこで、1人の入居者に担当者と補助者の2名の職員をつけ、「（お互いの）接点が見つけられるよう」な取り組みを行っていた。入居者と職員がよく知り合えるようにするため、原則として入

写真6-5　ベガハウスの図書室

居時と入居してから数週間後の2回インタビューの時間を設けているという。ただし、会話を好まない人もいるため、その場合には家族にインタビューするようである。入居者に意思決定が必要になるとき、家族の果たす役割は大きいため、入居者のことをよく知ること以外に、家族と接点を持つことは重要なことと位置づけられていた。

(6) ニィーヤバルベット／私立老人ホーム（施設6）

ニィーヤバルベットは私立老人ホームであり、先述したシルビアナースのマルギッタ・アンダーソン（Margitta Anderson）さん（写真6-6）がいる。総ベッド数は48床で、すべての人が重度の認知症を患っている。職員構成は、看護師1人、アンダーナース50人、医師1人（非常勤）である。

彼女によれば、シルビアナースの役割は他の看護師に認知症看護について教育することと、「高齢者がその人らしく暮らせる」ための支援と家族が介護を負担と感じないためにケアすることであるという。

さらに彼女は、施設に家庭らしさをもたらすのは、物などの「物理的環境」というよりも、「介護者の態度によって安心感を与えること」であると捉えていた。しかしながら、何が安心感を与えることにつながるかはその人によっても、「毎日違う」こともあるため、日々それを探し求めることもケアのひとつであると話してくれた。

アンダーソンさんは赤い色のユニホームを着用していた。施設内の建材や家具などにも赤い色が多く取り入れられていた。これは、ヘッレ・ヴィーク（Helle Wijk）による認知症患者と色についての研究成果[22]に基づくものである。ヴィークによると、血液を連想させる赤は高齢者が好む色であり、認知症の症状コ

写真6-6　シルビアナースのマルギッタさん（右側）。赤いユニフォームを着用している

ントロールにも効果が認められているという。実際、リビングで過ごしていた高齢者は、赤い色のソファやクッションのある場所に好んで腰をかけていた。

共用スペースには、居室内には回想法として使用できるような入居者には馴染みと思える物がいろいろと置かれていた。写真6-7は、80代の男性の居室に置かれていた木製の箱である。

写真6-7　男性が大切にしている箱には、母親との思い出が詰まっている

この箱は意外に大きく、小ぶりのボストンバッグの大きさであった。中には弁当箱と水筒を一緒に入れていたようである。

持ち主の男性はかつて漁師であった。彼が若い頃、漁に出かけるときはいつも母親がお弁当を作ってくれた。そのお弁当箱を、彼はこの箱に入れて漁に出かけたのだそうである。思い出を話す男性の顔は、とても嬉しそうであった。

アンダーソンさんの指導のもと、この施設では認知症緩和ケアが展開されていた。彼女たちが目指すのは、アンダーソンさんによると、入居者の痛みや悲しみ苦しみが少なくなること、彼らが病気を受け入れ気持ちが落ち着くこと、調和のとれた状態で死を迎えられるためのケアであった。

(7) エングゴードバッケン／財団法人老人ホーム（施設7）

エングゴードバッケンは、ヨーテボリ市内にある財団法人が経営する老人ホームである。ベッド数は、認知症・要介護状態のための病棟に111床、精神疾患をもつ入居者のための病棟に51床があった。認知症者のための病棟における職員構成は、看護師3人、アンダーナース53人であった。

この施設には、認知症による症状を感覚器官からの刺激を通して和らげるため、「感覚の庭」という庭園が整備されていた（写真6-8）。さらに、心理

写真6-8　入居者の感覚を刺激するために整えられた「感覚の庭」

療法士の資格を持つ看護師のアンキ（Anki）さん（写真6-9）が中心となって緩和ケアを実践していた。

アンキさんによれば、たとえ認知症患者であっても「看護師が入居者の様子をよく把握し」、「事前に医師から緩和ケアに必要な指示（薬物の使用等）を受けて」適切なケアを行うため、症状悪化によって「痛みを感じて苦しむようなことはない」し、ましてや「（症状がコントロールされないまま）突然死することはほとんどない」という。ただし、入居者によっては、その時々によって異なる感情をむき出しにすることがあるため、気持ちが落ち着かない場合には、臭いや絵などの感覚を通した刺激を与え、気持ちを変えられるような働きかけを行っているようである。

写真6-9　緩和ケアを専門とする看護師のアンキさん（右側）

　緩和ケアを専門とするアンキさんは、入居者の臨終に際して、「一人で亡くならないようにすること、不安を感じないようにすること、苦しみを感じている家族を支えること」の3つを大切にしていた。さらに、入居者が「痛みがなく、悲しみや苦しみもなく、病気を受け入れて落ち着いて死を迎えること」ができると、「調和がとれている」ように見え、「良い死を迎えることができた」と感じると話してくれた。

4 パーソン・センタード・ケア

　筆者が視察することのできた施設では、入居者の状況に応じて生活環境を
整え、その人の生活リズムやスタイルに応じた援助のあり方を模索するなど、
工夫を凝らしたケアが提供されていた。すべての施設に共通するのは、「すべ
ての人間が平等であること」を基盤とし、「症状コントロール」「（さまざまな
職種による）チームワーク」「（患者・家族との）人間関係・コミュニケーション」
「家族への支援」という4つの柱で患者と家族のQOLを支えるという、ベッ
ク＝フリスによる緩和ケアの理念であった。各施設の責任者は、「それは誰の
ためのケアなのかを自らに問いかける」「その人が尊厳を持って生きていると
実感できるようにする」ことなどを大切にしていると語った。実際に筆者が
目の当たりにした入居者の表情や様子からは、入居していることを否定的に
捉えている印象は受けず、多くの人が穏やかに過ごしていた。では、筆者が
入居者から受けた印象は、偶然だったのかあるいは、外部からの視察に耐え
うる施設であればこそだったのか。それとも、実際に全ての施設にベック＝
フリスの理念が行き届いているということなのだろうか。実は、スウェーデ
ンにおける認知症ケア政策には、基盤にパーソン・センタード・ケアが据え
られている。筆者が、訪問した施設で目の当たりにしたのは、ベック＝フリ
スの理念はもちろん、政策にパーソン・センタード・ケアを位置づけている
影響もあるだろうと考えている。

　パーソン・センタード・ケアとは、心理学者のトム・キットウッド（Tom
Kitwood）が、認知症の人の情緒や感情に焦点をあてて接することで症状を和
らげることができたという、自らの体験を手がかりに見出した概念である[23]。
スウェーデンでは、キットウッドによるパーソン・センタード・ケアを発展
させたヨーテボリ大学のパーソン・センタード・ケア研究所による成果が実
践に生かされている。その研究所には、さらに新たな潮流があり、カーリン・
ダールベリ（Karin Dahlberg）（本書第9章）が、フッサールの現象学に基づいた
「生活世界ケア（Lifeworld-led Care）」という考え方を提唱している[24]。ダールベ

リは、認知症を抱える人々とその家族に関わるなかで、彼らが、脆弱さ（vulnerability）と同時に主体性（humanagency）という強さを持っていることに改めて気づき、その人が生きているということそのもの、つまりフッサールの現象学に基づいた生活世界という見方によって導いた生活世界ケアは、人のウェルビーイング（well-being）に寄与すると述べている。

　ダールベリが生活世界に基づいたケアの方法を提唱する背景には、患者中心のケアに対する批判がある。彼女によれば、患者中心のケアの欠点は、人をすでに患者として捉えていること、米国に起源をもつ公民権運動あるいは消費者運動の流れを汲むがゆえ市民としてあるいは医療の消費者としての患者を強調しすぎることにある。患者は、患者である以前に一人の人であり、権利を持つ市民あるいは医療の消費者という側面と同時に、脆弱さという側面も持ち合わせているのである。したがって人は、弱さと強さの両面から捉えられなければならないと彼女は主張する[25]。ダールベリは言及していないが、キットウッドによるパーソン・センタード・ケアは、心理学的な観点から人の情緒や感情に焦点をあてて導かれたがゆえ、全体としての人（パーソン）が捉えられていない可能性があると言える。

　スウェーデンでは、パーソン・センタード・ケアに基づく認知症ケアのガイドラインが策定され、原則として認知症ケアの根底にはパーソン・センタード・ケアが位置づけられている[26]。国はケアの原則を示したうえで緩やかな基準を設け、各施設での裁量において「家庭的で豊かな」ケアの方法が模索できるような枠組みのみを設けているのである。ソンダースによる末期がん患者への緩和ケアと、ベック＝フリスによる認知症患者のための緩和ケアには、身体的な痛みと同時に死にゆく過程における苦悩を和らげるためのケアであるという共通点があった。パーソン・センタード・ケアは、キットウッドにしたがえば認知症の人の情緒や感情に焦点をあてて接し症状を和らげるためのケアであり、ダールベリにしたがえば、脆弱さと主体性を尊重するケアであり、両者とも主観－客観という視点では捉えきれない部分に着目しようとする点で共通している。スウェーデンにおける認知症ケアは、パーソン・センタード・ケアを基盤とし、緩和ケアの理念のもとで提供されること

により、「豊かな」ケアが可能になっていると考えられるのではないだろうか。

　なお、今回の訪問で印象深かったのは、筆者のインタビューに答えてくれた施設の責任者（看護職）がいずれも自らの施設で実践しているケアに誇りを持っている様子が感じられたこと、施設のケアに責任を持つ立場に置かれやりがいを感じているようにも思われたことであった。同様に、直接的に入居者のケアに携わる職員らも、ケアすること自体を楽しんでいた。ケアが相互関係によって成り立つならば、パーソン・センタード・ケアは、ケアされる側だけでなくケアする側にも同様の効果を及ぼす可能性があるのではないだろうか。スウェーデンでは、施設の設置基準に、職員の労働環境として適切に整備することが法的に規定されている。筆者が訪問した施設でも、職員の身体的負担が少なくなるような工夫（全てのベッドに移動用のリフトが設置されていることなど）が施されていた。パーソン・センタード・ケアの考え方は、認知症ケア政策の基本的な考え方として位置づけることのみならず、患者と家族、ケアするものに対して、心身への負担が少なくなるような環境を整えることをも可能にしているようである。

5　おわりに（展望）

　本章の目的は、スウェーデンでの取り組みを手がかりにして、日本社会における認知症ケアのあり方について展望を得ることであった。スウェーデンにおける認知症ケアの特徴として、次の３点が見出された。認知症政策に「家庭的で豊かな特別住宅への尽力」が位置付けられ、「パーソン・センタード・ケア」というケアの考え方が明示されていること、バルブロ・ベック＝フリスによる認知症緩和ケアの原則が実践されていることである。ただし、この３点は並列にあるのではなく、「パーソン・センタード・ケア」という考え方の基盤に、「認知症緩和ケア」と「家庭的で豊かな特別住宅」が積み上げられているように思われる。「認知症緩和ケア」と「家庭的で豊かな特別住宅」は、

153

それぞれに「パーソン・センタード・ケア」に共通する要素を持っている。たとえば、「認知症緩和ケア」は認知症を抱える人の疾患による症状を和らげ、人として遇されることを目指したケアである。特別住宅を「家庭的で豊か」なものとするためには、認知症を抱える人を単に認知症患者として画一的に捉えるのではなく、1人の人として捉えることが手がかりを与えるだろう。「認知症緩和ケア」と「家庭的で豊かな特別住宅」にはパーソン・センタード・ケアにつながる要素があるにもかかわらず、改めてパーソン・センタード・ケアを認知症ケア政策の基板として掲げているところに、スウェーデンの認知症ケアにおける意気込みがうかがえる。もちろん、日本における認知症ケア政策も、認知症を抱えながら住み慣れた地域社会で暮らし続けることを可能にするための方策がとられている。しかしながら、スウェーデンの政策を手がかりにするならば、認知症ケア政策を支えるケアの考え方という基盤を持つことによって、重層的なケアの構築と実践が可能になるのではないだろうか。

　さいごに、スウェーデンでの視察をとおして驚いたこととして、改めてすべてのケアが看護職を中心に行われていたことを挙げたい。日本の高齢者施設における看取りは医師の裁量によるところがあり、亡くなる間際に急遽、入居者を病院へ搬送するといった事態も生じているという報告がある[27]。スウェーデンにおける認知症緩和ケアの取組みからは、自然な経過の中で人生の終焉を迎えるための看護師のあり方について示唆がえられると考えることができる。

注
1) 中西三春，西田淳志（2016）「認知症ケアの現場の問題点と今後のあり方—世界的な「認知症緩和ケア」の潮流に照らし合わせた検証」『精神科』29(1)，科学評論社，38.
2) 厚生労働省『オレンジプラン（http://www.mhlw.go.jp/stf/houdou/2r9852000002j8dh-att/2r9852000002j8ey.pdf　2016年9月20日閲覧)』。日本社会では、すでに「オレンジプラン」に引き続く「新オレンジプラン」が策定されているが、本章では、同時期に策定された政策として、「オレンジプラン」のみを取り上げた。
3) 外山義（1991）『クリッパンの老人たち—スウェーデンの高齢者ケア』ドメス出版.
4) 1990年代以降、「当事者」に焦点を当てた研究が盛んになると同時に、認知症患者自身の体

154

験が公表されるようになってきた。私たちは、それらをとおして認知症と診断された人の苦悩を疑似体験することができる。

5) クリスティーン・ボーデン（2015）『私は誰になっていくの？　アルツハイマー病者からみた世界』（桧垣陽子訳）クリエイツかもがわ．佐藤雅彦（2015）『認知症になった私が伝えたいこと』大月書店．

6) 日本緩和医療学会『緩和ケアの定義』。「（緩和ケアとは）生命を脅かす疾患に伴う問題に直面する患者と家族に対し、疼痛や身体的、心理社会的、スピリチュアルな問題を早期から正確にアセスメントし解決することにより、苦痛の予防と軽減を図り、生活の質（QOL）を向上させるためのアプローチである」。http://www.jspm.ne.jp/gmeeting/peace3/M-2.pdf（2016年9月20日閲覧）

7) バルブロ・ベック＝フリス（1998）『症状が重くなった方が、介護が楽になる　認知症患者を介護する家族や介護職員への提言』（友子・ハンソン訳）北欧社会研究会．

8) 原智代・高橋朋子（2009）「緩和ケアの理念を認知症に　病態別のケアは当たり前」『月刊マネジメント』20(9)，環境新聞社，19-21．ここに示されている「病態別」とは、「アルツハイマー型」「レビー小体型」「脳血管性」などの認知症の区別を指している。

9) European Association for Palliative Care. *White Paper on standards and norms for hospice and palliative care in Europe.* http://www.eapcnet.eu/LinkClick.aspx?fileticket=f63pXXzVNEY%3d&tabid=735.（2016年10月3日閲覧）同様にWHOは、2002年に公表した緩和ケアの定義において、緩和ケアの対象を「生命を脅かす疾患」を抱える「患者と家族」とした。今やさまざまな疾患が緩和ケアの対象とされている。

10) 武田雅俊（2016）『認知症の緩和ケア』新興医学出版社，27．

11) 同上．

12) 平原佐斗司（2010）「認知症の緩和ケアとは」『緩和ケア』特集「認知症の緩和ケア—積極的に関わるための基本と実践」20(6)，562-566．

13) 奥村芳孝（2010）『スウェーデンの高齢者戦略』，筒井書房．

14) 藤原瑠美（2013）『ニルスの国の認知症ケア　医療から暮しに転換したスウェーデン』。ドメス出版．厚生労働省『認知症高齢者グループホームの概要 www.cao.go.jp/consumer/iinkai/2013/121/doc/121_130521_shiryou4.pdf.（2016年10月3日閲覧）』

15) 原智代・高橋朋子（2009），19-21．シルビアホームでの教育期間は、通学で1年間、インターネットによる通信教育で2年間要する。

16) 同上．

17) バルブロ・ベック＝フリス（1998）．

18) 同上．

19) 原智代・高橋朋子（2009）．

20) 同上．原らは、シルビアホームにおいて認知症ケアとして取り入れられているタクティールケアについて紹介している。タクティールケアは、1960年代のスウェーデンで「未熟児介護の現場から」はじまったと言われている。タクティールの語源はラテン語の「タクティリス（Taktilis）」で、「触れる」という意味をもっている。実際には、スタッフの手で「患者の背中や手足」を「やわらかく包み込むように「触れる」ことでさまざまな症状を和らげる」こと、「肌と肌との触れ合いによるコミュニケーション方法のひとつ」として知られている。

21) 日本看護協会『諸外国の看護基礎教育と規制について』

https://www.nurse.or.jp/nursing/international/working/pdf/kyoikukisei.pdf（2016 年 10 月 3 日閲覧）

22）ヘッレ・ヴィーク（HELLE WIJK/ ヨーテボリ大学看護学部教授）"Colour Reception in Old Age". http://www.designandhealth.com/upl/files/122126（2016年10月3日（閲覧））』

23）トム・キットウッド（2005）『認知症のパーソンセンタードケア』（高橋誠一訳）筒井書房，20-22.

24）Karin Dahlberg, Les Todres, Kathleen Galvin（2009）"Lifeworld-led healthcare is more than patient-led care: an existential view of well- being", *Medicine Health care and Philosophy*, 12, 265-271.

25）同上．

26）『認知症の医療とケアの国家ガイドライン2010（Nationella riktlinjer för vård och omsorg vid demenssjukdom 2010）』の要約の第2項に、「認知症の人を対象として医療、看護、介護はすべて、人間を中心として接し方（Personcentrerad omvårdnad）と、複数の職種が協力し合うチームワークの上に成り立つものでなければならない」とされている。藤原瑠美（2013）p. 86参照。

27）株式会社富士通総研（2013）『認知症対応型共同生活介護のあり方に関する調査研究事業』http://www.fujitsu.com/downloads/JP/archive/imgjp/group/fri/report/elderly-health/ninchikaigo_report.pdf（2017年9月20日閲覧）

第 **7** 章

知的障害児者地域ケアの現場から

是永　かな子

1　はじめに

　本章では、知的障害児者の地域ケアを活用した生活に注目する。具体的には知的障害児者の自立生活の具体化や自己決定の支援としての「グループホーム」における暮らしを素材に考察する。

　知的障害児者にとって「地域」で暮らすことの意義は大きいと考える。そして地域で暮らすことの前提として、スウェーデンでは地域ケアという「依存」する制度があることも指摘しておきたい。地域ケアを活用しつつ、知的障害児者も保護者の元を離れて「個人」としての生活を営むことが可能になっているのである。

　このような知的障害児者の地域ケアの意義を検討するために、本章では第1に、ホームケアとグループホームケアの内容について確認し、第2に、知的障害者を対象としたグループホームにおいて行った聞き取り調査として現場での実践について紹介する。第3に、地域ケアとしての知的障害児者支援や脱家族化等の視点から検討し、第4に、知的障害児者の地域ケアの思想的理念と実践についてまとめる。

2 ホームケアとグループホームケア

　スウェーデンにおけるグループホーム（Gruppbostäder）を求める活動は1960年代に遡る。その端緒は施設（Institutionerna）から出て、職員のいる開放的な寄宿住居（Öppna inackorderingshem）に住むことを求める運動であった。当時はノーマライゼーション理念の提唱にともなう社会的・教育的統合および脱施設化の推進や当事者団体としての知的障害児者協会（Föreningen för utvecklingsstörda Barn, Ungdomar och Vuxna, 以下、FUB）の全国的な組織化の動きもあった。

　最初のグループホームが1965年に設置され、1980年代には寄宿住居の名前は、グループホームに変わった。自分の部屋と共有スペースがあるような「ホーム」に住むことができるようになったのである。

　また今日では、多くの人がグループホームのみならず通常のアパートに住み、社会サービス法（Socialtjänstlagen）[1]やLSS法[2]の対象としてのホームサービス（Hemtjänst）、LSS法およびLASS法（パーソナルアシスタンス補償金に関する法律, 1993:389, Lagen om assistansersättning）の対象としてのパーソナルアシスタント（Personlig assistant）によるサポートを受けつつ、自立生活を営んでいる。

　それぞれの法律を確認すると、以下のようになる。

　社会サービス法によって高齢者福祉、障害者福祉、児童福祉、公的扶助、薬物・アルコール依存患者の保護など、福祉に関する法律が統合され、基礎自治体としてのコミューンがそれらの支援に対して責任をもつこととなった。社会サービス法に規定される在宅支援としては、ホームヘルプ、ガイドヘルパー、デイケア、ショートステイ、配食サービス、ナイトパトロール、緊急アラーム、就労支援、移送サービス法による移送サービスの保障、住宅改築法による住宅改築、保健医療法（Hälso- och sjukvårdslagen）の対象としてのリハビリテーション、補助器具、手話通訳があり、LSS法独自の支援としてパーソナルアシスタントのみならずコンタクトパーソンがある。

　特定の機能的な障害のある人々の援助とサービスに関する法律、通称LSS

第7章　知的障害児者地域ケアの現場から

法は、10項目のサービス提供を法律で義務づけている権利法である。LSS法の対象は以下の3区分である。区分1は知的障害者、自閉症または自閉症的症状を示す人。区分2は成人に達してからの外傷または身体的疾患に起因する脳障害により、重篤かつ恒久的な知的機能障害のある人。区分3は明らかに通常の高齢化にはよらない、他の恒久的な身体的または精神的機能障害のある人であり、障害の程度が重く、日常の生活を送る上で著しい困難さが見られるため、広範な援助とサービスを必要とする人、である。

　LSS法が保障する10項目は以下である。1）専門職による助言と他の個別的支援、2）パーソナルアシスタントやアシスタントのための費用負担、3）ガイドヘルプサービス、4）コンタクトパーソン。5）レスパイトサービス、6）ショートステイ、7）12歳以上を対象とした障害児向け学童保育、8）里親や児童青少年対象介助付住宅、9）成人対象介助付住宅、10）デイサービス、である。

　パーソナルアシスタントは週20時間以上の利用になるとLASS法（SFS 1993:389）の適用となり、コミューンではなく国の社会保険が保障する。法的基準額に従って援助が支給され、家族もパーソナルアシスタントになれる。またLSS法においては、サービス付「住まい」（Bostad med särskild service för vuxna）、特別に調整された「住まい」（Särskilt anpassad bostad för vuxna）の名称が使用されている。

　パーソナルアシスタントは1984年に設立されたスウェーデンにおける自立生活活動（Stiftarna av Independent Living i Sverige, STIL）によって開始された支援であり、個別的な支援を保障し、障害者自身がアシスタントの雇用者になる制度である。1993年のLSS法とともにアシスタントを保障するLASS法が確立した[3]。パーソナルアシスタントは、一定の基準を満たせば適応される「権利」原則に基づいた制度であり、週20時間以上の介助ニーズがある場合にはLASS法に基づいて、法的基準額に従った援助が支給されるのである。

　このような法律によって、知的障害児者の自立生活は保障されている。では次にグループホームの実際の様子を紹介したい。

159

3 グループホームの調査から

　2014年3月11日にスウェーデン・パティレ市のA知的障害者グループホームを、2015年3月5日にスウェーデン・パティレ市のB知的障害者グループホームを訪問し、グループホーム職員および入居者に対して聞き取り調査を行った。

　調査項目は以下である。①職員の人数と勤務形態、内容、入居者数、②入居にかかる費用、③どのような種類のサービスを提供するか、④サービスを提供する上で重要なこと、⑤障害者の「生活の質」をどのように考えるか、⑥ホームケアとグループホームケアの違い、⑦医療、看護、福祉、リハビリテーションの連携、⑧その他である。

　まずAグループホームの調査結果を示す。

表7-1　パティレ市Aグループホーム調査結果（調査実施日：2014年3月11日）

①職員の人数と勤務形態、内容、入居者数
　職員は常勤及び非常勤職員を含めると15人。5人の知的障害のある入居者（18-27歳）が生活している。入居者は個別に担当を決めている（写真7-1）。

②入居にかかる費用
　個人負担は水道と電気料金込で月4,600クローナ（2016年3月時点で1クローナ13.5円）、食費は別。入居費用は入居者の障害者年金で払える金額である。ここでは1人60㎡のスペースが保障されている（写真7-2、写真7-3）。

写真7-1　担当者別携帯電話

③どのような種類のサービスを提供するか
　金銭管理、掃除、あとは個のニーズに応じる（写真7-4）。可能な限り通常アパートでの自立生活移行を試みる。地域の一般の人もしくは障害者のための演劇クラブ、アクアビクス、乗馬、ディスコ、余暇活動などに参加するための支援も行う。

④サービスを提供する上で重要なこと

　選挙権や「No」と言える権利など、権利意識と自己決定の能力を高めること。支援はLSS法に基づいて行われる。個別に目標を立てて、活動内容を組み、自立を考えていく。

⑤障害者の「生活の質」をどのように考えるか

　入居者は家から離れるためにグループホームに来る。自立の第一ステップである。以前は、障害者の自立のために障害者は施設に住んでいた。しかしグループホームは施設ではない。他の入居者と一緒に生活しているが、ペットも飼うことができる（写真7-5）。様々な権利の保障があり、財産面では後見人（God man）[4]も指名できる。制度を活用して保護者から生活面、経済面の自立をめざす。

⑥ホームケアとグループホームケアの違い

　Aグループホームは「家」ではない。保護者の家から自立するための移行点である。Aグループホームでは30歳か35歳くらいまでに通常のアパートなどへの移行をめざす。そのための自己決定を支援する。ただしグループホームでも多くの場合通常のアパートと同じ決定ができる。外泊も恋人が泊まりに来ることも、迷惑にならない範囲のホームパーティーも認められている。

⑦医療、看護、福祉、リハビリテーションの連携

　たとえば自閉症のある入居者の場合、自閉症支援でわからないことがあると専門機

写真7-2　グループホーム内の個人リビング

写真7-3　グループホーム内の個人キッチン

写真7-4　本人に合わせたオリジナル調理本

写真7-5　ペットのウサギ

関と連携する。最近はスーパーで実習を行うダウン症の青年をテーマにしたコマーシャルが話題になるなど、知的障害に対する社会的認知が広がってきている。他にも入居者それぞれの状態に応じて、看護師やリハビリテーション、作業療法士と連携する場合がある。必要に応じて精神科病院とも連絡をとる。福祉やサービスの利用、措置に関しては福祉の査定に基づく[5]。

⑧その他

Aグループホーム開所が決定した理由はパティレ市の政策であり、知的障害者各人の良い能力を引き出すことが重要とされている。

　このようにAグループホームでは5人の知的障害のある入居者に対して、24時間対応の個別支援を行うため、15人の職員が勤務していた。写真7-1に示されるように、グループホーム入居者担当別携帯電話があり、入居者が支援が必要なときにはいつでも職員と連絡が取れるようにしている。個別に担当を決めることで入居者は安心して生活ができるのである。入居にかかる費用も本人の年金で払える金額であるため、親元を離れて自立することができる。提供されるサービスは通常アパートでの自立生活移行を念頭に置きつつ、個のニーズに応じ、必要であれば余暇活動支援も含む。サービスを提供する際には本人の権利意識と自己決定の能力が重要視されていた。障害者の「生活の質」としては制度を活用した、保護者から生活面や経済面の自立が目指されていた。グループホームは施設ではないが自分の「家」に移行するための仮の「家」であるため、いっそうの自立を促すことが常に意識されていた。

　次にBグループホームについての調査結果を示す。

表7-2　パティレ市Bグループホーム（調査実施日：2015年3月4日）

①職員の人数と勤務形態、内容、入居者数

　職員の人数は10人が常勤職員、1人非常勤職員の計11人。入居者数は9人。

②入居にかかる費用

　入居費用は月4,000-5,000クローナ。他に食材などを自分で購入する必要がある。福祉サービスは必要に応じて本人が利用料金を支払うが、様々な支払い後もいくら

かは（約4,000クローナ）手元に残るようにする。入居者が受け取る年金は年約900,000クローナである。

③どのような種類のサービスを提供するか

入居者のニーズに応じる。例えば食事（写真7-6、7-7）や掃除、買い物（写真7-8）等である。ただし自分でできるようにすることが目的である。余暇支援もあり、小旅行などに同行することも含まれる。居室は「自分の部屋」なので、食事は居室で食べる。日曜日の夕食は職員と一緒に食べることもあり、その際には入居者とともにメニューを考える。入居者は個別に計画をもっているため（写真7-9）、それぞれの目標を設定して、どのような方法・支援が必要かを考える。

④サービスを提供する上で重要なこと

個のニーズを理解することである。

⑤障害者の「生活の質」をどのように考えるか

健康であること、障害があっても良い人生を送ること。困難なのは知的障害が「見えない」ことである。障害や困難、ニーズが見えない場合は支援を受けにくい。特に、障害区分の境界線の人は支援を受けることが難しい。ADHDのある人なども支援を受けにくい状況にある。

⑥ホームケアとグループホームケアの違い

掃除などの家事援助は社会サービス法で規定されている。ホームケアとして在宅の場合は家事援助やナイトパトロール、緊急アラームを使う場合が多い。グループホームでは個別に担当職員を決めているため、グループホームケアで重要なのは職員との良い関係である。入居者本人が担当

写真7-6　本人に合せたオリジナル調理本（料理用絵付レシピ）

写真7-7　コンロの熱源が分かるためのシールによる視覚支援

写真7-8　絵カードを用いた買い物メモ

写真7-9　グループホーム利用者の個別計画

職員を選ぶこともできる。

⑦医療、看護、福祉、リハビリテーションの連携

　日常の医療ケアでは看護師などとの連携がある。グループホーム職員のみならず、障害者の後見人が専門家との連携が必要な場合には他機関とかかわる。グループホーム職員は介護者とも必要なときに連携する。個々の支援のために理学療法士がかかわることがある。

　入居者の個別計画には人生の目標や医療、住居などのニーズ査定結果を含めた多領域の支援内容が書かれている。毎年1回、1人ひとりの入居者に話を聞く福祉当局の巡回視察が来る。その時には、入居者と保護者・介護者に現状が「幸せであるか」を聞く。入居者に分かるように情報を伝え、自己決定を促すことが重要である。そのための絵カードなどもある。支援ツールの使用方法はリハビリテーリングセンターが支援をしてくれる。

⑧その他

・地域ケアを提供する上で重要なことは何か。

　　地域の活動に参加することであり、仕事でも地域にかかわることである。地域のネットワークを活用し、地域の文化活動に参加したり、地域の文化施設を利用したりすることもできる。入居者の要求は、当事者団体を通じて関係者に伝えられることもある。グループホームには3ヵ月から6ヵ月の待機を想定していれば入居できる。グループホームに入居する年齢は多様で、利用期間もそれぞれの支援ニーズによる。スウェーデンにおいては知的障害高等学校を含めて知的障害児者は20歳まで学校活動が保障されるため、22歳か23歳頃から自立を考える傾向がある。

・どのように障害者の自立を支援するか。

　　それぞれの要求が異なるため、本人と一緒に考えていくことが重要である。専門的支援に関しては作業療法士や理学療法士などと連携する。

・親子関係で重要なことは。

　　知的障害児者の場合も通常の親子関係が基本である。社会サービスの支援内容の保障は社会の責任である。

・障害者ケアにおける社会的連帯とは何か。

　　社会サービス法やLSS法に社会的連帯について書かれている。社会として障害者との連帯を一緒に考えていくことはある。もちろん社会の基礎として、法律に書かれていてなくても社会的な共通認識はある。

第7章　知的障害児者地域ケアの現場から

　Bグループホームには利用者数9人に対して11人の常勤及び非常勤職員が
いる。Bグループホームでも24時間個別対応を行うため、利用者よりも職員
の方が数が多い。入居にかかる費用は年金から支払っても、手元にいくらか
残るように設定されていた。サービス提供は、個のニーズに応じて家事や余
暇としての旅行同行などが行われていたが、自立のための個別の計画が作成
され、常にそれぞれの入居者のニーズの理解をすることが重視されていた。
障害者の「生活の質」は健康で良い人生が送れることであり、そのために「見
えない」障害や困難性への周囲の理解が必要になる。グループホームでは担
当職員が決まっており、安定的な関係で支援を受けることができる。
　これらの調査で言及されたことを「地域ケアとしての知的障害児者支援」
の観点から以下に考察する。

4　地域ケアとしての知的障害児者支援

　AとBどちらのグループホームでも入居者の能力を高めることが目的とさ
れていた。これは「ハンディキャップオムソーリ」としての「状態を維持す
る」「悪化を防止する」ことの具体化でもある（第11章参照）。安定的な人間関
係が知的障害者支援では特に重要である。ホームケアとグループホームケア
の違いとしても、社会サービス法で規定されている掃除などの家事援助が在
宅の場合は巡回支援として保障され、緊急の場合は緊急アラームを使う。グ
ループホームでは個別担当職員から必要なときに援助を受ける。グループホー
ムで入居者は担当職員も選ぶこともできるなど、ここでも入居者と職員の
関係性が重視されている。
　入居費用は、入居者本人が障害者年金で払う。スウェーデンでは個人を対
象として福祉サービスの受給資格認定を行い、個人及び家族の資産調査は必
要としない。また入居者本人が障害者年金を管理するため、グループホーム
では職員が入居者と共に金銭管理を行ったり、計画的にお金を使用できるよ
うに支援したりする。入居費用を支払った上で食材などを購入し、福祉サー

165

ビスの利用の際には必要に応じて料金を支払う。ただし利用者負担上限額があるため、自由に使えるお金が手元に残る。これはマックスタクサ（Maxtaxa）と呼ばれる制度であり、2002年に社会民主労働党政権が導入して、市（コミューン）が利用者か

写真7-10　iPadでの予定管理

ら徴収できる料金の上限額を1,760クローナとして社会サービス法に規定したものである[6]。

　補助器具利用や療育（Habilitering och rehabilitering）に関しては保健医療法[7]に規定されている。日本の県に相当するランスティングが補助器具センターや療育機関としてのハビリテーリングセンターやリハビリテーリングセンターを通じて、障害の発見時から補助器具や療育を保障する。補助器具センターの補助具や自助具は無償もしくは安価で貸与され、支援が必要なときに必要な機器を必要な期間利用できる。定期的なメンテナンスの際に利用状況が確認され、使用頻度が低ければ改善、回収される[8]。Aグループホームでは写真7-10のように日常の予定管理のためにiPadが活用されていたが、そのiPadも補助器具として貸与されていた。

　ちなみに自己決定や自立のための支援は学校教育の段階から行われている。たとえばICT（情報通信技術）などの補助器具が情報伝達、選択の保障において有効であれば、学校やハビリテーリングセンターのICT備品が貸与される。このような一貫した支援によって個人のエンパワメントが図られているのである。ちなみにエンパワメントとは、アメリカにおける公民権運動との関わりの中で、社会福祉分野で取り入れられた理念である。社会的に不利な状況に置かれた人々の自己実現を目指しており、その人の有するハンディキャップやマイナス面に着目して援助をするのではなく、長所、力、強さに着目して援助する。このような援助方法により、サービス利用者が自分の能力や長所に気づき、自分に自信がもてるようになり、ニーズを満たすために主体的

第7章 知的障害児者地域ケアの現場から

に取り組めるようになることを目指す。エンパワメントの理念においては、援助者はサービス利用者と同等の立場のパートナーになる[9]。

これに関連して、知的障害児の学校教育における地域ケアとしては、写真7-11のように通常学校と知的障害特別学校が同じ敷地内に設置されている「場の統合」がほとんどの学校で行われていることが指摘できる。そのため運動場や食堂、体育館などの施設が共有され、日常的に教育的統合（Integrering）が実践されている。

可能な場合は写真7-12のように通常学級の場で学びつつ、知的障害教育のカリキュラムを

写真7-11 隣接する知的障害特別学校と通常学校（左が知的障害特別学校で右が通常学校）

写真7-12 同じ作文課題を文章ではなく写真の切り抜きで表現（教員アシスタントの支援を受けた個の統合）

履修する「個の統合」も進められる。その結果として、成人になってからも障害者用グループホームが通常のアパートや住宅地の一画を活用する形態で設置されるなどの「社会的統合」が促進される。

さて、グループホームに話を戻す。Aグループホームでは、自立生活移行のため、個人の力を高めて支援を減らすことを重視している。自立生活移行支援の一環として、権利意識の醸成や自己決定能力の向上をめざすのである。支援の際には個別に目標を立てて、活動内容を組む。

パティレ市の政策としてAグループホームは開所した。「各人の能力を引き出すことが重要」との指摘にあるように、パティレ市は障害者の自立支援に力を入れており、パティレ市の福祉当局（Vård-och omsorgsförvaltningen）では

2014年に「家からの引っ越し（Att flytta hemifrån）」[10]というテーマで知的障害者自身、保護者、介護者（Anhöriga）[11]を対象とした隔週1回、17時30分から19時30分の無料の学習サークルを設置し、LSS法や多様な住居形態（グループホームも含む）、日中活動、支援、介護者サポートや後見人に関する情報提供や質問への回答の場を設けている。このように地域生活への移行は個人の問題ではなく、公的な課題であるとして支援体制構築に努めていた。

　「介護者」は1998年の社会サービス法の改正によって導入された。現在の社会サービス法の第5章第10条、第6章第1条、第5条がこれに該当する規定である。「介護者」が示すものは、家庭における介護を行う者である。また訪問したパティレ市では介護者支援のための「介護者コンサルタント（Anhörigkonsulenterna）」も保障されていた。「介護者」と認められる人は、パートナー、友人、子どもであっても、「介護者手当（Anhörig-bidrag）」をもらった上で、支援ができる。介護者が介護者コンサルタントと話をする時間には費用無料の「ショートケア」として在宅介護を代替するというサービスもある。これは高齢者にも障害者にも共通の、社会サービス法に定められた制度である。

　サービス提供に関しては個のニーズに応じるが、食事や掃除、買い物支援の利用が多い。ただし自立することが目的であるため「自分でできるための支援」が行われる。そのためグループホームでは、わかりやすい調理本の開発が個に応じて行われていた。その上で、買い物用のメモとしての絵カードの活用（写真7-8）、コンロの熱源がわかるためのシールによる視覚支援（写真7-7）、朝の身支度のためのピクトグラムと呼ばれる絵カード（写真7-13）も活用されていた。他にも、ブリス（BLISS）のようなコミュニケーションシステムとしての補助・代替コミュニケーションは積極的に導入されており、学校教育においても書いた文字を絵とともに表示するソフト（写真7-14）も使用されている。これらの支援具の使用方法は、学校のみならず、県のハビリテーリングセンター、リハビリテーリングセンターでも教えてくれる。

　このように福祉サービスを提供する上で重要なことは、個のニーズを理解することとされており、個別の計画では目標に応じた方法が具体化されてい

第7章　知的障害児者地域ケアの現場から

るのである。

　グループホーム入居者は、地域の余暇活動に参加する。スウェーデンにおいて、ノーマルな生活のためには仕事と共に余暇の保障が重視されている。パティレ市では文化余暇当局（Kultur- och fritidsnämnden）と協働して、子どもも含めて全ての人が余暇活動を行うことを目指し、学校や教育当局（Utbildningsförvaltningen, UF）と社会労働当局（Social- och arbetsförvaltningen, SAF）との連携を行っている[12]。余暇に関して、学校教育では余暇教員（Fritidpegagog）が雇用されている（写真7-15）。学校における余暇教員の専門性は、以下の4つである。第1に体育、音楽、美術などの余暇に発展する可能性のある授業で主指導者として学習指導を行うこと、第2に、スウェーデン語、算数、英語などの基礎科目の授業で補助者として学習支援

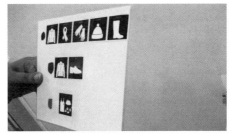

写真7-13　朝の身支度として着るべき洋服の指示ピクトグラム（「絵文字」「絵単語」などと呼ばれ、何らかの情報や注意を示すために表示される視覚記号（サイン）の一つ）

写真7-14　文字と対応した絵がでるソフト

写真7-15　学校の余暇指導の成果としての知的障害児によるバイオリン演奏

を行うこと、第3に、学童保育の指導員、第4に、野外活動・特別活動の企画・運営、である。余暇教員は「子どもの社会性を伸ばす」という観点を重視している[13]。ハビリテーリングセンター、リハビリテーリングセンターな

どにも障害児者のための余暇コンサルタントが雇用されている場合もある[14]。

　自己決定に関連して、スウェーデンの当事者運動について指摘しておく。知的障害当事者運動の起源はスウェーデンFUB[15]の当事者代表委員会に遡る。現在ではFUBの傘下組織としてのクリッパン（Klippan[16]）、グルンデン協会[17]がある。

　FUBは会員25,000人を擁する知的障害者本人と保護者、関係者からなる組織である。1960年代から今日に至るまで、FUBは圧力団体として政府に大きな影響力を行使してきており、各種審議会の委員も多数送り出してきた。今日では、150団体で構成される障害者フォーラムを通して政治的活動を行っている。2年に1回行われるFUB総会は運動方針を決める場で、代議員による表決・票決が行われる。代議員は選挙によって選ばれるが、知的障害者も代議員になることができる。総会で選ばれた複数の知的障害者がFUBの理事として参加していたこともあった。1995年に知的障害者「当事者」を強調した全国組織クリッパンが立ち上げられたため、FUB総会で活躍する知的障害のある代議員は減ったが、代わりにクリッパンの代議員として活躍するようになっている。ただクリッパンはまだFUBの傘下にあり、FUBの影響を強く受けている[18]。また2000年7月ヨーテボリFUBから独立し、独自財源を持つ当事者組織となったグルンデン協会もある。この組織は、理事（11人）全員が知的障害者であり、支援スタッフを雇用しながら各種事業を展開している。福祉事業体の現場の責任を持つ総合施設長を、複数の当事者が担う仕組み（2人の支援者が支援）に変え、組織の運営と実際の活動を当事者主体に切り替えていったという点で当事者の組織運営への参画がかなりの程度まで進んでいる組織体である。障害者本人の要求は、当事者団体から関係者に伝えられるなど、当事者団体の組織力の強さや日常的なかかわりがうかがえる。

　障害者本人への情報提供として「読みやすいスウェーデン語（Lättläst, 以下LL）」での8ページ新聞（8 Sidor）やLL本（Lättläst bok）がある[19]。2015年からLLによる情報提供を行ってきたLLセンターの機能は国のメディア庁（Myndigheten för tillgängliga medier, MTM）に移管し（写真7-16）、新聞や本の公刊のみならず、代読者プロジェクト等も行っている。支援対象も知的障害者の

170

みならず認知症のある高齢者、読字障害（ディスレキシア）、ADHDや自閉スペクトラム症など集中に困難がある人、スウェーデン語以外の母語をもつ人他、全人口約13％の「読みに困難がある人」に広げている。

写真7-16　読みやすいスウェーデン語（Lattlast）での情報提供

そして医療、看護、福祉、リハビリテーションとの連携に関しては個のニーズに応じて、社会サービス法や保健医療法、LSS法などを活用する。

　障害があっても良い人生を送ることが重要であるが、障害や困難、ニーズが「見えない」知的障害などの理解は困難であり、権利保障は容易ではない。2000年に制定された障害者施策に関する国の行動計画「患者から市民へ（Från patient till medborgare – en nationell handlingsplan för handikappolitiken）」では、社会福祉の課題と位置づけられていた障害の分野を、民主主義と人権の課題という包括的な視点を取り込む施策への転換を図っている[20]。その影響も受けて障害者の権利擁護を担当していた「障害オンブズマン」は2009年には、平等オンブズマン、民族オンブズマン、性差別オンブズマンとともに「差別禁止オンブズマン」として活動することになった。差別禁止オンブズマンは関係局とともに「差別と侮蔑予防、平等促進」の学校ガイドブック改訂版を出し[21]、2008年版ガイドブックでは各学校は宗教や性的志向、民族、障害、性別などの差別に対応するため「平等計画（likabehandling）」を作成しなければならないとされた。今後は2008年の国連障害者権利条約の批准も、障害者に対する権利意識の醸成に寄与するであろう。聞き取り調査結果では、毎年1回、入居者本人と保護者・介護者に「幸せであるか」を聞く福祉当局の巡回視察があるとの回答があった。その際には、ただ口頭で抽象的に聞くのではなく、絵カードを用いるなど、まず本人にわかるように情報を伝え、次に自己決定を促す手続きが重要視されていた。

医療、看護、福祉、リハビリテーションの連携について聞き取りをした結果、日常の医療ケアでは看護師や後見人、介護者が協働していた。他にも個別の計画の内容に応じて、理学療法士がかかわることがある。学校教育段階でも個別の計画があり、目的を持った活動が計画され、活動後に自己評価が行われる。本人が自己評価を書けない場合は教職員が聞き取るなどして記述を支援し、本人が答えられない時には情報の伝え方の工夫をして、本人の意思を引き出す。そのことが「本人がわかって動ける環境づくり」につながる。

　地域ケアで重要なことは、地域の活動に参加することであり、仕事でも地域にかかわることである。仕事は「社会参加」の保障であり、年金をもらうだけの立場ではなく、就労して税金を払う「社会の構成員」になることを重視する。スウェーデンは障害者の法定雇用率制度はないが、賃金補助、国も出資するサムハル社（Samhall）での雇用、公的機関における保護雇用によって就労を促進し[22]、就労が困難な障害者は日中活動が保障される[23]。

5　脱家族化

　スウェーデンでは障害児者支援の「脱家族化」が進められており、保護者は障害児者ケアの担い手ではない。家族が障害児者の支援を行う場合は家族に介護者としての手当が支払われる。社会サービス法の支援内容の保障は「基礎自治体」、医療は「県」、特定の障害者を対象とした LSS 法は「基礎自治体と国」の責任を明示している。障害者の地域生活への移行も個人・家族の問題ではなく社会（基礎自治体・県・国）の課題とされており、障害児者と保護者それぞれが個人として自立できる支援をめざす。これは脱家族主義としての共働きモデルにも関係する（第12章参照）。

　訪問したグループホームは個別の計画のもと、自己決定できる「自立した個人」の生活条件をいかに整備していくかを重視していた。その意味でグループホームは施設ではないが、終の棲家としての「家」でもない役割を果たしていた。グループホームは障害者の能力を向上させて、通常のアパートで、

172

第7章　知的障害児者地域ケアの現場から

自己決定のための支援を受けつつ暮らすという「自立」を促す場所であった。グループホームは家族からの自立の第一段階であり、後見人の指名を含めて、知的障害者の保護者からの精神的自立や経済的自立、自己決定力育成を支援する。ただしスウェーデンの福祉サービスにおいては「自己決定」と「自己責任」を直結させるのではなく、「公的責任」として、基礎自治体、県、国が支援のための方策を具体化する。このような社会的連帯の体制を維持するように努力している様子がうかがえた。

6　おわりに

　本章で明らかになったことを以下に示す。まず、ホームケアとグループホームケアとして、その変遷や制度について確認した。1960年代、ノーマライゼーション理念の提唱にともなって、当事者団体の全国的な組織化が起こった。同時に社会的・教育的統合および脱施設化が推進され、知的障害者の暮らす場所は施設から寄宿住居、そしてグループホームに変化していった。今日、多くの知的障害者は、通常のアパートに住み、パーソナルアシスタントなどのニーズに応じた多様な支援を受けつつ、自立生活を送っている。

　次に、グループホームにおいて行った聞き取り調査結果および地域ケアとしての知的障害児者支援や脱家族化の考察結果を示した。まずグループホームにおける支援の工夫としては、入居者は担当職員を選ぶこともできるなど、「安定的な人間関係」の保障があった。またスウェーデンでは個人を対象として福祉サービスの受給資格認定を行い、本人の年金等の収入から生活費を払っても、自由に使えるお金が手元には残る制度もあった。よってグループホームでは経済的にも自立するための金銭管理が重視されていた。

　スウェーデンでは本人のできることに着目しつつ、「自分でできるための支援」が提供される。よって支援を受け続けるのみならず、個人の力を高めて支援を減らすことも試みる。そのためにも個別の計画では個のニーズ把握に基づいて目標設定が行われ、目標に応じた支援方法が具体的に記載される。

173

障害児者が用いる補助具や自助具は無償提供もしくは安価で貸与され、リサイクルシステムによって必要な時に必要な支援が受けられる。

　グループホームでは本人に伝わる情報提供のもと、支援を受けつつ意思表出し、権利意識の醸成や自己決定ができる「自立した個人」の生活条件をいかに整備していくかが重視されていた。このようにグループホームでは、知的障害者の保護者からの精神的自立や経済的自立、自己決定力育成を支援していた。

　さて、障害の発見時から一生涯、医療、保健、福祉、教育、就労において一貫した公的支援が受けられるのもスウェーデンの知的障害児者ケアの特長である。たとえば、学校教育段階では多様な人が同じ場で学ぶインクルーシブ教育が行われているため、成人になってからは地域で生活するインクルーシブ社会に移行する。そして地域生活への移行は個人の問題ではなく、公的な課題として支援体制が構築されるのである。またその前提としてスウェーデンでは障害児者支援の「脱家族化」が進められており、保護者が障害児者ケアの担い手ではないことが指摘できる。障害児者と保護者それぞれが、それぞれの人生を送る個人として自立できる支援を目指す考え方があるのである。

　最後に、知的障害児者の地域ケアの思想的理念と実践について以下のように考察した。今回聞き取り調査を行ったグループホームは、通常のアパートへの移行機関でもあったため「自宅」でも「施設」でもない場であった。ただし暮らしに関しては多くのことが自分で決められるため、家のような「空間」が保障されていた。またペットも飼育できるように、ケアされるだけの場所ではなく「何かをケア」することを学ぶ場でもあった。グループホームは障害者の能力を向上させて、自己決定のための支援を受けつつ暮らすという「自立」を促す場所であった。

　ただし、スウェーデンの福祉サービスにおいては「自己決定」と「自己責任」は直結しない。社会サービス法の支援内容の保障は「基礎自治体」、医療は「県」、特定の障害者を対象としたLSS法は「基礎自治体と国」の責任を明示している。このような社会的連帯の体制を維持するよう努力している様

174

子がうかがえた。

　以上から、知的障害児者地域ケアの特長は、福祉サービスの保障における基礎自治体・県・国の「公的責任」体制の維持、障害児者本人の「自己決定」を重視した「自立」観であり、それは現在もなお、「連帯」、「共生」などの「北欧ケアの思想的基盤」が維持されている証左ではないかと考える。

注
1) SFS 1980:620; 奥村芳孝・伊澤知法（2006）「スウェーデンにおける障害者政策の動向—高齢者ケア政策との異同を中心に—」『海外社会保障研究』154, 46-59.
2) LSS 法（1993:387, Lagen om stöd och service till vissa funktionshindrade）, 9 §.
3) Inger Persson Bergvall, Malena Sjöberg（2012）*ÅRATAL–ur handikapphistorien*, Handikapp Historiska Föreningen, 30-31.
4) Föräldrabalken, 11 kap. 4 §に規定されており、病気や知的障害等によって、財産管理や権利保護において責任をもつ第三者を指名できる。
5) 福祉サービスの利用は申請（Ansökan）・評価（Bistånd）・現状調査（Utredning）・決定（Beslut）という過程を経て、「査定」される。
6) ヨーテボリ市も市の指針のパンフレットを示している。Göteborg stad（2014）*Avgifter för äldreomsorgen*; 斉藤弥生（2014）『スウェーデンに見る高齢者介護の供給と編成』199.
7) Hälso- och sjukvårdslag（1982: 763）.
8) 山口真人（2006）『日本の理学療法士が見たスウェーデン—福祉先進国の臨床現場をレポート』新評論：山口真人（2010）「スウェーデンにおける機能障害者の生活を支える補助器具を活用するシステムに関する考察」第45回日本理学療法学術大会.
9) 厚生労働省社会・援護局障害保健福祉部，障害者ケアガイドライン，平成14年3月31日. http://www.mhlw.go.jp/topics/2002/04/tp0419-3.html（2017年5月4日）
10) Partille kommun, *Vård-och omsorgsförvaltningen, Att flytta hemifrån*（訪問時提供資料）; Partille kommun, *Vård- och omsorgsförvaltningen, Vård- och omsorgsnämndens Plan för funktionshinder* 2014-2023.（訪問時提供資料）
11) Anhöriga は本章では「介護者」と訳す。次のような文献を参照。グンネル・ヴィンルンド，スサンヌ・ローセンストレーム＝ベンハーゲン（2009）『知的障害のある人の理解と支援とは』（岩﨑隆彦・二文字理明訳）明石書店；藤岡純一（2013）「スウェーデンにおける介護者支援」『海外社会福祉研究』184, 4-15；石黒暢（2002）「スウェーデンにおける介護家族支援策,『家族三〇〇』（Anhörig 300）補助金とその成果」『大阪外国語大学デンマーク語・スウェーデン語研究室編 IDUN』15, 209-224.
12) Partille kommun, op.cit.
13) 衣川紘子・是永かな子（2011）「スウェーデンにおける知的障害児に対する余暇教員の専門性」『高知大学学術実践研究』25, 53-65.
14) コニー＝マグヌッソン，ヒルド＝ロレンツィ（2002）『機能障害を持つ人の余暇』（橋本義郎訳）明石書店.
15) FUB（Riksförbundet för Utvecklingsstörda Barn Ungdomar och Vuxna）http://www.fub.se/

（2017年5月4日）.

16）www.fub.se/klippan

17）Riksföreningen Grunden Sverige, http://www.grunden.se/（2017年5月4日）

18）河東田博（2009）「スウェーデンにおける知的障害者の政治参加」『ノーマライゼーション障害者の福祉』2009年1月号. http://www.dinf.ne.jp/doc/japanese/prdl/jsrd/norma/n330/n330003.html（2017年5月4日）

19）Myndigheten för tillgängliga medier HP, http://lattlast.se/（2017年5月4日）

20）Regeringens proposition 1999/2000: 79, 92.

21）DO, BEO & Skolinspektionen（2009）*Forebygga diskriminering och kränkande behandling Framja likabehandling.*

22）朝日雅也（2008）「第5章 スウェーデンにおける障害者雇用施策の現状と課題」『諸外国における障害者雇用施策の現状と課題』独立行政法人高齢・障害者雇用支援機構障害者職業総合センター，92-104.

23）是永かな子（2013）「スウェーデン・パティレ市における知的障害者の就労支援」『高知大学学術研究報告』18-24.

176

第 **8** 章

精神科地域ケアの現場から

山本　大誠

1　はじめに

　日本では、2008年に精神疾患がある人[1]が300万人を超えたと報告されている。現在、精神疾患と診断された人の約1割（約30万人）が入院しており、そのうちの約50％が65歳を超えている。精神科病院の入院期間は平均で約284日と報告され（厚生労働省 病院報告 2013年）、年々減少傾向にあるものの、1年以上の入院者は20万人を超えている。北欧をはじめ、世界の多くの精神医療が1970年代以降に精神科病床数を削減し、地域医療へとダイナミックにパラダイムシフトしていく中、日本は精神疾患がある人の収容的入院を推し進めてきた。その結果、現在では先進国における精神科病床の約20％が日本にある。また、戦後の経済的理由も大きく作用して、日本の精神科病院の約9割は私立病院という状況であり、病院自体の経営維持という極めてセンシティブな問題も抱えている。日本の大きな病院では病床数が1,000床を超える病院もあり、依然として入院中心の医療が続いている。このような中で、精神疾患がある人が必要な治療を必要なときに必要なだけ受けられる医療ケアの仕組みと、彼らが地域の中で適切な支援を受けながら生活していく社会支援を同時に考えていくことが彼らの地域生活にとって重要な課題である。

　現在、日本では精神疾患がある人に対する医学的対応は主に薬物療法が第

一選択肢とされている。このこと自体は否定されることではないが、必要以上に処方される多剤投与の問題は十分に検討されなければならない。日本の精神医療では、さまざまな理由で社会生活が困難になった背景を持つ人が、生活に関する諸問題について社会の中ではなく精神科病院内で薬物療法を中心に医療的な解決を試みることが中心になっている。しかし、社会生活において生活が困難になった場面の対応方法は薬物療法を中心とした医療的な枠組みのみで解決するには限界があり、精神疾患がある人がいかに地域社会で生活を継続していくか、そのための地域ケアおよび社会支援をいかに実践していくかが精神科リハビリテーションにおける喫緊の課題である。

　精神疾患がある人の治療において、収容を中心とした日本の政策とは正反対の政策を推し進めたイタリアでは、1970年代後半から約20年をかけて全国の公立精神科病院を撤廃している[2]。この政策の理念には、それまでの治安モデルから脱却し、地域生活の中で適切な治療や支援を受けるための仕組みを整え、健康を回復するための人間の権利が位置づけられている。こうした理念のもと、地域精神保健センターを中心に精神医療および社会支援が一元的に構築されている。このように、日本とイタリアでは収容中心か地域支援かという極端な立場にあるものの、ある一つの側面から精神医療を捉えているという点では共通しているように思える。

　一方、北欧においては、精神医療における脱施設化は1970年代から始まり、この点においては世界的な流れに同調している。しかし、日本やイタリアのように精神疾患がある人たちを共通した一側面からの観点で捉えているのではなく、視点や立場の違いをそれぞれが認めながら、皆が最善のあり方に向き合う仕組みがあるように思える。北欧においても精神領域の地域での医療は地域精神保健センターが拠点となっているが、イタリアのように社会生活までの支援は医療の中で対応されていない。医療ケアと比較して社会支援は取り組みが遅れており、現在も試験的にさまざまな検討がなされている。そのような中でも、デンマークのコペンハーゲンでは、PsykInfoと呼ばれる、精神疾患がある人をはじめ誰でも利用できる支援情報の窓口がある。PsykInfoは、商用施設が並んだビルの一角にあり、一般のお店に混じっているところ

第 8 章　精神科地域ケアの現場から

写真 8-1　PsykInfo

に北欧らしさを感じる（写真 8-1）。

　北欧の精神科病院では、日本とは多くの点で異なり、リハビリテーションを含めて対象者の地域生活を支援するための取り組みが充実している[3]。北欧の精神医療では、一般的に精神科病院での入院期間は 2～3 週間であり、その後は地域精神保健センターを拠点とする地域ケアが中心になっている。また、北欧の精神科リハビリテーションには身体のケアを専門とする理学療法の対応があり、これらの点において日本の精神領域における医療および地域ケアとは大きく異なる[4]。

　一般的に、理学療法の対象は身体や運動機能に低下のある人を対象とし、精神疾患がある人は対象ではないと考えられている。しかし、精神疾患がある人の多くには、精神疾患を起因とする身体症状が認められる。精神疾患がある人の身体症状は多岐にわたるが、それらの病態の背景には神経基盤の機能不全を原因とした空間認知の機能低下による方向・定位の不安定性、自己意識の低下、自己の他者帰属を起因とする身体および運動感覚の低下などが考えられている[5]。身体および運動感覚の低下は、自分が自分であるという自己帰属の感覚を基盤とする自己意識を低下させ、身体の動きの質を著しく低下させる。これらの症状は、身体活動性の低下につながり、姿勢制御の悪化をはじめとする運動機能不全を引き起こす原因となる。また、妄想や不安、恐怖などによって精神的緊張が高くなることで、身体の緊張が亢進し、身体

179

の筋緊張が高まり、循環や代謝の機能低下、呼吸困難感や換気困難、姿勢の悪化、肩や腰などの慢性疲労および疼痛、異常感覚などが身体症状として現れることがある。精神疾患がある人にはこのような身体症状が現れるが、日本ではこれまで精神疾患がある人に対する理学療法を含む身体医学的対応は十分になされていない[6]。

　本章では、北欧の精神科医療および地域ケアの現場調査から得られた知見をもとに、北欧の精神医療で特徴的なリハビリテーションおよび理学療法のあり方を手掛かりに、精神疾患がある人たちの地域ケアについて考察したい。

2　精神疾患がある人

　精神疾患がある人との関わりをもったことがない人には、彼らのイメージがつきにくいと思われる。一般的に、精神疾患がある人に対する差別や誤解、偏見などは未だに根強く、彼らに対する印象はネガティブなことが多いと思われる。そこで、本節では精神疾患がある人の特徴を医学的な側面から検討し、彼らの地域ケアを考えていくための材料としたい。

　精神疾患がある人の特徴はどのように生じているのか。ここでは近年の神経心理学や精神医学における知見から精神疾患に関する特徴について考えてみたい。私たちは客観的な世界が目の前に広がっていて、その客観的世界の中で生活していると確信に近い感覚を持っている。しかし、私たちが世界を構築するためには外的感覚（環境）そして内的感覚（身体）を受容して知覚する必要がある。これは身体の受容器が感覚刺激に対する受容可能な範囲内のみを知覚することを意味し、それぞれ個別の主観的世界を知覚していることになる。

　精神疾患がある人、特に統合失調症の妄想や幻覚などに関して、運動制御の観点から自己モニタリング仮説がある。人の運動制御には自分の次の運動状態を計算する「運動予測」と、運動するとどのような感覚が生じるかという「感覚予測」が働き、リアルタイムに運動が補正されると考えられている[7]。

第8章 精神科地域ケアの現場から

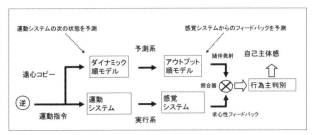

図8-1 内部モデルの概念図

運動や感覚を予測(シミュレーション)するためには脳内における身体表象が必要になり、脳内で表象された身体を「内部モデル」(図8-1)という。この内部モデルの構築は、正確で速い運動を効率よく出力するための神経機構を提供するとともに、自己主体感の生成(自己感)にも関わっている。この内部モデルで予測された感覚と実際の運動から得られた感覚が小脳にある下オリーブ核で照合され、予測と実測の感覚がある程度一致する結果が得られた場合に自己の運動が自分の指令で行われたという「自己主体感」が生じる。この自己モニタリング仮説では、精神疾患がある人、特に統合失調症者は感覚の予測と実際の感覚との照合に差異が生じるため、自分の運動でありながら自分ではないという「させられ感(作為体験)」が生じるとされている[8]。

このような予測と観測による感覚の不一致による刺激が生じたとき、大きく分けて脳は2つの対応をすることが考えられている。1つは左脳が優位な場合で、自己(narrative-self：identityとしての自己)の構築してきた世界に対して、この刺激はあり得ないので無視してもかまわないとする処理である(このことは右脳損傷の脳卒中にみられる左半側無視にも当てはまる)。もう1つは右脳が優位な場合で、自己の構築してきた世界に対して、新たにこの刺激を組み込んでいく(再構築)という対処である。右脳が優位な場合は、世界の再構築が刺激ごとになされることになり、自己の世界が脆弱で不安定になって自己の世界が混乱する原因となる。多くの場合、精神疾患がある人(特に統合失調症)が右脳優位であると考えられるのは、彼らが自己や世界の構築に混乱していること、右脳の特徴である芸術に秀でた才能を発揮することが多いこととも関係

があるのかもしれない。精神疾患がある人の世界が時間的、空間的に断片的になったり、行動に理論的な説明がつきにくかったりする背景にはこのような運動制御における認知過程の作用も含まれると推察される。自己感の低下は、精神疾患がある人の共通する特徴であると考えられる。自己感が自己を表現する運動や表情、あるいは感覚の要素を持つ運動制御に関わることから、北欧では精神疾患がある人に対する理学療法として運動を手段とした治療的介入がなされている[9]。

　日本において、精神疾患がある人は奇妙に映るのかもしれないし、場合によっては危険であると思われることも少なからずあると思われる。この点においては、北欧も大きく変わらない。北欧においても、すべての人が自分とは異なる考えや行動を受け入れているわけではない。しかし、北欧では立場が違っていても同じ土俵で話をするというフラットな関係が認められているように思われる。

　北欧の医療の現場においては、日本のように医師を頂点とする階層をもつ関係性は少なく、皆が意見を言いあえるような土壌がある。サービスを提供する側が1つの観点からではなく、立場を異にする多くの視点から語られ、最終的に対象者が適切なケアを受けることができるのは、日本の精神医療と大きな差があると言える。しかしながら、北欧においても精神疾患がある人への理解が一般の人たちに浸透しているかという点では日本と大差ないのではないだろうか。町中で遭遇する精神疾患がある人たちに、一般市民がその状況や関わりを避けるのは当然かもしれない。それほど精神領域のケアは難しいと言える。

　精神疾患がある人の表情や動き方に違和感を抱くことがある。精神疾患がある人の身体的臨床症状としては、薬物療法の副作用として振せん麻痺（パーキンソニズム）、循環・代謝系などの内部疾患、心血管系や神経系の変性、肥満などがみられる。また、精神疾患がある人は多くの心身症状から睡眠を含む生活リズムの悪化を来しやすく、糖尿病や高血圧、メタボリックシンドロームなど生活習慣病の発症危険性が極めて高いとされる[10]。特に統合失調症者は、これらの症状に加えて幻覚や幻聴などの異常感覚や空間認知の問題を

抱えているとされ、多くの症状が身体運動を制限する因子となり、姿勢制御をはじめとする円滑な運動機能遂行の低下の要因になっている。現在では、長期入院とそれに伴う施設症[11]や廃用症候群が精神科医療および地域ケアにおいて社会的課題となっている[12]。精神疾患入院者における閉塞的な生活環境は、健全な身体感覚を著しく制限する原因である。精神疾患がある人の主な廃用の原因は、精神症状悪化を起因とした低活動状態に由来する身体的廃用症候群である。廃用症候群は、筋力低下、筋萎縮、拘縮などの機能不全から日常生活活動まで幅広い範囲で生活機能の低下につながる。特に、重篤なうつ病や統合失調症の昏迷状態、無動状態が長期間続いた場合は廃用症候群を引き起こしやすい。うつ病では、不安、不眠、焦燥感、抑うつ気分、精神運動抑制が強くなることがあり、これらの症状に昏迷状態を伴う場合は長期間の活動抑制状態が続くことがあり、これらの継続的な状態が生活習慣病を引き起こす。

　生活習慣病は、統合失調症および双極性障害[13]において発生率が高まるという研究報告がなされており、精神疾患がある人の生活習慣病の罹患危険性は極めて高い。それらの主な原因には偏食や運動不足、喫煙、肥満などの生活習慣のコントロール不足や悪化が指摘されている[14]。また、抗精神病薬の副作用による肥満は不活動を増長し、糖尿病をはじめ種々の生活習慣病を容易に引き起こすことも指摘されている[15]。

　北欧では、症状が著しく悪化し、地域生活が困難になった段階で病院に入院するが、閉鎖病棟（ないところもあるが）で約1週間、開放病棟で約2週間、その後退院となり、地域精神保健センターを介して自宅から通いながらケアを受けることが多い。生活の場の多くはグループホームではなく、アパートや自宅で生活することが多いという。北欧では、特定の地域を対象として入院病棟や精神保健センターの枠組みが決められており、あらゆる場面で安定したケアを実現できるようにしている。精神疾患がある人は環境の変化に対応しにくく、できるだけ安定した場を提供するようにケア提供側がさまざまな工夫を実施している。

3 精神科の理学療法

　現在、日本の精神領域における理学療法は、主に精神疾患がある人が身体疾患を併せ持つ場合に実施されている。理学療法施設基準を満たして施設認可を受けている精神科病院は、規定の診療報酬が算定される。理学療法は、医師から受けた処方箋によって神経疾患や骨関節疾患などの身体疾患に対する理学療法を行うが、精神疾患に起因する身体および精神症状に対する理学療法の適応はほとんどないのが現状である。一方、北欧では1970年代から精神疾患を起因とする心身の症状改善を目的に理学療法が積極的に実施されている。ヨーロッパの多くの国では、理学療法士のプライマリー・コンタクト[16]が認可されており、精神科医療においても理学療法を実施するにあたり医師の処方箋を必ずしも必要としない。近年では研究および臨床において精神領域における理学療法の成果報告が増えており、その役割も拡充している。

　精神領域の理学療法が北欧で発展してきた背景には、北欧をはじめヨーロッパにおけるダンス・ムーブメントや芸術など身体に関わる表現技法が理想的な美を追求していく過程において、身体のあり方が生き方や健康観に影響を及ぼすとの思想が拡大したことがある。ダンス・ムーブメントによる身体表現活動や芸術に伴う創作活動は心身の不可分性を象徴しており、これらのダンス・ムーブメントは身体活動を通した統合体としての心身機能の回復・維持・向上を目指した治療として北欧を中心に理学療法に取り入れられていった[17]。精神領域の理学療法には、ジークムント・フロイト（Sigmund Freud）やヴィルヘルム・ライヒ（Wilhelm Reich）などの精神医学やモーリス・メルロ＝ポンティ（Maurice Merleau-Ponty）、セーレン・オービエ・キェルケゴール（Søren Aabye Kierkegaard）などの哲学、シャコス・ドロプシー（Jacques Dropsy）による精神心理療法などの理論的背景があり、これらの理論的背景が整理された1950年代から主に北欧で精神領域の理学療法の基礎が築かれた。しかし、このような中でも1960年代までのヨーロッパでは、現在の日本と同様に多くの精神疾患がある人を入院させており、その後1970年代から地域医療移行へ

第8章　精神科地域ケアの現場から

の政策がとられ、この頃から理学療法士が精神領域へ積極的に関わるように
なった[18]。

　精神領域の理学療法の対象となる身体症状には、緊張の亢進による姿勢の
悪化、呼吸障害、慢性疼痛、身体活動量の減少に伴う体力の低下、生活・睡
眠リズム障害などがあり、これらの症状の改善は、地域で生活するための基
礎的な身体機能として重要である。また、精神症状を対象とした理学療法は、
不安や恐怖感、焦燥感、疲労、抑うつなどを対象に身体を介したマッサージ
やリラクゼーションなどが実施されている[19]。また、薬物療法の副作用であ
るパーキンソニズム、肝臓や腎臓などの内部疾患、心血管系や神経系の変性、
肥満、生活習慣病などに対しても身体の動きを改善するための理学療法が実
施されている。

　脳卒中や骨折、廃用症候群などの併存する身体疾患のみではなく、精神疾
患を起因とする緊張の亢進、身体活動量の減少に伴う体力の低下などがあり、
これらの症状の改善は、地域で生活するための基礎的な身体機能として重要
である[20]。理学療法の目的は、精神領域においても例外ではなく、身体の動
きに影響を及ぼす諸要因に対して身体的介入を通じ、心身の状態を最適化さ
せることである。身体と精神の区別は医療者と対象者の間の意思疎通上の慣
例的な概念モデルであり、身体疾患と精神疾患を区別するのではなく、心身
の統合体である人間を対象とした治療アプローチが重要となる。精神疾患が
ある人が地域生活を送っていく上で重要な課題となるのは、生活習慣をいか
にコントロールしていくかである。生活習慣の悪化は、運動習慣や食習慣に
負の影響を与え、肥満を引き金にインスリン抵抗性、糖尿病、高血圧、動脈
硬化などに問題を来たし、脳卒中、認知症、心臓疾患など種々の罹患率を増
大させる。

　身体活動と精神疾患がある人の健康についての調査報告によると、身体運
動の効果としてセロトニンやエンドルフィンの代謝を改善することが述べら
れている[21]。また、精神疾患がある人における身体活動に関する調査では、
生活習慣の悪化と精神疾患がある人の精神症状および精神症状の悪化に関連
性があることを報告している。さらに、精神疾患がある人に対する運動の取

185

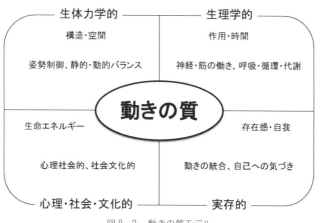

図8-2 動きの質モデル

り組みは、不安や恐怖に対する認知行動療法と同等の効果を示すと報告している。運動の種類としては、太極拳や有酸素運動など適度で低強度の身体運動がストレスや感染に対する抵抗力の増大を裏づける研究成果として生活習慣の改善、健康増進、精神疾患の予防、認知症や介護予防などの観点から重要な意義をもつものと考えられる。マクレディ（R. G. McCreadie）は、102人の統合失調症者について疫学的調査を実施し、70％が喫煙者、女性の86％および男性の70％が肥満、慢性的な運動不足が74％、将来的な慢性心疾患の罹患危険性が10％と生活習慣の実態を報告しており、生活習慣を改善するためには身体面と精神面への継続した治療介入が不可欠であると報告している[22]。

北欧においては、地域生活に対する身体機能の改善を目指した理学療法が実施され、地域生活における生活習慣を維持あるいは改善するために対象者やその家族へ教育すること、教育施設への講演などを通じて心身の健康維持に対することなど、教育的な活動が積極的に行われている。また、精神疾患がある人の姿勢や動きに関しては、北欧における理学療法の考え方のひとつにシャラバン（L. H. Skjærven）が提唱している「動きの質」がある（図8-2）。動きの質は、①生体力学的側面、②生理学的側面、③心理・社会・文化的側面、④実存的側面の4つの側面から構成されると説明されている[23]。

生体力学的側面および生理学的側面は、身体の構造と働きから動きの質との関係性を示している。心理・社会・文化的側面および実存的側面は、個人の洞察と集団における生活から動きの質との関係性を示している。動きの質と各側面は相互的に作用するとされ、いずれの側面に問題が発生しても動きの質に影響を及ぼすことになる。身体の動きは内的な精神活動による表出であり、動きの質を改善することは心身の状態に望ましい影響を及ぼす。このような動きに関する考え方は、これまで日本の理学療法には浸透しておらず、ヨーロッパ、特に北欧における精神科領域の理学療法の特徴と言える[24]。

　北欧では、精神疾患がある人の多様な心身の症状に対して、バランス運動、呼吸運動、リラクゼーションやタッチングなど身体介入を主とした理学療法が実施されている[25]。主に北欧で実施されている身体気づき療法（BBAT：Basic Body Awareness Therapy）は、動きの質の改善を中心に、人の基本的かつ機能的な動きに焦点を当てた理学療法アプローチである。アウェアネス（気づき）は広い概念であるが、ここでは身体と動きを感じ取る過程から得られる気づき、すなわち運動感覚から得られる自己感である運動主体感と身体所有感を基にした自己への気づきを意味する。BBATは主にメンタルヘルスの領域で用いられる理学療法アプローチであるが、機能的な動きを引き出すBBATは多くの身体症状に適応できる基礎的な治療方法であると言える。

　精神疾患がある人の多くは、身体や動きへの関心が低い傾向にあるが、動きのぎこちなさ、過剰あるいは過小な活動性（エネルギー）、生き生きした感覚（存在感）、痛みや疲労の訴え、距離感（パーソナル・スペース）の不適切さなど、対象者にみられる身体と空間、時間に関する不自然さや違和感が認められる。これらは毎日の生活である、寝ている姿勢、座っている姿勢、立ち方や歩き方、コミュニケーションなどさまざまな機能的な動きや人との関わりに影響を及ぼす。これらの症状を改善するには、身体の強化トレーニング（エクササイズ）ではなく、自分の身体や動きへの気づきを通した機能的動きの再構築が重要であり、北欧における理学療法はこの点を重要な視点と考えている。北欧では、このような視点で精神科領域の理学療法を実施しており、特に姿勢や動きに焦点を当てたアプローチを展開している。

精神疾患がある人の身体症状は、身体への関心の喪失や身体イメージのゆがみ、内部モデルの機能不全などを基盤にしていると報告されている。また、精神疾患がある人は、種々の感覚の入力またはその処理に何らかの不全状態があり、過度な緊張状態、身体および空間認知の低下などが報告されている。このため、対象者は自分が自分の身体の外にいるような現実的ではない感覚、身体的苦痛に気づかないことなどがある。姿勢や身体バランスを通して身体の状態に気づくことは、身体を適切な状態に維持し、動きの質を高めるために必要な情報となる。また、身体への気づきは、身体への接触や振動刺激などにより、深部感覚や中枢処理能力を改善すること、身体の輪郭を明確にすることを通じて自己の存在感を高める効果が期待される。運動療法を実施する際は、対象者自らが安全で落ち着ける場所を探し、十分な場所と時間をかけて運動を実施していく。いずれの運動も、対象者本人が自らの身体と動きを自らが感じ取るアウェアネスが重要となる。

　上述したように、北欧におけるこれら精神疾患を対象にした理学療法は、教育および臨床において広く普及している。特にBBATは、ノルウェーのベルゲン大学（Bergen University College）で2年間のインターナショナルコースが開設され、ヨーロッパを中心に世界各国の理学療法士を受け入れて認定BBAT療法士の育成を行っている。

4　精神科地域ケア

　精神領域における偏見や誤解、スティグマ（烙印）は日本に限らず、世界各地に根深く存在すると思われる。医療および地域ケアにおいても、精神疾患がある人を「患者」という狭い範囲の枠内で捉えていることがあり、「こんなもんだ」「これでいい」という固定観念で考える傾向が自他共にあると思われる。このような固定観念は、異なる環境では生活上問題がないかもしれない潜在的な可能性を最初から閉ざしている原因となるかもしれない。多くの場合、精神疾患がある人に対する肯定的な可能性は過小評価される傾向にある

と思われる。精神疾患がある人に関わっているリハビリテーションスタッフでさえ、彼らの身体能力を過小評価していることはまれではない。スイスの精神科病院での臨床研究ミーティングで経験したことだが、バランス能力の客観的検査を検討していた場面で、片足立ち検査は参照可能なデータがあるのでバランスの指標に適切ではないかと提案したところ、臨床現場の3名の理学療法士が同じように「患者は片足立ちできないので検査は無理」と断言した。彼らが治療対象にしている人たちのほとんどが歩いて理学療法室に来ることができる。ちなみに、3秒程度の片足立ちができないと人は歩行できないと言われている。「彼らはできない」は、本当にそうだろうか。可能性を能力に変換するリハビリテーションにおいて、精神疾患がある人に対する過小評価は、彼らのあらゆる可能性を見落とすことにつながるだろう。

　このような過小評価や多くの誤解は、実際に精神疾患がある人に関わっていないところから産まれてくるのかもしれない。一見わかっていそうでも、実は知らないことが多くあり、医療の側面から対象者を「患者」としてみたとき、対象者の過小評価に陥りやすいのかもしれない。「彼らはできない」という偏見や不確かな情報による想像から産まれた誤解を解くには、実際の関わりが必要であり、あれこれと実際に関わりながら取り組んでみるのがよいのではないだろうか。実際はもっとできるかもしれないし、できないかもしれない。想像で「彼らはできない」と決めつけるのは、彼らから可能性を奪う見えない拘束でしかない。彼らにとって精神科病院という場所は社会との関係性が薄れる場所でもあるため、長い間滞在する場所でないことは明らかである。精神科病院の役割は、社会から精神疾患がある人を隔離収容するためではなく、彼らが地域で適切なケアを受けながら生活するために必要な心身の状態を安定させることが中心にならなくてはならないだろう。このような理念を基本としたイタリアでは精神科病院が撤廃され、北欧では精神保健センターを中心に薬物療法や注射などの医療的な役割が実施されている。

　そのような中にあって、近年では日本でも脱施設の動きは検討されている。厚生労働省は精神科病院入院者の約72,000人については条件が整えば退院できるとし、2003年から2012年の10年間で社会的入院の解消を目的に脱施設の

施策を打ち出した。しかし、統合失調症者の減少と認知症者の増加という入院者の内訳に変動はあったものの、この10年間で精神科病院の入院者数はほとんど変化していない。このような状況であるが、入院者の地域移行が精神科医療の重要な課題であることから、厚生労働省は地域移行支援型ホームの設置を決めた。地域移行支援型ホームとは「精神科病院に1年以上入院している者を対象に、退院後に病院敷地外で生活することを原則として、やむを得ない事情を考慮して例外的に認められることを前提に病院敷地内に設置される居住施設のことである」と説明されている[26]。イタリアでもこのような精神科病院の住まい化や病棟の看板掛け替えなどと批判される方法が行われた地域もあった。しかし、精神科病院の入院者数を単なる見た目の削減で示すことが精神医療の目指す方向ではないことは明らかである。このような対策と共に、地域で生活するための本格的な施策が検討される必要があると考える。

　日本では、精神疾患がある人が地域で生活するということは、彼らが退院して病院という名前のついた建物から外にでて行く「脱施設」という簡単な話ではなく、「患者」や「障害者」などのスティグマを超えて障害がありながらも適切なケアのもとに「地域で生活する人」になる、という共通理解が必要になる。地域で生活するということは、医療という枠組みからは想像もできないほどの生活世界を体験するということであり、多くの苦労を伴うことが予想される。そこでは医療や福祉という枠組みで管理されずに、自分が地域の中で主体的に生きることができる適切なケアが求められる。

　精神科病院から退院した人たちは、定期的な病院受診を軸に精神科デイケアやナイトケア、援護寮（生活練習施設）、授産施設、福祉ホーム、福祉工場、地域生活支援センターなどの社会資源を利用しながら、彼らの意向や状況に適合した施設で社会復帰トレーニングを実施する。これら社会復帰を促すための施設は、共同生活、就労の練習、仲間同士の交流を深める場として重要な役割を果たしている。また地域で対象者の生活を支えるために、障害者総合支援法に基づいて市町村が管轄する「障害福祉サービス」と、自治体の裁量で行われる「地域生活支援事業」がある。これらは対象者の病状や意向を

踏まえ、彼らの生活に基づくサービスが利用できるようになっている。精神疾患がある人は、このような種々のサービスを組み合わせながら退院後の生活を送っている。しかし、各自治体で事業内容が異なるなどの課題が多いことや、サービスを利用するための情報取得が容易ではなく、疾患の特性から入退院を繰り返すことが多い現状がある。

1970年代から北欧をはじめ、ヨーロッパ各地において精神医療およびケアが地域精神保健へと移行した。地域ケアへの移行は、精神疾患に対する偏見や誤解がなくなったことを意味するのではなく、たとえ生活に支障があっても地域で適切な支援のもとに生活することが当たり前という普通の環境が実現したことを意味する。バスの中で大声をだして歌い出す人に対してはびっくりするのが自然であるし、興奮して追ってくる人を避けることは当然である。このような当然の反応が返ってくることを当事者が知り、対処するためにその事象に向き合っていくことも、彼らが地域で生活する中では必要となってくると思われる。特に北欧ではこのようなことが、おおらかな性格のもとに許されていると感じる。

デンマークの東部に位置するブロンビーには「マルチハウス」という、精神疾患がある人の地域生活をよりよく支えるための施設がある。マルチハウスは、ブロンビーに住む67歳未満の住民が利用できるが、20～30代の若い人が多く利用している。精神疾患がある人に加えて、アルコール依存症の人や薬物乱用がある人なども利用している。マルチハウスの主な活動は、スポーツやトレーニング、イベントの企画や実施を通して、利用者が成功体験を重ねることを促すことが大きな目的となっている。また、北欧においても精神疾患がある人の就労は簡単ではないため、就職活動の実施および就労の継続に関する支援も行っている。マルチハウスの職員は、主に教育士が主導し、その他に看護師や理学療法士、作業療法士が働いている。地域精神保健センターでは主に医療ケアがなされているが、デンマークでは地域で暮らすための社会支援も充実している。しかし、北欧には精神疾患がある人へのスティグマや偏見や差別が無いわけではなく、彼らの適切な生活支援をするために、日頃どのように地域で生活しているのかという情報も集めながら適切に対応

している。

　北欧では、比較的若い精神疾患がある人は一人暮らしをすることが多く、生活上では特に金銭管理や自宅の居室の整理整頓に困難なケースを伴うことが多い。精神疾患がある人に対して金銭を含む生活への支援は十分なされているが、自己管理が十分でない場合は携帯電話やパソコンなどの魅力的な電化製品のいくつかをローンで購入してしまい、生活が困難になるケースがある。精神疾患がある人の地域ケアは、さまざまな場面で生じる新たな課題にも対応しなければならず、生活環境の中でいかに人々が適切な関わりを持つのかが重要になってくる。北欧における地域ケアには、実際の生活場所である地域において人がよりよく交流するために多くの場面設定がなされている。このような環境作りや人との交流を構築する仕組みが北欧における脱施設の思想的基盤にあると思われる。

5　おわりに

　「精神病院は自由と引き換えの避難所であってはならない」[27]。これは、イタリアの精神病院撤廃を実現させたフランコ・バザリア（Franco Basaglia）の言葉である。日本の精神科病院は、世界の中でも依然として多い病床数を維持している。さらに精神病院は人里離れた場所に建てられていることが多く、入院環境で生活している対象者の世界は非常に限られており、退院後の通院に困難を伴う場合がある。精神疾患がある人の生活を支援するには、施設収容を脱却した適正な医療と、地域生活における継続的なケアが求められることは言うまでもない。

　このような日本の状況の中でも、近年では認知症および精神疾患入院者の地域移行が課題とされており、その過程には理学療法士を含む医療職種の拡充が検討されている。日本では欧米諸国に遅れながらも、援護寮や福祉ホーム、グループホーム、また、授産所や地域生活支援センターなどが徐々に整備され、多くの精神疾患のある人に対して地域生活が継続できるための支援

体制が少しずつではあるが整いつつある。2016年4月には、「障害者差別解消法」が施行され、精神疾患がある人にも適応されることになり、地域生活での差別をできるだけ少なくする方向へと進んでいる。この「障害者差別解消法」では、社会生活を送る上で不都合を感じる事柄について合理的配慮をしない不当な差別的取扱いを禁じている。たとえば、これまで困難であった精神疾患がある人の賃貸契約、対応困難で適正な身体医療を精神科病院以外で受けられない事例など、多くの点で彼らの地域生活が改善されることを期待したい。

　現在、日本の精神医療において「包括型地域生活支援プログラム（ACT：assertive community treatment)」が、地域で精神疾患がある人の生活を支える実践を2000年頃から開始し、その普及活動に取り組んでいる。ACTは米国で開発された背景があり、日本の実情に適合したプログラムのあり方について、臨床での実践を試行しながら精神医療のあり方を具体的に変えようとしている。ACTは、精神科医、看護師、作業療法士、精神保健福祉士などがチームを組んで地域社会の中へ訪問していき、精神疾患がある人の治療やケアにあたるとされている。このような医療およびケアのあり方は、北欧において実践されている精神保健領域の医療やマルチハウスの活動と同質に見える。伊藤順一郎は、ACTの実践を通して次のように著している[28]。

　　精神医療が、鉄格子や鍵のかかった扉の向こう側にあるのではなく、町の中にあって、誰もがアクセスしやすいものになること。治療のための強制的な手段は極力少なくなり、代わりに、安心感や安全保障感を生み出す人と人との関係性が、医療や支援の真ん中にあるものとすること。そして、病の治療に関して、いつまでも医療者が「教え知らしめ」たり、薬物療法の処方箋を書くだけの存在でいるのではなく、病を負った人が自分で自分を助け、自信を取り戻す、それを支援する人として存在すること……。ACTの実践中でより鮮明になってきたことは、これらの実現が精神医療そのものを入院病棟から解き放ち、人の生活を有意義なものにする医療となることに、貢献するであろうと言うことです。

ACTをはじめ、地域医療および地域ケアが生活の中で対象者の支援の基本
となり、そのための仕組み作りや普及が精神領域における今後の重要課題と
なる。北欧では精神疾患がある人に対する差別がないわけではなく、偏見や
スティグマも根強く残っていると思われる。しかし、精神疾患がある人が地
域で暮らして生活を共有する中で彼らに対する誤解に気づく機会は、日本よ
りも多いと感じられる。本章での実地調査から、北欧における精神疾患があ
る人の地域ケアのあり方を種々の視点から共有できたことにより、さらに今
後の日本のケアについての方向性が示されてきたと思われる。

注
1) 本章では、厚生労働省が「精神障害者」と表現する用語を「精神疾患がある人」と表現し
ている。この背景には、「障害」は人が生活する上で困難となる現象を表す用語であり、人
を表す「者」を形容・修飾する言葉ではないことによる。日本精神神経学会と精神科病名
検討連絡会が連名で投稿している「DSM-5病名・用語翻訳ガイドライン」(精神神経学雑
誌．116(6), 429-457, 2014)においても「disorder」の訳語を「障害」から「症」へと可能
な範囲内で新たな病名を提案している。
2) イタリアでは私立精神科病院は残っているが、公立の精神科病院は2000年に撤廃されてい
る。これは、1978年にバザーリアが起こした運動である。たとえば、大熊一夫 (2009)『精
神病院を捨てたイタリア 捨てない日本』岩波書店，などを参照。
3) Amanda, L. (2001) *Basic Body Awareness Therapy*, Sweden, Lund University.
4) 山本大誠・奈良勲・岡村仁 (2003)「精神疾患と理学療法〜デンマークでの体験」『PTジ
ャーナル』37(1), 63-68.
5) 山本大誠 (2014)『理学療法から診る廃用症候群』(奈良勲編) 文光堂，229-238.
6) 同 (2015)『実学としての理学療法概観』(奈良勲編) 文光堂，290-307.
7) Frith, C. D., Wolpert, D. M. (2000) "Abnormalities in the awareness and control of action",
Biological Sciences, **355**, 1771-1788.
8) Gallagher, S. (2000) "Philosophical conceptions of the self: implications for cognitive science".
Trendsin Cognitive Sciences, **4**(1), 14-21.
9) Dragesund, Tove, Målfrid Råheim (2008) "Norwegian psychomotor physiotherapy and
patients with chronic pain Patients' perspective on body awareness", *Physiotherapy Theory
and Practice,* **24**(4), 243-254.
10) 清水恵子 (2007)「地域で生活する統合失調症患者の生活習慣病に関する意識調査」『山梨
県立大学看護学部紀要』9, 23-34.
11) 施設症：精神科領域で用いられる「施設症 (institutionalism)」は、刺激の少ない拘束的な病
院あるいは施設環境において、感情の平板化、対人関係からの引きこもり、言語表現の貧
困化など負の影響をもたらした状態を言う。
12) 斎藤まさ子・内藤守 (2010)「統合失調症患者の退院後にも肥満が持続するプロセスと看護

介入」『新潟青陵学会誌』3(1), 33-42.

13) 双極性障害は、気分が高揚する躁状態と落ち込むうつ状態を繰り返す症状を呈する。原因は解明されてないが、本疾患への脆弱性に加えて身体的あるいは心理的負荷が過剰になった結果、発病するとされている。

14) Hert, M., Vincent, S., Davy, V., Ruud, W.（2009）"Metabolic syndrome in people with schizophrenia: a review", *World Psychiatry*, 8(1), 15-22.

15) Loprinzi, P., Cardinal, J.（2012）"Interrelationships among physical activity, depression, homocysteine, and metabolic syndrome with special considerations by sex," *Preventive Medicine*, 54(6), 388-392.

16) ヨーロッパでは理学療法士の開業が認められている場合が多く、その診療に医師の処方議は必ずしも必要とせず、直接的な理学療法を受ける事ができる。

17) 山本大誠・奈良勲・岡村仁（2003）「統合失調症者に対する理学療法の有効性」『理学療法科学』18(1), 55-60.

18) Amanda, op. cit.

19) 山本大誠（2014）.

20) Hert（2009）.

21) Dean, E.（2009）"Physical therapy in the 21st century（Part I）: toward practice informed by epidemiology and the crisis of lifestyle conditions", *Physiotherapy Theory and Practice*, 25, 330-353.

22) McCreadie, R. G.（2003）"Diet, smoking and cardiovascular risk in people with schizophrenia, descriptive study", *The British Journal of Psychiatry*, 183(6), 534-539.

23) Skjærven, L. H.（2010）"How Can Movement Quality Be Promoted in Clinical Practice? A Phenomenological Study of Physical Therapist Experts", *Physical Therapy*, 90, 1479-92.

24) Skjærven, L. H.（2008）"An eye for movement quality: A phenomenological study of movement quality reflecting a group of physiotherapists understanding of the phenomenon", *Physiotherapy Theory and Practice*, 24(1), 13-27.

25) Skjærven, L. H.（2010）.

26) 山本大誠（2015）.『実学としての理学療法概観』（奈良勲編）文光堂, 291.

27) 大熊一夫（2009）.

28) 伊藤順一郎（2009）「ACTのわが国での可能性：ACT-Jの実践報告から」『精神神経学雑誌』111(3), 313-318.

第 3 部

北欧ケアの思想的基盤へ

第 **9** 章

生活世界ケアという思想[1]

カーリン・ダールベリ[2]
（川崎唯史・浜渦辰二共訳）

1 はじめに

　現代医学はますます、少し時代遅れのパターナリズムとともに、高度の専門化とテクノロジー利用の増加によって特徴づけられるようになっている。主要な生物医学上の進歩は、今日のヨーロッパとその影響下にあるいくつかの文化のなかで、とりわけ合衆国において達成されてきた。それとともに、患者はますますケアの受動的な受け手になってきている。スウェーデンのみならず世界の他の国々でも、患者は、自分の健康やケアのプロセスに十分に参加していない[3]。

　これに反対する動きとして、パーソン・センタード・ケア（患者中心のケア）に大きな期待が寄せられており、「患者自身による選択」が強調されている。患者が参加するという基本的な考えはよいのだが、この動きには同時に問題もある。「患者の選択」を行う人のあり方は個人と自立（非依存）という近代的な観念に基づいていて、患者が実存的な傷つきやすさをもつことや、他者とともにある世界に巻き込まれていることを無視している。病いに苦しむ患者は、よいことと健康を目指した選択をする余裕をもてるほどには自由を享受していないかもしれないのである。

　本章では、真の意味での患者の参加とパーソン・センタード・ケアを発展

199

させるための第三の道を解明するケア学（caring science）という考えを支持して論じたい。その基礎となるのは生活世界への理論的なアプローチであり、これが、苦しみながらもウェルビーイング（よくあること）を求める患者の世界の中で、その生きられた文脈において、健康と病いとケアとをそれらが現れているままに理解することを助けてくれる。この生活世界に導かれたケアという考えは、私たちの実存的な自由とさまざまな可能性を認めるとともに、人々の傷つきやすさや他の実存的な制約も認めるものなのである。

2　生活世界

　生活世界という概念はもともと、現象学に触発されたヨーロッパの哲学者たちによって記述されてきた。エトムント・フッサール（Edmund Husserl）は現象学運動の創始者とみなされているが、この運動のなかで生活世界（ドイツ語でLebenswelt）がヨーロッパの哲学において重要な考えとなっていった。その流れを汲み上げ、同様のまたは類似した主題を記述した他のよく知られた哲学者には、モーリス・メルロ＝ポンティ（Maurice Merleau-Ponty）、マルティン・ハイデガー（Martin Heidegger）、ハンス＝ゲオルク・ガダマー（Hans-Georg Gadamer）がいる。生活世界の理論は認識論的、方法論的ならびに存在論的な含意をもっているが、簡単に言えば、私たちの実存や態度、私たちの世界だと主張される他のすべてのものの経験を本質的な仕方で特徴づけるような、内在的および超越的な世界と見なされることができよう。

　ある人の生活世界はそれだけで存在しているわけではなく、それは記述されているその人と根本的に絡み合っていて、分離することができず、その人の感覚によって見分けるのは難しい。しかしながら、それは、時間（時間性）と空間（空間性）の両方によって特徴づけられる。

200

第9章　生活世界ケアという思想

1）時間性

　生活世界を基礎とすることで、時間は単に時計が計測し、毎時、毎分、毎秒が等しい長さをもつもの以上のものとして理解される。生活世界の時間的側面には、過去、現在、未来とふつう呼ばれるものが含まれるが、私たちの実存のこれらの側面は、現象学的なパースペクティヴにおいては異なった仕方で強調される。メルロ＝ポンティ[4]は、現在というのは過去と未来の間にある独立した1点を構成するわけではないことを強調する。「いま」というのは「あのとき」と「これから」の両方を含む状況のことであり、つまり、現在は過去と未来へと延びているのである。「私はそれを昨日のことのように覚えている」というスウェーデン語の言い回しがあるが、それは、ずいぶん昔に起こったがいまもなおそのときと同じくらい生き生きとしている何かを記述している。これは、生活世界の「いま」がどのように過去にあったことをも伴っているのかを示す1例である。同様に、どのように未来がすぐに現在になりうるのかも理解できる。たとえば、医師が診断について述べていることを聴いているちょうどそのときに、患者は家族の未来についての感情と思いでいっぱいになっており、たとえそれが深刻できわめて重大な話だったとしても、いま言われていることに完全に注意を向けているわけではない、といった具合である。

　このような時間のもつダイナミズムは日常の経験に属しており、ふだんはうまく働いている。過去の記憶や未来の心配が人の活力やウェルビーイングの感覚を減退させるのは、たとえばそれらが「いま」の経験を支配し、ひょっとすると消してしまいさえするかもしれないほどに強くなるときである。老いた親の病いや不十分な医療といった困難な経験をしたことのある患者は、たとえば、ふつうなら些細で単純なこととみなされる「来週」の健康診断をひどく怖がることがある。病院にいたときに痛い経験をしたことがある子どもは、看護師や医師のような外見をした人を見ると不安になることがある。これらの人々にうまく接するためには、彼らの生活世界を特徴づけるダイナミックな時間性を理解しなければならない。

2）空間性

　生活世界を基礎とすることによって、空間性の意味をもずっとよく理解することができる。私たちのほとんどは、花が咲き草木が茂る春の公園を、とても素晴らしいものと思っている。しかし、アレルギーのある人々にとっては、公園に咲く花々は悪夢のようになることがある。病院の部屋は、そこで働くスタッフにとってはよく知られており快適な場所かも知れないが、患者によってはまったく異なる仕方で経験されるかも知れない。空間性は、それぞれの人の独特なパースペクティヴからその意味と内容と重要性を得ることになる。

　もし時間的な側面や空間的な側面が意味のある文脈によって取り囲まれるなら、それは意味や文脈なしで経験される場合とはまったく異なる仕方で理解されることがある。たとえば、複雑な検査の結果についての医師の所見を受け取るのを配偶者と一緒に家で1週間待つことは、心配の種にはなるだろうが、それでも意味があり、何らかのかたちで正当なように感じられる。それに対して、救急病棟の混み合った待合室で、足首の痛みについての医師の所見を数時間待っていて、いつ検査が行われるのか情報が得られないということは、かなりの無意味な苦しみと結びつけられることになろう。

3）身体性

　時間的次元と空間的次元は、多面的な生活世界の全体と同様に、世界がたえずその周りを動いているが、それ自身は動かない中核または中心、つまり身体をもっている。身体は、医療サービスにおいてはよく知られた現象である。医学は生物学的なものとしての身体に関係し、ケアや治療のほとんどは生物学的なシステムに影響を与える。しかし、ここで取り挙げたいケア学にとって本質的なことは、身体が単なるそうした生物学的なもの以上のものとして理解されるということである。生活世界に基づきながら現象学的・実存的なパースペクティヴを用いることによって、身体は主体として、すなわち、

第9章　生活世界ケアという思想

経験をもち、「生きられる」身体として理解されることになる[5]。

　生きられる身体は、記憶、経験、思考、感情、知恵に満ちており、意味を担いもすれば創造もする。世界にある物的存在者の中で身体が占めている独特の位置は、ある簡単なテストによって明らかになる。すなわち、目の前のテーブルの上で、あなたの片方の手の横にペンを置いたとすると、そこには2つの対象、つまりペンとあなたの手があることになる。あなたは両方の対象が並んでいるのを見ることができるが、目の前にあるこれら2つのものを同じようにみなすことは決してないだろう。あなたは立ち上がってペンをテーブルの上に残したまま立ち去ることはできるが、あなたの手については決して同じことができない。あなたの右手であなたの左手をつかんでみると、もっと多くのことを発見できる。あなたは同じ身体を〔触覚によって〕内側からも、〔視覚によって〕外側からも、しかも同時に感じることができる。他の事物の場合、同じことをすることは不可能である。

　近代主義の科学によって生のさまざまな側面が分離され分類されてきたが、生きられる身体はこれらを結びつけるものでもある。すべての実存的な側面が、生きられる身体のうちに織り合わされている。それに対し、生活世界アプローチでは、感情は思考から区別されず、物理的側面は精神的側面から完全には区別されない。そのような二分法は、日常生活においてはふつう生じない。あなたが悲しいとき、あなたは精神的に悲しいとは言わない。あなたが悲しいとき、あなたが悲しいのであって、それはあなたの感情、思考、お腹、場合によっては背中やその他どこででも感じられる何かである。あなたが長い間熱心に働き、十分な休憩を自分にとらせなかったとすると、当然あなたは疲れるだろうし、おそらく心配になったり不安になったりするかもしれないが、こうしたことはあなたの脚や頭に、そしてあなたの気分に、そうほとんどどこにでも感じられることである。「生きられる」身体は物理的であり、心理的であり、実存的であり、精神的であり——しかもまったく同時にそうなのである。こうして、生活世界のパースペクティヴからすると、心身の医学的な二元論や分離という近代主義の夢は誤りだったことがわかる。

　身体は私たちに世界の中での足場を与えてくれる錨である[6]。このことは、

203

どんな身体上の変化も世界と生へのつながりにおける変化を引き起こすということを意味している。そうした変化は、人が慢性の病いや重度のケガ、あるいは不安や心配や恐怖といった他のタイプの苦しみを被るときにとりわけ顕著になる。こうした変化のすべては、身体の傷ついた部分や適切に機能しない器官にだけ影響するのではなく、こうした苦しみはすべて何らかの仕方でその人の実存の全体に影響を与える。

　こうしたホリスティック（全体論的）なパースペクティヴは必ずしも人間の医学的な理解の仕方と対立するわけではない、ということをこの文脈で強調しておくことは重要である。人体についての生物学的な知識はもちろん重要であり、生物学的なシステムとその機能を理解することは、ケアすることとケア学にとって本質的である[7]。しかし、生物学を含めて身体が生きられるものとして理解されるならば、生活世界のパースペクティヴは生物学的なものを超えていくこともできる。このような理解の仕方は、身体は単なる物体ではないということを意味している。身体は同時に生であり、実存なのである。これが人間を理解する仕方であり、ここではケア学のパースペクティヴと医学のパースペクティヴが互いに補完し合うことになる。

４）アイデンティティ

　ある人のアイデンティティと自尊心、つまり自分が誰であり、何者であるのかということの経験は、生きられる身体について上で述べたことと結びついている。身体なしで「私」を知覚するのは難しい。外見が重要であり、おそらくときにはその人のウェルビーイングに大きな影響を与えるということはよく知られているが、その人の身体はアイデンティティと自尊心にとってそのこと以上に意味をもっている。さまざまな状況や文脈の中であなたがどのように動くのか、あなたの身体がどのように行動し反応するのか、これらはいずれも、あなたがどんな状態にあり、自分を誰だと知覚しているかといったことに影響を与えるとともに、そのことから影響を受けている。自分の国籍、ジェンダー、感情についての知覚と、さまざまな現象についての固有

204

の考え方、こうしたことはすべて、「生きられる」身体に関わる実存的な側面の例なのである。

メルロ＝ポンティ[8]は、生きられる身体がアイデンティティや自尊心にとってもつ重要性を私たちが理解するのを助けるような仕方で、「その人のスタイル」について語っている。彼によれば、それぞれの人間は、固有のあり方や世界へ接近する固有の仕方を、およそ他者や世界へ接近する固有の仕方をもっている。固有のスタイルを使って、人々はその実存に自らのしるしをつけ、それを時間的にも空間的にも組織する。固有の生きられる身体を用いて、それぞれの個人は自分の世界を固有の仕方でコントロールする。

ある人の人生を特徴づける「気分」は、その人のアイデンティティと自尊心にとってきわめて重要である。一種の根本的な気分というものがあり、それはある人がしばしばどのような状態にあるのかを特徴づけ、その人のパーソナリティにとっての枠組みを提供する。より状況に依存した気分というのもあって、これは状況によって変化しうる。ハイデガー[9]によれば、この根本的な接近の仕方や気分はその人の身体にその基礎をもっており、そこからこそさまざまな意味のパターンが生じてくるのである。

5）他者と共にいること

生活世界は個人の世界以上のものである。生きられる身体を通して、各人は世界と他者への通路をもっている。ハイデガー[10]は、私たちが自分の実存を発見するまさにそのとき、私たちはすでにそこに、しかも他者と共にいるのだと主張している。

メルロ＝ポンティ[11]が対人関係をそう表現するように、他者との関係は間身体性（inter-corporality）として創造される。生活世界と間身体的な領野にはいくつかの意味がある。たとえば、私たちは共通の「言語の織物」を織ることができ、これが私たちを同胞の人間と結びつける。人々の間のコミュニケーションにおいて経験はそれぞれの実存的な地平から生じるが、その媒体が言語であり、しかも、言葉による側面と言葉によらない側面の両方をもった言

語なのである。

　コミュニケーションの重要性は、精神医学的なケア、特に暴力が生じうるような文脈におけるケアについての私たちの研究で明らかになった[12]。ケアする人は患者のメッセージを理解しなければならない。たとえば、強迫的な患者の意図を読み取ることができなければならない。また、ケアする人自身のコミュニケーションはとても明瞭でなければならない。さらに、言葉によるコミュニケーションと言葉によらないコミュニケーションの両方をよく見なければならない。手や目配せや豊かな表情を用いた身ぶりが、暴力的な遭遇の結果にとっていかに決定的な重要性をもちうるかを、私たちは研究のうちで見出した。

　コミュニケーションを含めた、患者とケアする人の関係の本質的な意味は、悪性リンパ腫をもつ患者のケアの文脈における別の研究プロジェクトにおいても示された[13]。シェレルヴァルド（S. Källerwald）は、病いと回復の可能性に対する専門的な洞察をもったケアする人が担う重い役割を解明することができた。同時にこの研究は、ケアする人が、患者の実存的な問題に直面することを、それが患者の苦しみを緩和したかもしれないのに、拒んだことも示した。ジャン＝ポール・サルトル（Jean-Paul Sartre）の理論[14]を用いながら、シェレルヴァルドは、重要なのに見ようとしないケアする人の視線が患者を「自己欺瞞」に陥らせたのだと主張する。

　たとえこれらの研究プロジェクトが特定のケアの文脈で遂行されてきたとしても、その発見は文脈に関わらずすべてのケアに関連があると想定することには十分な理由がある。たとえば、西村ユミと前田泰樹[15]は、患者とケアする人との関係についての研究で、同様の発見を報告しており、患者とその経験を理解することの問題を生き生きと照らし出している。ケアが、人間の他のたいていの活動と同様、言葉によるコミュニケーションに支配されているとしても、言葉によらないコミュニケーションを忘れないことが重要である。ケア学のパースペクティヴから見れば、ケアリングの関係は、あらゆるレベルで生活世界と健康に向けられた相互作用の強い絆であり、健康と病いの両側面がそれによって明らかになるような患者の物語を支える強い絆でな

第9章 生活世界ケアという思想

ければならない[16]。

6）日常性

　真空のなかに存在している人間はいない。私たち誰もが、健康と病いから影響を受けたりそれらに影響を与えたりする文脈のなかにいる。生活世界アプローチにおいては、日常的な実存に焦点を合わせることが重要である。

　私たちの日常的な実存は、私たちがもっともよく知っているものである。日常生活は私たちの生活のさまざまな計画すべてにとっての明らかな基礎として存在する。しばしば使われる比喩を借りるなら、生活世界と同様に日常的な実存は、ちょうど水が魚にとって自明であるように私たちにとって自明であるということができる。すべてがふだん通りであるかぎり、私たちの実存についてあまり考えることはないのに、何かふつうでないことが起きるやいなや、特に病いや死のような強い出来事が起きたときに、日常の日常性は危機に陥る。突然、おそらく何もかもがもはや自明ではなくなる。

　日常生活は、人がウェルビーイングを感じるために機能しなければならない。だからこそ、医療サービスのスタッフが医療の直接の文脈を超えて、患者の日常生活がどのようであるかを見ることができるということが重要なのである。患者の日常の世界を考慮することは、一般的には大変なことではない。それは医療サービスのスタッフからの基礎的な接近に関わっている。そこでもっとも重要なのは、患者はその病いより以上のものであるということと、健康とケアについての問いは薬物治療とケア施設の壁を超えて広がっているということを忘れないことである。

　日常の経験は、実存の側面を形成しているのだが、それを私たちはしばしば反省することなく、単純にそこにあって期待された通りに機能することを当然と思っている。たとえば私たちは、朝起きたとき、浴室がまだそこにあるかどうかを考えることはない。世界がまだ存在しているかどうかをふつうは考えることもない。こうして生活世界は、私たちが毎日そのうちで、またそれを通して生きており、無意識にではあるがたえず当然のものとみなして

207

いる基礎的な現実なのである。

　しかし、生活世界はよく知られた日常の世界より以上のものである。人々とその生活を彼らの生活世界によって理解することは、私たちが世界を理解する道となる。それゆえ生活世界は日常世界にとっても、またそもそも私たちが一つの世界を生きてもっているということを理解することにとっても実際に役立つ土台であり出発点なのである。生活世界は生きられた世界であり、経験の世界であり、あらゆる経験と思考と行動において「与えられている」世界である。生活世界を経験の世界として理解することは、一般的な日常の世界と、健康や苦しみやケアによって特徴づけられた日常の世界とを、基本的な仕方で理解し説明し記述する助けになるのである。

7）志向性

　生活世界を経験の世界として理解しようとするとき、私たちは、ふつう志向性と呼ばれている現象学的哲学の中心部にやって来ることになる。第1に、志向性は、私たちが周りの世界との関係において考え、感じ、行っているあらゆることがどのようにして、この世界が私たちに経験される仕方と、私たちが周りの世界にある何かを観察する仕方とのうちにその出発点をもつことになるのか、ということに関わっている[17]。第2に、志向性によって、私たちが基礎的なレベルでどのようにして世界をいつも何かとして経験しているのか、すなわち、私たちが見たり聞いたり他の仕方で知覚しているすべてのものがどのようにしてつねに意義を、つまり私たちにとっての意味をもっているのか、が明らかにされる。

　通りに沿って歩いているとき、私たちは飛び回る金属製の大きな物体を見ているのではなく、車を見ている。私たちの周りにあるすべては、同じように何かとして経験されている。実際、私たちは意義や意味から逃れることは決してできない[18]。それが何なのかすぐにはわからない現象を知覚するときでさえ、その現象は、私たちの経験の中にあって、新しい経験を理解でき、扱えるようにする何かと関係づけられる。何かを「無意味なもの」として経

験することでさえ、それに意義を与えることを伴っている。

　生活世界を世界の理解のための出発点とすることによって、私たちは、どのようにして人間の世界の中にある対象がそれぞれの個人により独特の仕方で経験されるのかについて、つまり、他人によって同時に共有されることができ、それゆえある意味では独特でもあり一般的でもあるものとして理解されうるような経験についての本質的なパースペクティヴを手に入れることになる。２人の友人が通りに沿って歩いているとすると、彼らはほぼ確実に、通り過ぎる大きな金属製の物体を車として知覚することができる。同時に彼らは、その現象の異なったニュアンスをも知覚するかもしれない。１人はおそらく実用的な乗り物を見るかもしれないが、もう１人は環境に影響を与えるものを見るかもしれない。そして車の見方における違いが、彼らのあいだに熱のこもった議論を始めさせることもありうる。このように、生活世界と志向性を理解することは個人を理解することに貢献するだけでなく、人と人の間および人と周りの世界の間の相互作用の捉え方をよりよく理解することにも貢献するのである。

　志向性がどのように働くのかについて知ることはまた、職業としてケアをする人が自分の意見や判断を控え、待つことを助けてくれる。見かけが異なっていたり異なる行動をしたりする他者に対して、私たちがふだんどのように素早く反応しているかを私たちは知っている。スウェーデンでは、黒い肌の男性や頭にスカーフを巻いた女性は、自然にスウェーデン人と判断される人びととはまったく異なる仕方で接される。同様の反応は医療サービスにおける診断の結果としても生じうる。ケアする者たちは、「７号室の心臓」とか「１号室に入った足の骨折」と言ったりすることがある。こうした表現が医療サービスでは日常的な業界用語の例であり、その目的が患者を物体に還元することにはないとしても、それらは個人の際立った特徴がもっと見分けにくくなるような志向的な接近法を伴ってくる。基礎的な接近法は、つまり私たちが出会う他者を基本的にどのように経験しているかは、私たちがふつう思っているよりも大きな意義をもつのである。

3 生活世界のケア学

　生活世界、生きられる身体、その人自身の固有のスタイル、実存的な気分、これらを通して、人は自分の生活のなかでのわが家への一種の帰属ということを感じることができる。もし人がウェルビーイングの感覚をもち、人生の大小の計画をやり遂げることができるような仕方で、すべてが適度によい状態にあるなら、その人の生活は喜びの感情で特徴づけられる。しかし、病いと苦しみは、その生活のなかに不快な感情、または「ぞっと」しさえする感情、わが家をなくした（ホームレスの）喪失感の経験を持ち込む力をもっている[19]。自分の実存と生活の文脈の把握が揺らぎ、実存全体が不確かで奇異に感じられ、生きているにもかかわらず人生が失われる。

　上述の「わが家をなくした喪失感」は、認知症を抱えた人の生活についての私たちの研究の1つにおいて明らかになった[20]。その調査は、認知症をもつ人とその近い身内の両方が、何年にもわたって彼らの日常生活であった世界の中で、どのように見知らぬ人となっていったかを示した。認知症をもつ人が独力で自分の世界に対処できなくなるとき、彼らの間で相互依存が進んでいく。近い身内であった女性の1人は、病気の夫がどのように彼女に家を去るよう頼んだかを語った。大人になってからの生涯をずっと夫婦として一緒に生きてきたにもかかわらず、彼女は彼にとって見知らぬ者になってしまったわけである。認知症になった別の男性は、ずっと住んできたのと同じ町にまだ住んでいるにもかかわらず、引っ越した後には、自分の家をそれと認めなくなった。「わが家」をもう一度自分の故郷の町へと移したいと彼はいう。彼が、「これを最後の旅にしなければならない……いま旅に出るなんて、これまでしてきたことで一番ばかげたことだった」というとき、わが家をなくしたような喪失感は顕著である。

　ケア学における生活世界パースペクティヴの中心的なテーマは、私たちの実存のこれまで言及してきた側面がどのようにして病いによって影響されるかを認識し、その人が再び人生の軌道に乗るのを助けることである。ケアす

る人それぞれにとっての出発点になるのは、生活世界および生きられる身体としての患者と出会い、病いが個人にとって、その人の生活の文脈の中でどのようなものであるかを尋ねることである。現象学的アプローチは、たとえ間違っていたり奇妙だったり、あるいは非現実的であるようにさえ見えるとしても、患者の声に耳を傾けなければならないということによって、そして、ケアする人は誰でも開かれていて、さまざまな理論による説明のパターンに惑わされずに個人を見るのでなければならないということによって特徴づけられる。このアプローチは、ケアする人が患者、たとえば認知症をもつ人の生活について自分があらかじめもっている考えを見直すことができることを要求する。ケア学に基づくケアリングはこうして、もしケアする人自身が、自分自身の身体がどう経験されるか、またたとえば人生の力、人生の気分そして人生の欲望が自身の実存においてどのようであるかを反省したとすれば、もっと容易になるだろう。どの職業に属しているかにかかわらず、ケアする人は誰でも、自分の身体が自分の日常生活の中でどのように1つの対象として現れることがあるか、あるいは病いの状態にあるときに自分の身体がどのように反応するか、そして自分の身体が人生の状況についての経験にどう影響するか、こうしたことについての洞察に満ちた経験から得られるものがあるのだ。

　たとえばヨーロッパや合衆国では、現代の人々の生活状況はしばしば不健康であり、生活の日常的なストレスは医療においても日常生活においても会話の共通の話題である。人々は睡眠に問題を抱え、まともな食事をしておらず、同時に、ほとんど運動していないか、間違った運動をしている。日本でもたぶん同じ問題があるだろうし、対処すべき他の異なる問題や、健康への他の脅威があるかもしれない。

　現代の奇妙な生活スタイルが病いや苦しみをもたらしたとき、自然な反応は自分の生活スタイルをより健康なものにするために変えることだろう。しかし現代では、あまりにも多くの人が、自分を落ち着かせることができたり、抗うつ効果があったり、睡眠へ誘導したり、あるいは別の仕方で症状を緩和したりする薬の処方をありがたく受け取ることを好んでいる。人間は医療を、

大きくて複雑な問題に対するシンプルな解決策とみなすようになったのである。小さな錠剤がすべての問題を解決してくれるという信仰は強大で、広く行き渡っている。不幸なことに、医学はこのやり方を支持している。

　生活世界の理論に支えられたケア学は、こうした医学の姿勢に対する1つの強力な補完を提供することができ、健康、苦しみ、ウェルビーイング、病い、そしてケアについての知識との関係において実際に変化を起こすことができる。生活世界に導かれたケアという思想は、それぞれの個人がその人の文脈において見られ、尊重されるようなアプローチを意味する。生活世界をケアリングの基礎とすることによって、患者は実際に自らケアに参加するようになる。こうしたパースペクティヴにおいてこそ、たとえ病気であることが事実だとしても、人々が人生の大小の計画をなし遂げ、ウェルビーイングを感じるのを助けるのに必要な知識を得ることができる。ケア学と生活世界に導かれたケアの思想は、短期的にも長期的にも、変化を起こすことができるのである。

　二元論、原子論、還元主義、カテゴリー化といった現代医学の一般的な特徴に対する異議が、合衆国における初期の看護学運動の出発点だった。パトリシア・ベナー（Patricia Benner）、マドレイン・M・レイニンガー（Madeleine M. Leininger）、ジーン・ワトソン（Jean Watson）といった学者たちの理論はすぐにスウェーデンや他の北欧諸国に輸入された。特に、看護のプログラムに関わる指導的な教員たちは、これらの新しい考えを、医学の大きな影響に対抗するオルタナティヴとみなし、特に看護師たちがケアにおいてより大きな力をもつ方法を見つけるための強力な手段とみなした。スウェーデンが1980年頃に、より人間科学に触発された3年間の大学教育に賛成してすべての看護のプログラムを変更したとき、米国からの影響は計り知れないほど重要だった。

　現代の運動の1つはフィンランドから生じ、そこではケイティ・エリクソン（Katie Eriksson）というスウェーデン語圏の学者が人間科学のパースペクティヴに基づいた理論を展開した[21]。彼女の思想は誰よりもまずスウェーデン語圏の学者たちによってすぐに吸収されたが、より広いスカンディナヴィア諸国の学者たちによっても吸収された。皮肉なことに、エリクソンは自分の

212

第9章　生活世界ケアという思想

理論を国際的にもより普及している用語である「看護学」に代えてはっきり
と「ケア学」と呼んだという事実があるにもかかわらず、エリクソンの理論
に取り組んだのは看護学者たちだった。彼女の理論においてそれとなく想定
されていたのは、すべての看護理論はあまりにも「看護」に、すなわち職業
的な活動に焦点を絞りすぎており、結果としていまだあまりにも病気に方向
づけられすぎているということだった。彼女はケア学が患者と同様に健康と
いうことにも方向づけられることを望んだのである。

　ところが、初めは目立たなかったが後の出版物になってはっきりしてきた
エリクソンの理論のもう1つの本質は、彼女がキリスト教に基礎を置いてい
ることだった。他の北欧諸国と同様にスウェーデンは1900年代初頭から世俗
化しており、世界のどの国よりも無神論的な傾向が行き渡っている。一般に、
スピリチュアリティはたとえばキリスト教のような有神論的な宗教と深くつ
ながっているものと理解されており、その結果、たとえエリクソンがケアに
おけるスピリチュアリティの重要性について初期に書いたものが必ずしもキ
リスト教を含意していたわけではなかったにもかかわらず、そのように解釈
され、その点は無視された。後になって彼女は聖性のようなキリスト教の概
念を自分の理論に導入し、苦しみ、信仰、尊厳といった概念はもっと明瞭に
キリスト教と関連づけられることになった。

　北欧諸国では、無神論的な傾向をもつ学者たちと、「職業的な看護の課題」
をはっきりと支持する理論を求めた学者たちの両方が、エリクソンの理論を
避けるようになった。彼らにとっては、はっきりと看護に方向づけられてお
り、ワトソンの理論を除いて宗教に汚染されていない米国の理論と関連づけ
る方がよかったわけである。

　以上が、「健康とケアリング」という生活世界に方向づけられたケア学の理
論が生まれたときの状況であった[22]。

213

4 おわりに

　2009年以降、より集中して執筆する時間をもつために、私は常勤の教授職を離れた。「健康とケアリング」についての15以上の博士論文のプロジェクトに参加した後、私はすべての発見を総合したものを明確にし、出版する必要があると考えた。この理論を発展させるために重要だったのは、私が哲学に親しんでいたことだった。1980年代の半ばに私が博士課程の学生になったときから、私は、ケア学の研究のための認識論と方法論をより明確にするために、私は広く大陸哲学、特に現象学に取り組んだ[23]。経験的な研究のアプローチのためのこうした学問的な調査すべてを通じて、私は、大陸哲学とりわけ現象学が存在論に大きく寄与し、逆にその存在論が今度は健康とケアリングの徹底した理解に貢献するということを認めずにはいられなかった。

　ここに私は、ケア学が看護に限定されることなく、ヘルスケアのすべての専門職を包括することを支え、かつキリスト教やその他の有神論に限定されることなく、あらゆる実存的な意味を重視するような理論を構築する機会を見出した。つまり、「健康とケアリング」の理論は経験的研究において創設されたが、経験的に発見された意味は、メルロ＝ポンティ、ハイデガー、ガダマー、サルトルによって記述されたような現象学的哲学によって光を当てられ、明確にされるのである。

　この新しい理論に対するもっとも重大な脅威は2つある。第1に、科学の世界はいまだ英語圏中心であって、しかもそれは言語の上だけのことではない。「アメリカ流」がいまだにどこか支配的である。しかし、言語的な状況が影響の主な要因ではある。たとえ世界中の学者たちがアメリカ流ではない洞察の必要性に気づいているとしても、言語の壁がそこにはある。世界中でスウェーデン語を読める人はそう多くないのだ！　1例を挙げれば、私の指導する博士課程の学生のうち10人がスウェーデン語で博士論文を書いたが、その後その研究から論文を出版したのはほんの数人だった。たぶん日本でも状況は似たようなものだろうと推察する。

第9章　生活世界ケアという思想

　第2に、ヨーロッパはいまだに第二次世界大戦の影響を被っている。大戦以前は、たとえばスウェーデンとドイツの間には強い絆があり、外国語を知るスウェーデン人は英語よりもドイツ語を話したものだった。ところが大戦後、ドイツ語のものはすべて禁止された。ドイツの哲学とともにほとんどの大陸哲学が追放され、英米の哲学と理論に席を譲った。

　また、「ドイツ語のもの」それ自体が放棄されたというだけではない。ヨーロッパは遅くとも1600年代以降、近代主義に支配されてきた。それはデカルトとともに始まり、経験主義者と合理主義者によって継続され、両者の間で科学と哲学の領域を分割した。強力な近代主義の動きは、アジアにも伝わりはしたものの、ヨーロッパや北米ほどには支配的にはならなかったのだが、その市民には十分に教訓を与えた。二元論的でないアプローチに根拠を認める研究者たちでさえ、カテゴリー化され、最後にはレッテルを貼られるようなさまざまな二分法を作ろうという欲求によって特徴づけられる存在論に自分たちが縛られていることにいつも気づいているわけではない。現象学は、こうした世界観をはっきりと問題視するのだが、その結果あまりに問題含みのものとなり、その他の点では洞察力のある研究者たちに採用できないものとなる。

　にもかかわらず、生活世界に方向づけられたケア学の運動は、北欧諸国と英国ではきわめて強力である。リネウス大学とボーンマス大学の研究者たちによる共同出版がその良い例である[24]。しかしながら、「健康とケア」のようなスウェーデンの理論は、これまでスウェーデン語でしか十分に出版されておらず、生活世界に焦点を当てることと、健康とケアリングのプロセスに患者が参加することとを促進するようなヘルスケアの変化を先導するためには、まだまだ長い道のりが残されている。

注
1)〔訳者注〕本稿は、『看護研究』「特集　北欧ケアとは何か～看護研究への示唆～」（Vol. 45-No. 05, 2012 Jul-Aug, 医学書院）に掲載された論文「患者に焦点を当てることは生活世界に焦点を当てることである」を本書の趣旨に合わせて改題と訳文の調整のうえで再録したものである（許諾を与えてくださった医学書院に感謝いたします）。原稿は、2011年9月

215

の大阪でのセミナーのために準備されたもので、主にスウェーデン語で以前に出版された研究に基づいている（Dahlberg, Dahlberg & Nyström, 2008, Dahlberg & Segesten, 2010）。また、この主題について以前に出版されたものとして、Todres et al.（2007）, Dahlberg et al.（2009）がある。なお、本文中の〔　〕内は、読者の理解を助けるために訳者が加えた補足説明である。

2）〔訳者注〕ダールベリ氏は、ヨーテボリ、ヴェクショー（以上スウェーデン）、ヴァーサ（フィンランド）で、看護学、心理ケア、看護教育、看護理論、教育学、科学哲学などを学び、リネウス大学（スウェーデン）の教授として、健康科学の博士課程プログラムと生活世界研究センターを統括してきた。2009年より、執筆活動に専念するとともにご自分で所有しておられる馬4頭をトレーニングするために早期退職し、現在は同大学の客員教授として現象学的研究の博士課程の学生を指導している。これまでに米国のいくつかの大学で客員研究員となり、ミネソタ大学（米国）では現象学の哲学と方法論についての夏期講座を行っており、現在はボーンマス大学（英国）の客員研究員も勤めている。著書・論文については、参考文献表を参照。

3）浜渦（Hamauzu, 2009a）を参照。彼もまたこのディレンマを強調している。

4）Merleau-Ponty（1995）.

5）「生きられる身体」という用語はフッサールにその起源をもつが、彼は身体について二つの用語を使う。"Körper" は物体的な身体を記述し、"Leib" は生きられる身体を記述する。フッサールの哲学をさらに発展させたメルロ＝ポンティは、「自分の身体」について書いている。これは自分自身の身体として理解されるものだが、たいていは「生きられる身体」と訳される。

6）Merleau-Ponty（1995）.

7）Dahlberg & Segesten（2010）.

8）Merleau-Ponty（1968）,（1995）.

9）Heidegger（1998）,（2001）.

10）Heidegger（1981）.

11）Merleau-Ponty（1995）.

12）Carlsson et al.,（2000）,（2004）,（2006）.

13）Källerwald（2007）.

14）Sartre（1998）.

15）Nishimura & Maeda（2009）.

16）cf. Hamauzu（2009b）.

17）cf. Cavalcante Schuback（2006）.

18）Mereau-Ponty（1995）.

19）cf. Heidegger（1981）, p. 241. ハイデガーは不安について語っているのであって、病い一般について語っているわけではない。しかし、「不安だけが気味が悪くわが家を失ったような喪失感を感じさせるのではなく、病いの生活もそうであって、そこには実存的というよりは病理学的な形で不安が属している。こうして、世界の中のあらゆるものが基本的な《わが家をなくしたような喪失感》によって特徴づけられ、それは不安のうちにある実際の死と生においてだけではなく、病いにおいても生じるのである」（Svenaeus, 2003, p. 72）。

20）Svanström & Dahlberg, 2004.

21）エリクソンによる人間科学の理解は、英米圏のものよりもドイツのもともとの精神科学

（Geisteswissenschaften）により近いものである。

22）Dahlberg & Segesten（2010）.

23）cf. Dahlberg et al.（2008）.

24）cf. Todres et al.,（2007）; Dahlberg et al.（2009）.

参考文献

Carlsson, C., Dahlberg, K. & Drew, N.（2000）"Encountering violence and aggression in mental health nursing. A phenomenological study of tacit caring knowledge", *Issues in Mental Health Nursing*, **21**（5）, 533-545.

Carlsson, G., Dahlberg, K., Lützen, K., & Nyström, M.（2004）"Violent encounters in psychiatric care – A phenomenological study of embodied caring knowledge", *Issues in Mental Health Nursing*, **25**, 191-217.

Carlsson, G., Dahlberg, K., Dahlberg, H., & Ekebergh, M.（2006）"Patients longing for authentic personal care: A phenomenological study of violent encounters in psychiatric settings", *Issues in Mental Health Nursing*, **27**（3）: 287-305.

Sá Cavalcante Schuback, M.（2006）"The knowledge of attention", *International Journal of Qualitative Studies on Health and Well-being*, **1**（3）, 133-140.

Dahlberg, K., Dahlberg, H. & Nyström, M.（2008）*Reflective Lifeworld Research*（2nd edition）. Lund: Studentlitteratur.

Dahlberg, K., Todres, L. & Galvin, K.（2009）"Lifeworld-led healthcare is more than patient-led care: an existential view of well-being". *Medicine, Health Care and Philosophy*, **12**（3）, 265-271.

Dahlberg, K. & Segesten, K.（2010）*Hälsa och vårdande i teori och praxis*. Stockholm: Natur & Kultur.

Hamauzu, S.（2009a）"Caring from the Phenomenological Point of View — Decision-making in terminal care in Japan —"（科研費報告書『「いのち・からだ・こころ」をめぐる現代的問題への応用現象学からの貢献の試み』所収）

Hamauzu, S.（2009b）"Narrative and perspective", Paper presented at Conference of Nordic Society of Phenomenology '09, Tampere, Finland.（日本語版（2009）「ナラティヴとパースペクティヴ—「〈かたり〉の虚と実」をめぐって—」木村敏・坂部恵（監修）『〈かたり〉と〈作り〉 臨床哲学の諸相』河合文化教育研究所所収）

Heidegger, M.（1998/1927）*Being and Time*（J. Macquarrie & E. Robinson, Trans.）. Oxford: Blackwell. =（1994）『存在と時間（上・下）』（細谷貞雄訳）ちくま学芸文庫.

Heidegger, M.（2001/1987）*Zollikon seminars. Protocols, conversations, letter.*（M. Boss, ed.; F. Mayr & R. Askay, Trans.）Evanstone: Northwestern University Press. =（1997）『ツォリコーン・ゼミナール』（木村敏, 村本詔司訳）みすず書房.

Husserl, E.（2000/1928）*Ideas pertaining to a pure phenomenology and to a phenomenological philosophy. Second book*（R. Rojcewicz & A. Schuwer, Trans.）. London: Kluwer Academic Publication. =（2001/2009）『イデーン 純粋現象学と現象学的哲学のための諸構想2-1, 2-2』（立松弘孝, 別所良美, 榊原哲也訳）みすず書房.

Källerwald, S.（2007）*I skuggan av en hotad existens. Om den onödiga striden mellan biologi och existens i vården av patienter med malignt lymfom.* Växjö universitet, Institutionen för vårdvetenskap och socialt arbete. Acta Wexionensia, no. 123.

Merleau-Ponty, M.（1968/1964）*The visible and the invisible*（A. Lingis, Trans）. Evanston, IL: Northwestern University Press. ＝（1989）『見えるものと見えないもの』（滝浦静雄，木田元訳）みすず書房.

Merleau-Ponty, M.（1995/1945）*Phenomenology of perception*（C. Smith, Trans.）. London: Routledge. ＝（1967/1974）『知覚の現象学（1・2）』（竹内芳郎，小木貞孝，木田元，宮本忠雄訳）みすず書房.

Nishimura, Y. & Maeda, H.（2009）"How nurses understand the pain that their patients experience: phenomenological description in an acute nursing setting", 15th Qualitative Health Reserch Conference,（*QHR 2009 CONFERENCE PROGRAM*）, 96.

Sartre, J-P.（1998/1943）. *Being and nothingness*（H. Barnes, Trans.）. New York: Pocket Books, Simon & Schuster. ＝（2007/2008）『存在と無（1・2・3）』（松浪信三郎訳）ちくま学芸文庫.

Svanström, R. & Dahlberg, K.（2004）"Living with dementia yields a heteronomous and lost existence", *Western Journal of Nursing Research*, **26**(6), 671-687.

Svenaeus, F.（2003）*Sjukdomens mening. Det medicinska mötets fenomenologi och hermeneutik.* Stockholm: Natur & Kultur.

Todres, L., Galvin, K. & Dahlberg, K.（2007）"Lifeworld-led healthcare: revisiting a humanising philosophy that integrates emerging trends", *Medicine, Healthcare and Philosophy*, **10**, 53-63.

第 **10** 章

生と合理性[1)]をつなぐ思想

中河　豊

1　はじめに

　本章では、音楽療法を手がかりとしながら、良き生を実現する合理性（理性）の可能性について考察する。

　音楽的経験は、聴取であれ演奏であれ、幸福感と意味を生に与える。いわば良き生（ウェルビーイング）を実現するのである。また、ノルウェーに特徴的な音楽療法は人間の自発性・主体性とともに対話性・社会性に注目する。そして、このような音楽療法がノルウェーで成立したのは、自然科学をモデルとする合理性（理性）が哲学領域において批判され（客観主義批判）、それとは異なる、人間の生に根ざした理性のあり方が探求されたからである。

　ノルウェーの音楽療法はコミュニティ音楽療法といわれる。これは医療福祉の施設だけではなく、コミュニティのさまざまな場面で実践されている。療法（セラピー）という言葉が用いられても、それは音楽活動と明確に区別されることはない。その良い実例は「バラのパレード」である。

　2011年7月25日、オスロ市庁舎前の広場にはバラ、とりわけ赤いバラの花を手にした数多くの人々であふれた。これは「バラのパレード（Rosetog）」と呼ばれる。広場にはステージが設営され、人々はステージ上の歌手と一緒に歌った。花と歌は、人々の思いの象徴であった。街は花であふれ、歌声が街

219

に響いた。

　3日前の7月22日、オスロとウトヤ島で多くの人々が残酷に殺害された。この犯行は、移民政策に不満を抱く青年が行った。「バラのパレード」はこの残虐な事件に触発された民衆の自発的イベントであった。そこにある基本的メッセージは愛である。人々は移民への憎悪と暴力に反対し、「愛」を象徴する赤いバラを手にして集まった。また、犠牲者を想い、記憶にとどめようとした。ここには、直接には知らない人々の悲劇を自分のものとして受け止め、感じ、行動する姿があった。この出来事で印象的なことは、音楽が人々の生に深く根付いていること、音楽が人々の苦しみを支えてより良き生を実現することである。

　バラのパレードは音楽療法の観点からすれば、きわめて興味深い現象であった。ノルウェーの音楽学者であり音楽療法の理論家であるエヴェン・ルード（Even Ruud）は、テロ以後に音楽が果たした大きな役割を指摘する。それは悲しみの感情の処理である[2]。テロの後、多くの人々は「悲しみ（sorg）」という深刻な身体感覚にとらわれた。それに対して、音楽は心を慰め、身体的停滞から回復させ、苦痛を緩和した。人々は音楽表現と一体となり、表現の中に感情と自分自身を再認する。このプロセスが苦しみの状態から解放した。また、公共的な空間で他の人々と共にする音楽表現は、歌詞、拍子、テンポの共通性を通じて同期し、人々の絆が形成された。人々は励まされ、力を獲得し、前進できるようになる。音楽は個人の心身に係わるだけではなく、連帯と絆を形成し、人々を励ます。バラのパレードはもちろん音楽療法の企画としてなされたものではなく、市民による自発的な活動であった。しかし、このなかでは音楽が果たす役割が象徴的に示されたのである。

　ところで、これは音楽療法がケア・システムの中で承認されている事実に関連している。ノルウェーではコミュニティ音楽療法という新たな枠組みが開発され、人々の社会参加に大きな役割を果たしている。コミュニティ音楽療法は、音楽活動を社会的文化的コンテクストの中に位置づけ、人間を音楽活動の主体と見なし、音楽活動を通じた人間の発達、コミュニケーションの展開を追求する。この点をルードの研究に基づきながら叙述する。

第 10 章　生と合理性をつなぐ思想

2　ノルウェーの音楽療法

　ノルウェーでは1990年代初頭に精神障害者のためのサービスが大きく改革された。このときに音楽療法士たちは、施設の外部つまりコミュニティの中で音楽療法が役立つことを示した。音楽療法は、コミュニティの中で孤立した人々に出会いと相互行為を提供した。音楽療法士は、音楽グループを社会に開放し、人々の参加を可能にし、ネットワークをつくった。このようにして、人々は音楽活動を介して出会い、コミュニティのネットワークに入る。人々は音楽活動を通じて連帯する。そして音楽的相互行為は「強靱な音楽的アイデンティティ」を育て、エンパワーメントを促進する[3]。

　1970年代の「アイデンティティ政策」では、社会は「エスニシティ、ジェンダー、性的傾向」にしたがって分類された。しかし、その後社会はこうした分類を超えて、グループの中の「個体性」を認めるようになる。文化の多様性が承認され、人々は自己固有の好みと価値に基づいて文化を選択することができる。音楽療法では、認知的あるいは情緒的ハンディキャップをもつ人々に「異なる文化的現実」を選択する権利が認められた[4]。

　このように、ノルウェーの音楽療法はコミュニティへの参加に道を開く。そして、音楽療法の基礎には社会的存在としての人間把握がある。自然科学的な人間把握、さらに個人主義的な人間把握では、コミュニティ音楽療法にとっては不十分である。この音楽療法は人間を特に社会的次元で把握する。

　まず、人間は単なる自然科学的な存在ではない。ルードは自然科学的な人間理解の狭さを指摘する。これは人間を生物学的な存在＝有機体へと、音楽を物理学的存在＝音響へと引き下げる。結果として、人間の多面性、特に社会的あり方が視野から失われる。そして、人間は「生物学的プロセスによってコントロールされる存在」とされ、受動的なものとみなされる。

　この帰結として、たとえば音楽の効果は人間が音楽を経験するときの身体的あるいは生理学的変化により説明されることになる[5]。音楽の効果という言説が非学問的に広がることによって、健康への人間の要求は音楽使用技術

221

により満たされると信じられる。人間のあり方に関しては、人間は音楽によって作用をうけるいわば受動的対象とみなされる[6]。

　次に、人間を個人として把握する立場がある。この音楽療法の典型は、人文主義的音楽療法である。これは個人を音楽活動の主体とみなし、音楽を音響的刺激ではなく、文化・芸術として位置づける。この音楽療法は「個人の主観性、自由な選択を行う能力」を承認する。そして、この療法は、基本的技法として即興演奏を用いる。既成の曲の再現ではなく、声であれ楽器であれ、その場で生じる音楽表現が重要な役割を果たす。

　即興的音楽表現の中で成立する相互行為は、療法士が指導し患者が指導されるものではない。ここでは指導・被指導という非対称的な人間関係、権力的関係が存在しない。これはコミュニティ音楽療法に継承されていく。

　このように、人文主義的音楽療法では、人間は単なる音響作用の対象、音楽刺激による操作の対象ではなく、音楽の内発的主体である。ここには個人の自由がある。この限りでは、ルードはこの立場を高く評価する。しかし、これは人間を「純粋な精神的存在」へと狭めてしまい、人間の社会性を見失う。現代においては社会環境が病気を発生させるかぎり、社会的視野の欠如は音楽療法に深刻な限界を与える。個人に焦点をあてる結果として、人文主義的音楽療法は社会に起因する病的状態に有効に対処できない。

　これに対して、ルードは即興演奏を重視しながら、これを単なる個人の自発性の発露としてではなく、音楽的対話として位置づける。音楽的対話の中で、個人は音楽表現を通じて人と人の関係の中に入る[7]。ここで、音楽は文化的次元の社会的相互行為となる。コミュニティ音楽療法はこうした音楽的コミュニケーションを基礎としている。

　ルードとともにノルウェーの音楽療法の指導的立場にあるブリュンユルフ・スティーゲ（Brynjulf Stige）は、コミュニティ音楽療法を理論的・実践的に展開している。1980年代、彼はダウン症候群の人々（成人）との音楽療法セッションを行っていた。その場所は中学校の音楽室である。この部屋は地域のブラスバンドも練習に用いていた。部屋の壁にはブラスバンドの写真が幾枚も貼られていた。療法を受けるグループが部屋に入ってきたとき、彼らは用意

されていた椅子ではなく壁のところに行き、写真を近くから眺めた。そして
メンバーの1人が「ブラスバンドで演奏していいの」と尋ねた[8]。これをき
っかけとして、施設の中で生活していたグループは、ブラスバンドという音
楽活動を通じて社会参加をしていくことになる。

　もちろん、人々はブラスバンドの中ですぐに演奏できたわけではない。む
しろ、2年以上をかけた音楽療法セッションの中で「対話的な即興演奏」を
行い、また地域の公共的生活に積極的に参加した[9]。音楽能力と社会能力の
訓練と準備がブラスバンドへの参加を可能とした。

　人々の健康を脅かす1つの要因は、コミュニティにおける孤立・孤独であ
る。ブラスバンド活動を介したコミュニティへの参加は、これに対する回答
であった。スティーゲの音楽療法では、文化は「他者とともに、他者を通じ
て」[10]世界とかかわる道である。対話的・コミュニケーション的な人間のあり
方は、文化・音楽という次元において実現する。

　最後に、良き生＝幸福な生の実現という視点から音楽療法を位置づけたい。
ルードはスウェーデンの哲学者レナート・ノルデンフェルト（Lennart Nordenfelt）
の健康哲学に依拠して音楽療法を幸福に関連づける。ノルデンフェルトによ
れば、健康は「幸福感情と行為への能力」[11]である。人間が不健康な状態にあ
るのは、生活目標に到達できず、幸福感が欠如する時である。病的であって
もそれが生活目標に影響を与えないとすれば、人間はある程度の健康を保つ。
良き生活の質を実現するためには、「意味ある主観的状態、幸福（well-being）
あるいは幸せ（happiness）」が重要である。人間の基本的必要は満たされなけ
ればならないけれども、それだけでは生における意味＝幸福には達すること
ができない[12]。

　生が意味あるものとして感じられる瞬間は、文化を通じて与えられる[13]。
音楽体験のなかで人間は幸福と生の意味を感じる。音楽という文化が生活の
重要な質となれば、音楽活動への参加は健康を生みだし良き生を実現する条
件となる。

223

3 音楽療法の背景にあるもの　ノルウェーの哲学的発展

　コミュニティ音楽療法において人間は自然科学的な刺激の対象ではなく、文化的社会的存在として把握された。ここでは、幸福に関わる感情などの主観性とともに、対話的関係、コミュニケーションなど、人間相互の関係、間主観性がきわめて中心的役割を果たしている。

　こうした音楽療法成立の重要な背景は、第二次世界大戦後のノルウェーにおける哲学的発展である。ノルウェーでは、自然科学をモデルとする理性（合理性）への批判が展開され、人間の主観性・主体性を尊重する理性のあり方が求められた。ここでは、哲学者ハンス・シャーヴヘイム（Hans Skjervheim）とアルネ・ネス（Arne Næss）を取り上げる。

1）シャーヴヘイムの客観主義批判

　シャーヴヘイムは、オスロ大学のネスのもとで哲学を研究し、『客観主義と人間の研究』（1959年）を執筆した。本節ではコミュニティ音楽療法の哲学的基礎としてこの書物の内容を取り上げる。

　シャーヴヘイムは、第二次世界大戦後の哲学的時代状況を一方ではアングロ・アメリカ及びスカンジナヴィアの潮流、他方ではドイツ、フランス、スペイン語圏の潮流へと二分した。彼自身はノルウェー人であるにもかかわらず、後者の思想的立場を選択する。

　シャーヴヘイムは前者の潮流を「客観主義」と特徴づけて批判し、後者を「現象学的実存主義的」と特徴づけて擁護した。彼にとっては、後者にある生活世界や対話的人間関係にかかわる思想が重要であった。

　まず、客観主義とは「主観を排除する」思考習慣である。これはあらゆる事柄を「世界における客観」あるいは「客観相互の関係」としてのみ扱う[14]。こうした科学は、人間の主観性を見失い、人間を「世界における客観」[15]として位置づける。シャーヴヘイムが批判するのは、内面性・主観性を排除する

ことによって客観的であろうとする理論的立場である。この立場はまた人と人の絆すなわち「間主観性の現象」をも忘却してしまう[16]。それは人間をものとして扱い、人間の内面性と関係性を意図的に無視する。

シャーヴヘイムは、こうした立場に間主観的世界を対置する。人間相互の関係はいわば物的関係ではなく、主観相互の関係、間主観性として把握しなければならない。「他者」は「私とともにある別の主観」としてあり、「私」は「他者」と共通の世界にある[17]。また、世界には他者への感情的関係が属し、他者への「ケア」[18]、「感情移入」[19]が重要なものとしてある。こうした感情的関係も含め、人間の基礎的関係は対話的、コミュニケーション的である。シャーヴヘイムは「我と汝の関係」[20]、「対話あるいは現代の用語法ではコミュニケーション」[21]について語る。こうして、間主観性、ケア、感情移入、我と汝の関係、コミュニケーションといった一群の基礎的な概念が救いだされる。シャーヴヘイムの客観主義批判の動機は、人間が操作の受動的対象になることへの危機感である[22]。彼の対話とコミュニケーションの哲学は世界における人間の主体的生を救おうとしたといえよう。

2）ネスの「生の哲学」における理性（合理性）

第二次世界大戦後のノルウェーを代表する哲学者ネスは、1970年代に独自の環境保護思想（ディープ・エコロジー）を提唱し、北欧環境保護運動の指導者となった。彼は自然の根源性を承認し、自然と一体的な人間の生を求めた。この立場からは、自然を支配し破壊するのではない人間の理性（合理性）が求められる。そして、それはまた感情への高い評価につながっている。

「ディープ・エコロジー」は、地上の全ての生命に価値を認めようとする。人間には有用な生命と有害な生命を区別する習慣があるにしても、あらゆる生命は等しく大切なものである。また、さまざまな生命が豊かな多様性においてあることが重要である。人間は、この多様性に必要以上に介入してはならない[23]。

ネスは、この環境思想をバルフ・スピノザ（Baruch Spinoza）の哲学の解釈と

225

いう方法で展開する。スピノザは17世紀オランダで活躍した異端的な哲学者である。ヨーロッパの歴史においては人間をモデルにして神をイメージする立場が長く支配的であった。最初に人格神がありこの神が無から自然を創造した、こうした物語が信じられていた。これに対し、スピノザは神から人格性を剥奪し、自然を神とみなし、無からの創造という教義を否定する。自然が根源的なものとしてあり、それは、「能産的自然」としてすべての個別的存在を産出する。人間を含めた万物は自然という神に包括されその一部になる。自然と人間の一体性というこの世界観がネスの環境思想に意味をもった[24]。

　ところで、自然に対するネスの立場は、インスピレーションから生じた。それは客観的科学ではなく、人間を動かす「知恵」[25]であり、人間の生を規範的に方向づける。こうしたネスの環境思想は、人間的生についての思索を基礎にしている。ネスは「人間にとってふさわしい生とは何か」[26]と問い、「この惑星において意味ある生を生きる」[27]ためには、現代の人間のあり方を変えなければならないと指摘する。人間はその内面において深く自然と結びついており、自然を破壊すれば自己を破壊すると感じる。したがって、生活水準の向上ではなく「生活の質」[28]改善が生をより良いものにする。前者は自然を人間の生存の手段に貶め、たとえば大量生産大量消費により自然を破壊する。しかし、後者は自然と共に、自然の中で意味ある生を営むことを可能にするのである。

　人間は自然との深いつながりの感情を抱いて自然の中に生きる。これと同時に、人間は感情的絆を通じて他の人々と共にある。ネス晩年の『生の哲学』(1998年)は感情に関する思索の手がかりをスピノザに見出そうとする。ここで基本となる思想は、他者の幸福への洞察が我々自身の幸福を生じさせ、他者の悲しみへの洞察が我々自身の悲しみを引き起こすという信条である[29]。哲学の歴史においては自己保存の衝動が戦争状態をうみだすとの議論があった[30]。しかし、ネスによれば、スピノザには共感の理論があり、これが平和にともに生きることを可能にする。

　ここでは肯定的感情と否定的感情のスピノザ的区別が重要である。たとえば、前者は愛や寛容であり、後者は憎しみや嫉妬である[31]。愛や寛容が人々

第10章　生と合理性をつなぐ思想

の絆になれば、平和な社会が出現する。これに対し、憎しみの感情が支配的になれば、たとえば暴力的状況が出来るであろう。「良き社会[32]」は、友人の輪が広がったようなものとしてイメージされる。友人たちは互いを思い、他の人間が幸福と感じれば喜び、他の人間が悲しめば嘆く。このように、感情を共にしながらあること、共感こそが「人間の本質と自然[33]」にふさわしい。ネスはスピノザの哲学に即しながら感情の次元における絆に注目し、ここに平和な社会の可能性を発見したのである。

　また、ネスは、自由論においても感情の役割を叙述する。自由を表す言葉としてネスは「自分であれ」を取り上げる。ネスによれば、これは作家ヘンリク・イプセン（Henrik Ibsen）を通じてノルウェーではよく知られている[34]。ネスはこの言葉をスピノザの自由観に重ねる。スピノザによれば、自由な存在と行為は、自己の「自然（本性）」から生じる[35]。反対の側面からいえば、他者の力によってあり方が決定されれば、それは不自由である。ネスはこのスピノザの自由観を基礎にしながら、「能動的な感情を介する[36]」自由への道を構想する。喜びや寛容という感情に依拠して自己のあり方を決定すれば、人間はより自由になっていく。

　このように、ネスは感情に高い価値を与える。環境思想においては自然への深い思いがあり、社会論においては他者に対する思い、共感がある。そして、こうした思索の中で、感情と理性との関わりが焦点として浮上する。ネスは感情を理論的能力である理性と統合しようとする。これはスピノザの「知的愛」の解釈という形をとる。スピノザによれば三種の認識がある。まず、感覚的認識があり、次にいわば科学的認識があり、最後に知的愛がある。知的愛は一般的・分析的に自然を把握することではなく、自然における多様で特殊なものを直観的に把握しこれを愛することである。ここでは愛の感情と知性がともにある。ネスはこれを「統一された感情的知性[37]」と特徴づける。自然に対する理解は愛と統合される。

　ところで、科学的・技術的な理性（合理性）を批判し、新たな知によって人間的生を救うという主題は、ロマン主義的な思想伝統に関連する。そこで、最後に、いわゆる「北欧ロマン主義」の問題性について考察する。

227

4 生と合理性をつなぐロマン主義　自然哲学と詩

　シャーヴヘイムの客観主義批判と生活世界の思想、さらにネスによる感情と一体化した理性（合理性）という主張は、北欧ロマン主義の思想的遺産に関連づけることができる。北欧ロマン主義は、近代科学が自然を客観的な知の対象とすることに対抗し、精神との関連において自然を有機的に把握し、さらに人間を北欧の歴史に位置づけ、北欧の独自性を発見した[38]。知のあり方としてみれば、それは論理的体系性にこだわらない。ヘンリヒ・シュテフェンス（Henrich Steffens）の哲学では「予感」が中心的役割を果たす。また、それは主観性（生、感情）を重視し、文化芸術を高く評価する。

　北欧ロマン主義の成立にとって決定的と言われる出来事は、シュテフェンスによる「コペンハーゲン講義」（1802-1804）である。シュテフェンスは、スタヴァンガーに生まれコペンハーゲンで成長した。彼は鉱物学、地理学などの自然科学を研究し、その後ドイツ・ロマン主義に接して魅了され、ドイツの哲学者フリードリヒ・シェリング（Friedlich Wilhelm Joseph von Schelling）から自然哲学という構想を継承する。彼は自然を支配の対象とみる立場を克服し、自然と人間の一体性を構想する。彼のロマン主義において自然哲学は極めて重要な位置を占める。

　シュテフェンスの思索において重要な焦点は、生と思弁との関係である。思弁あるいは理論は「単なる論証」に終わってはならず、生に根ざしていなければならない。ここで生は「心情」とも表現される。心情・感情を排除する抽象的理論ではなく、心情・感情に根ざす理論が求められることになる。

　この点で興味深いのは、スピノザに対する評価である。スピノザの代表作『エチカ』は幾何学にならい、定義、公理、定理という形で極めて抽象的に展開される。ところが、シュテフェンスはスピノザに心情と学説との一体化を発見する。スピノザには「精神的平安への憧憬」[39]があり、「スピノザにおける学説と心情は完全に一つである」[40]。

　スピノザ哲学に魅せられたのち、シュテフェンスはドイツのイェーナに赴

き、「ヨーロッパを動かしている精神的発酵」、すなわちロマン主義の運動に接した。『自伝』はこの運動について「私がそれに参加し、それと共に生きようと欲する新鮮な未来」であると記述している[41]。哲学者で言えば、ヨハン・フィヒテ（Johann Gottlieb Fichte）とシェリング、文学者ではシュレーゲル兄弟（Brüder Schlegel）と接し、現実にロマン主義の思想的運動の雰囲気を肌で感じることができた。

イェーナでは、大学に赴任したばかりのシェリングの自然哲学講義を聴いた。シュテフェンスは、「スピノザによって私は眠りから揺り起こされた。しかし、シェリングによってはじめて活動性の中に置かれた」[42]と書く。

シェリングの自然哲学の構想では、自然と精神（自由）の同一性が基本である。彼は有機体を考察の中心におく。彼によれば、有機体では自然法則は精神の自由と１つである。有機的自然には「自然と自由の絶対的合一」がある。有機体は、「自然の産物」でありながら、「秩序付け関連づける精神」をもつ[43]。シェリングの定式化によれば、「自然は可視的な精神であり、精神は不可視の自然である」[44]。スピノザにおいては、精神と身体（物体）は同一の神（自然）の本質を表現する。思考は事物と同じ秩序を有し[45]、精神は物体との対応関係にある。シェリングは、このスピノザの思想を自然と精神の同一性という形で定式化したのである[46]。

また、シュテフェンスの哲学的発展にとって重要であったのは、「詩」の問題である。彼は、フリードリヒ・シュレーゲル（Karl Wilhelm Friedrich von Schlegel）の断片（『アテネウム断片』、以下『断片』）に魅了された。『断片』は、歴史的・社会的視野から詩を位置づけ、「ロマン主義的詩」の構想を提示した。この詩は、「周囲世界の鏡」であり「時代の像」[47]である。そして、これは「社交、交際、友情、愛」[48]であり、文化的絆となる。つまり、詩は時代を表現するとともに人々を文化的に結合する。そして、芸術体系から子どもの「ため息と接吻」[49]にいたるまで、詩は全てを含む。シュテフェンスは、『断片』の中に「詩（Poesie）、芸術、全ての意味ある生の諸関係」[50]を包括する精神を発見した。詩と芸術を生の営みの中心におくロマン主義が彼の心をとらえたのである。

229

5 コペンハーゲン講義　予感について

シュテフェンスはドイツからデンマークのコペンハーゲンに戻り、1802年から1804年までロマン主義的哲学の講義を行った。これがコペンハーゲン講義である。ロマン主義という「ドイツにおける学問的発酵」[51]は、彼を通じてデンマークに伝わったのである。

シュテフェンスは、コペンハーゲン講義の冒頭において、「予感」を哲学の基本的原理として提示する。「予感」とは個人の心情において自覚されたものが「予測できない良い状態」[52]に一致するという「内的確信」である。したがって、それは科学のように証拠にもとづいて論証するのではなく、予測不能なものに接近するきわめて主観的な営みである。この予感は「自然、歴史、我々の最奥の心情へのより深いまなざし」[53]を開示する。

シュテフェンスによれば、個別的事実の集積だけでは自然科学も歴史も成立しない。科学者も歴史家も様々な諸事実を集める。しかし、自然の個別現象を理解するためにはまず「自然全体の直観」[54]が必要である。また、時代の理解は「歴史全体との必然的関連」においてのみ可能となる[55]。ここに哲学が意味をもつことになる。哲学は、「無限な結合の予感」[56]を原理にし、自然と歴史を全体的に把握しようとする。

哲学的予感は経験的次元から離脱する。シュテフェンスは、天文学者ヨハネス・ケプラー（Johannes Kepler）の「自然についての現実的詩的直観」[57]について語る。自然研究者が経験にとどまる限り、「自然の永遠の生の知的直観」[58]には到達できず、生は視野から消滅する。ところが哲学的予感においては自然と精神との断絶がない。ここで人間の理性は「自然の最も不可視で最も真正な中心」[59]であり、価値ある芸術と詩を産出する。

哲学的予感は歴史への視野を開く。それは過去をよみがえらせる。戦士が目覚め、神々がわれわれの間をさまよい、消え去っていた時代の響きがよみがえる[60]。「大胆で偉大で芸術的な生」[61]の痕跡 が歴史にはある。消え去った「古い黄金時代」[62]は、人間の内面に「深い憧憬」[63]を目覚めさせ、過去へと結

びつける。しかし、歴史は過去だけではない。予感は、歴史において常に永遠なものを認識する。過去は理性に語りかけ、未来が理性に開示される。

　個人の心情の中に「神秘的な中心、神性」[64]が自己を掲示する。個人の中にある神的なものは、「全と一であるもの」[65]であり、個人はこれを予感し、万物と「合一」[66]する。

　こうしたシュテフェンスの哲学は、詩に高い価値を与える。詩は永遠なものを予感する。これは優れた心情において現れ、「永遠なるものの刻印」[67]を帯びたものである。

6　生と合理性をめぐって

　本章では、北欧ケアの制度的次元の基礎にある思想的次元を明らかにしようとした。そのためには、まずノルウェーの音楽療法の特質が対話的でありコミュニケーション的であること、次にこれが第二次世界大戦後のノルウェーにおける哲学的発展を背景としていること、最後にノルウェーにおける思想発展が北欧ロマン主義につながること、これらを指摘あるいは示唆した。

　ここで中心的な焦点は、生と合理性（理性）の関連であった。シャーヴヘイムの客観主義批判、ネスの感情論、シュテフェンスの「予感」は、人間的生にふさわしい合理性の探求である。

　シャーヴヘイムの客観主義批判の意味は、これを「物象化」論の文脈に位置づけると理解が容易になる。現代社会では人間を事物化する現象が発生する。これが「物象化」である。ノルウェーの社会哲学者ダグ・エスターベルグ（Dag Østerberg）は物象化を「力学的な事物であるかのように」人間が行為し思考し感じることと説明する[68]。需要と供給の法則、市場メカニズムが人間関係を事物にする。市場の運動は人間の行為に最終的には帰着するにしても、「計算と予測」[69]が世界に対する基本的態度となる。ここでは合理性は経済的利潤追求に従属する。もちろん、こうした物象化論を用いなくても、現代人は経済的にはマーケッティング操作、政治的にはメディアによる情報操

作の対象である。少なくともこの限りで、人間は明らかに受動的である。こうした状況において、シャーヴヘイムの対話とコミュニケーションの理論は、人間的生への視野を確保する。

　シャーヴヘイム的観点から生と合理性の関連を考えるために、あらためて音楽療法を取り上げる。

　ノルウェーのコミュニティ音楽療法は、シャーヴヘイムの対話的・コミュニケーション的哲学を前提にしていた[70]。この哲学とコミュニティ音楽療法の類似性は明らかである。音楽療法で客観主義に該当するものとして行動主義的立場がある。これは観察可能な人間行動をとりあげ、音楽刺激を用いて良い行動を「強化」し、問題行動を減少させる。たとえば、子どもの攻撃的で自己中心的な行動の数と程度は、音楽刺激により減少させられる[71]。ここでの焦点は人間の内面性ではなく、外形的な行動である。そして、療法士と「クライアント」の関係は非対称的であり、療法士は指導的立場にあって「クライアント」の行動を操作する。また、用いられる音楽のあり方は文化的質ではなく、刺激としての有効性により決定される。音楽刺激よる行動の「強化」という考え方は、シャーヴヘイムが危機感を抱いた技術的操作に符合する。

　スティーゲは、シャーヴヘイムの哲学を前提にしながら、「文化を中心とする音楽療法」を理論化した。スティーゲは、文化を「他者とともに、他者を通じて」世界とかかわる道と見なす[72]。文化において人間は相互に対話的・コミュニケーション的にかかわる。

　スティーゲの音楽療法理論においては文化修得が中心的役割を果たす。コミュニティへの参加および人間的な共存経験のために[73]、文化修得は意味ある役割を果たす。すでに紹介した実例、ブラスバンド活動を通じたコミュニティへの参加は、こうした文脈の中で音楽療法と見なされる。

　ルードの音楽療法研究においてもコミュニケーションの考察が決定的な位置を占める。彼は音楽療法研究の初期から間主観性を重視する。本来的にいえば、世界あるいは仲間に対する人間の関係は相互的である。この相互性は「我と汝」の関係として哲学的に定式化された[74]。ここでは「我と汝」という

232

対称的な人間関係において、音楽的即興が対話とコミュニケーションの相互行為を可能にする[75]。

　ノルウェーの音楽療法の実例をあげたい。ノルウェーではさまざまな施設でコミュニティ音楽療法が行われている。音楽療法といっても、たとえばある施設では、定期的に音楽療法士が施設を訪問し、希望者と食堂に集まり歌うだけというものもある。音楽療法士の特別の席は設けられず、患者もどこに座ろうと自由である。ある患者は他の患者の隣に座り、別の患者は集団から離れる。着座位置は他の人間との心的・社会的関係を表現しており、着座の自由は人間関係の距離にかかわる自由を意味している。机の上に準備された歌集にはノルウェー語と英語の歌詞が印刷されている。療法士は患者の希望をきいて選曲し、ギターで伴奏する。歌への参加あるいは不参加はさまざまである。なかには黙って座るだけの人もいる。立ち去ってもよい。いずれにしても、人々は自発的にともにあり、音楽活動の主体である[76]。

　若者のための音楽療法セッションでは、音楽療法士が即興的に音楽を演奏し、若者の応答を待ち、音楽的な対話的関係を築いていた。若者は音楽療法士、その他のスタッフ、そして家族とともに共通の空間にあり、共通の時間を体験していた。また別の例をあげればバンド活動がある。障害を持つ人々がロック・バンドを結成し、コミュニティセンターに集い、練習し、コンサートを開催する。

　ノルウェーの音楽療法が実現しようとする生は、人々が音楽において出会い、自己を表現し、対話し、コミュニケーションする、そうした質をもつ。こうした生が幸福の感情を伴えば、ノルデンフェルトの意味において生は健康的である。こうした健康な生の追求として、シャーヴヘイムの哲学はノルウェーの現実の一部になっている。

　ところで、シャーヴヘイムが人間の間主観性から思索したのに対し、ネスの「生の哲学」は感情という観点から生を考察した。すでにディープ・エコロジーにおいてネスは自然とのつながりの感情を思索の基礎にしており、実際に、ネスはこの感情を抱いて自然の中で生きた。ネス晩年の「生の哲学」は感情そのものに肯定的位置を与え、これを理性と統合しようとした。ここ

233

に理性のあり方の検討というシャーヴヘイムと共通する動機が現れる。

　ネスによれば、現代社会においては、理性（合理性）は利潤追求を目的とし、これに服従して道具的となる。しかし、理性という用語はその「二次的で功利的で道具的な使用という現代の拘束服」[77]から解放しなければならない。

　経済的利潤追求から理性を解放するという問題設定は、理性をあらためて生に関連づけることに帰着する。ネスによれば、理性は「我々の生の基礎的価値と目標」[78]に応じるべきである。ここでの基礎的価値と目標とは、ネスに即していえば、自然の中で生きること、また平和的に生きることであり、シャーヴヘイムにとっては対話的・コミュニケーション的な人間の存在である。良き生を実現する理性が探究されなければならない。シャーヴヘイムではこれは生活世界への視野を開く理論であり、ネスにとっては感情と一になった理性であった。

　最後に、本章においてロマン主義について論じた理由をのべる。ロマン主義は、近代自然科学に見られるように、経験に基礎をおく科学に対抗するものであった。自然科学は自然を客体に、精神を主体にする。しかし、シュテフェンスの自然哲学は自然科学ではない。そこでは自然と精神の本質的一体性が認められる。

　シュテフェンスの理性は心情と一である。彼の思索を方向付けたのは「予感」であり、これはより良い状態が到来するという期待、「憧憬」と結びついていた。彼の「予感」は一種の生活理想を提示する。「コペンハーゲン講義」で理性に対して自然が自己を開示し歴史が語りかけるとあるように[79]、シュテフェンス的理性は北欧の歴史の中に自己を位置づけ、自然及び世界と一体的な生を求めた。また、理性が「神性の平和」を「人類全体」に与えるとあるように、理性は争いを乗り越え、平和をもたらすものでもあった。心情の観点から理性のありかたを反省したシュテフェンスの試みは、本章のテーマである「生と合理性をつなぐ思想」の1つの古典的ケースである。北欧思想史の中にこうした哲学的反省があった事実は、北欧の現代を理解する上でも意味があると考えた。

　また、ロマン主義に注目した第2の理由は、コミュニティ音楽療法からえ

られた「予感」である。ロマン主義は、詩が人々を結びつけるという見通し
をもった。こうした発想は音楽療法との思想的つながりを感じさせる。コミュ
ニティにおいて音楽を発展させ人々の文化的生の実現に貢献することは、
経済的利潤追求に生を従属させる傾向への対抗思想になりうると考えたい[80]。

　さらに、哲学的には、ネスの哲学のロマン主義的性格という問題がある。
自然との感情的絆や感情の重視という点において、彼の思想はきわめてロマ
ン主義的である。思想史的にいえば、スピノザ哲学の受容という点でのシュ
テフェンスとネスの共通性は明らかである。これもロマン主義を取り上げた
理由の1つである。

7　おわりに

　本書の基礎には生活世界ケアという考えがある。本書第9章で用いられて
いる「生きられた身体」、「記憶、経験、思考、感情、知恵」などの概念群は、
人間の生において確証される。生活世界ケアが本章の叙述の前提である。

　本章では、北欧ケアの思想的基盤を明らかにするために、生と合理性（理
性）の関係を考察した。いいかえれば、人間的生の観点から合理性を反省す
る試みについて論じた。合理性は、経済的利潤追求という目的及びこの目的
を追求する道具的性格から解放され、人間的生を実現するものでなければな
らない。ここでは、3つの試みが検討された。1つは人間の間主観性を基礎
にし、対話的・コミュニケーション的生を可能にする合理性である（シャーヴ
ヘイム）。次は、理性を感情と統合し、これによって人間的生への道筋をつけ
る哲学である（ネス）。最後は、自然科学に対抗して「予感」を基礎にし「詩」
を中心に思索した哲学である（シュテフェンス）。

　合理性を社会的次元で考察するために、ノルウェーの音楽療法、コミュニ
ティ音楽療法を取り上げた。これは、人間の主観性、対話とコミュニケーショ
ン、コミュニティなどを重視し、生活世界ケアに通じる。コミュニティ音
楽療法がシャーヴヘイムの哲学を前提にしていること、生活世界ケアの基礎

にある現象学的立場を彼が肯定したこと、これらを考えれば、生活世界ケア
とコミュニティ音楽療法に共通性があるのは当然であろう。

　最後に、北欧に生活世界ケアと特徴づけられるケア思想が確立された歴史
的文脈として北欧ロマン主義を示唆しておきたい。20世紀の実存主義が先駆
者とみなしたデンマークのセーレン・オービエ・キェルケゴール（Søren Aabye
Kierkegaard）の哲学は北欧ロマン主義を思想的前提としていた。このようにみ
れば、北欧ロマン主義からキェルケゴールをへて20世紀の実存主義に至る思
想的発展があると考えられる。北欧に現象学的・実存主義的思想が北欧ケア
という形で社会的現実になったのは、この歴史的背景のためであると思われ
る。

注
　1）本章で合理性は理論的能力である理性という同じ意味で用いている。したがって、合理性
　　　（理性）などと表記した。
　2）以下、ルード氏より直接いただいた一文「7月22日以後（Etter 22. Juli）」による。
　3）Ruud, Even（1998）*Music Therapy, Improvisation, Communication, and Culture*, Barcelona
　　　Pub.: Gilsum, 3.
　4）Ibid., 4-5.
　5）Ibid., 20.
　6）Ibid., 25-26.
　7）Ibid., 25-26.
　8）Stiege, Brynjulf（2002）*Culture-Centered Musictherapy*, Barcelona Pub.: Gilsum, 2.
　9）Ibid., 4.
　10）Ibid., 2.
　11）Ibid., 52-5.
　12）Ibid., 56.
　13）Ibid.
　14）Skjervheim, Hans（1959）*Objectivism and the Study of Man*, Universitetforlaget: Oslo, 9.
　15）Ibid., 35.
　16）Ibid., 34.
　17）Ibid., 35.
　18）Ibid., 40.
　19）Ibid., 41.
　20）Ibid., 42.
　21）Ibid., 56.
　22）Ibid., 58.

第 10 章　生と合理性をつなぐ思想

23) von Lüpke, Geseko（2003）*Politik des Herzens*, Arun: Uhlstädt-Kirchhasel, 105.

24) これに対してスピノザは自然における特権的地位を人間という種に認めたとの指摘がある。Cf. Lloyd, Genevieve（1998）*Philosophical Dialogues*,（Nina Witoszek and Andrew Brennan, ed.）, Rowman & Littlefield Publishers: Lanham・Bouler・New York・Oxford, 74.

25) von Lüpke, op. cit. 112.

26) Ibid., 102.

27) Ibid.

28) Ibid., 112.

29) Næss, Arne（2002）*Life's Philosophy*（Huntford, Roland, trans.）, The University of Georgia Press: Ahtns & London, 76.

30) これはトマス・ホッブス（Thomas Hobbes）の思想である。スピノザは自己保存の考えを取り入れているが戦争状態を導き出さない（Cf. *Philosophical Dialogues*, 77）。

31) Cf. Næss, op. cit., 76-77.

32) Ibid., 80.

33) Ibid.

34) Ibid., 82. 具体的には『人形の家』の主人公（女性）が社会的慣行や夫への服従を拒否し、自己の生き方を決定したことを考えればよい。

35) スピノザ『エチカ』, 第一部定義 7。

36) Næss, op. cit., 82.

37) Ibid.

38) 中里巧（1994）『キルケゴールとその風土 北欧ロマンティークと敬虔主義』創文社, 34.

39) Steffens, Henrich（1841）*Was ich erlebte*. 3, Josef Mar und Romp: Breslau, 280/

40) Ibid., 289.

41) Steffens, Henrich（1841）*Was ich erlebte*, 4, Josef Mar und Romp: Breslau, 3.

42) Ibid., 86.

43) Schelling, F. W. J.（1985）*Ideen zu einer Philosophie der Natur als Einleitung in das Studium dieser Wissenschaft*, Ausgewählte Schriften, 1, Suhrkamp Verlag: Frankfurt am Main, 286.

44) Ibid., 294.

45) 『エチカ』, 第二部, 定理 7 参照.

46) シェリングが「スピノザ主義者」であったことについては、以下参照：中河豊（2009）「ヘルダーリンの思想形成とスピノザ受容」「中部哲学会年報」41, 45.

47) Schlegel, Friedrich（1967）"Athenäums Fragmente", *Athenäums Fragmente und andere Schriften*（Huyssen, Andreas, ed.）, Reclam: Stuttgart, 90.

48) Ibid., 91.

49) Ibid., 90.

50) Ibid., 59-60.

51) Steffens, Henrich（1842）*Was ich erlebte*. 5, Josef Mar und Romp: Breslau, 44.

52) Steffens, Henrich（1967）Entledning til Philosophiske Forlesningen, *Henrich Steffens: Forlæsningen og Fragmenter*,（Boyson, Emil. Ed.）, Johan Grundt Tanum Vorlag: Oslo, 112.

53) Ibid., 24.

54) Ibid., 37.

55) Ibid.

56）Ibid.

57）Ibid., 54.

58）Ibid., 88.

59）Ibid., 90.

60）Cf. ibid., 38.

61）Ibid., 39.

62）Ibid., 102.

63）Ibid., 38.

64）Ibid., 115.

65）Ibid., 114.

66）Ibid., 119.

67）Ibid., 106.

68）Østerberg, Dag（1988）*Metasociology*, Norwegian University Press: Oslo, 146.

69）Ibid.

70）これは、B. スティーゲ氏より個人的に教示された。

71）Ruud, Even（1980）*Music Therapy and its Relationship to Current Treatment Theories*, MMB: Saint Lous, 32.

72）Stiege, op. cit.

73）Ibid., 43.

74）Cf. Ruud, op. cit., 39. ここでマルティン・ブーバー（Martin Buber）の哲学が念頭に置かれている。

75）Cf. ibid., 33.

76）これは本章の執筆者の体験に基づく記述である。これ以降の実例も同様である。

77）Næss, op. cit., 87.

78）Ibid., 88.

79）Steffens, op. cit.（1967）, 115.

80）これに関しては、一定の社会的政治的条件が必要である。ノルウェーのコミュニティ音楽療法は、福祉政策と関連している。

参考文献

ノルデンフェルト，L.（2003）『健康の本質』（石渡隆司，森下直貴訳）時空出版.

第 **11** 章

ノーマライゼーションという思想

是永　かな子・浜渦　辰二

1　はじめに

　私たちは、北欧ケアの特徴を在宅ケアと地域ケアのなかに見ながら、その思想的基盤を探って来た。そのなかでいくつかの堅い岩盤に当たってきたといえるが、その1つがノーマライゼーション[1]という原理であることは疑いない。北欧で生まれて、世界に広がり、日本にも浸透してきている、この原理について語らずして、北欧ケアの思想的基盤を語ることはできない。とりあえず簡単にいってしまうと、社会的支援を必要としている人々（障害をもつ人々をはじめとする社会的弱者）を「ノーマルにする」ことではなく、「その障害を共に受容し、彼らにノーマルな生活条件を提供する」という、ノーマライゼーションの原理こそが、障害をもつ人々を施設に隔離するのではなく、在宅や地域で生活することを保障しようとするものであった。しかし、その原理が北欧で生まれ、世界に広がり、日本にも浸透してくるにあたっては、さまざまな賛否両論の議論もあり、インテグレーションやインクルージョンという考えと絡み合いながら、現在では、両手放しで賛同するのは難しくなり、その言葉そのものよりも、その中身が問われるようになってきている。

2　ノーマライゼーションの誕生と法制化

　ノーマライゼーションは河東田博が指摘しているように[2]、1959年デンマーク法[3]策定の過程で、法案作成に関わったニルス・エーリック・バンク＝ミケルセン（Neils Erik Bank-Mikkelsen）によって生み出され、1969年にスウェーデンのベンクト・ニィリエ（Bengt Nirje）によって8つの構成要素が成文化された。さらに、1972年に新たな内容を伴うノーマライゼーションの原理がアメリカのヴォルフ・ヴォルフェンスベルガー（Wolf Wolfensberger）によって示された[4]というのが定説であろう。

　しかし近年の先行研究[5]において、1943年10月15日にスウェーデン政府によって召集された「部分的に労働可能な者のための検討委員会（Kommitténs för Partiellt Arbetsföra）」による最終報告書の中で「ノーマライゼーション（Normalisering）」[6]という表現が使われていることが指摘されている。同委員会は、「部分的に労働可能な者の生産能力を活用する機会を増やす」[7]ために9名の検討委員によって設置された。ここでいう「部分的に労働可能な者」とは、6グループあり、それぞれ、①盲・弱視、②難聴・聾、③肢体不自由、④結核、⑤慢性疾患・高齢者、⑥その他（精神障害、神経症、知的障害、人格障害、アルコール中毒、犯罪者等）[8]であった。障害者や「社会的弱者」の中でも労働可能な者を対象にした議論において、1940年代にすでにノーマライゼーションという表現が用いられているのである。つまり、ここではノーマライゼーションの対象となる「社会的弱者」が広く理解されている一方で、「部分的に労働可能」という制限によってその対象を限定しているともいえる。ノーマライゼーション理念がどのように生成されたのか、そもそもノーマライゼーション理念とは何を意味し、どの時点で「成立」したと捉えるかの再検討が今後必要になろう。

　「部分的に労働可能な者のための検討委員会」には視覚障害の当事者チャールス・ヘッドクヴィスト（Charles Hedqvist）[9]のみならず、同一労働同一賃金を提唱したレーン＝メイドナー・モデルのヨスタ・レーン（Gösta Rehn）や1934

第 11 章　ノーマライゼーションという思想

年に『人口問題の危機』を著したミュルダール夫妻のアルバ・ミュルダール（Alva Myrdal）[10]も参加していた。また1960-70年代に後述する全国知的障害児者協会（FUB）の中心メンバーとなって国連の「知的障害者の権利宣言」草案作成にも参加したリカルド・ステルネル（Ricard Sterner）も当初は委員として参加していたのである[11]。このような委員で障害者や「社会的弱者」の問題を議論したのは、国民国家としての統合が意識されていたからではないかと推察される。なぜなら1940年代のスウェーデンは、1928年の社会民主労働党のペール・アルビン・ハンソン（Per Albin Hansson）による「国民の家（Folkhemmet）」構想の提起後、1932年からの社会民主労働党の長期政権下で、国家体制を構築するためのさまざまな議論に着手していたからである。

　「部分的に労働可能な者のための検討委員会」が1946年に出した最終報告書[12]では、「部分的に労働可能な者」の生活や教育、雇用の状況を「ノーマライズ」することが必要であるとされていた[13]。しかしこの考え方は「部分的に労働可能な者」を対象としていたため、重度の障害者は除外されている。

　1940年代は教育においても障害児の教育保障の議論がなされていたが、やはり重度の子どもは除外されていた。具体的には、1944年の知的障害教育及び保護法（SFS 1944:477）[14]では「教育可能（bildbara）」な知的障害児者に教育や労働を保障するため、就学前の知的障害児の養育施設、学齢期の知的障害児の教育施設、就学後の知的障害者のための労働施設を県が準備する責任を規定した。しかし、一方で「教育不可能（obildbara）」な子どもはその対象にならなかった。その後1950年代にも教育や保護の対象は徐々に拡大されるものの、「全ての者」が包括されるのは1960年代まで待たなければならなかった。1954年の「知的障害児者（vissa psykiskt efterblivna）の教育及び保護法（SFS 1954:483）[15]」では、学校教育環境の改善が図られ、知的障害特別学校は通学制と寄宿制が保障され、労働施設、老後施設、保護施設が規定された。しかし「教育不可能」な重度・重複障害児者はこの法律の対象にはならなかった。

　以上から1940-50年代は、障害児者の中でも「就労可能（arbetsföra）」か「就労不可能（icke arbetsföra）」か、また「教育可能」か「教育不可能」かという区別がされ、就労や教育「可能」な障害児者のみその対象とされていたので

241

ある。これが1940-50年代のスウェーデンにおける「ノーマライゼーション」議論の限界であった。

　他方、デンマークにおいては、1950年代にバンク＝ミケルセンらの貢献により、「1959年法」においてノーマライゼーション理念が初めて法律で用いられたとされている[16]。メルクマールとなったのは1959年法施行に関連した内閣行政令1959年12月8日の4章Aにある「ノーマルな生活状態にできるだけ近づいた生活を作り出すこと」という文書である。その後、施設生活のノーマライゼーション、地域との統合化、法の下の平等化が実現されるべき目標となった[17]。公式な文書にノーマライゼーションが規定され、政策として具体化していく。また1959年法の具体的な内容、特にその前文に記された、知的障害者ができるだけノーマルな生活が送れるようにする[18]という表現によって、「1959年法」はノーマライゼーションが盛り込まれた世界で初めての法律とみなされたのである。

　バンク＝ミケルセンは、「ノーマライゼーションとは、イクォーライゼーション（平等化）であり、ヒューマニゼーション（人間化）」[19]であるという。ノーマライゼーションは、「全ての人が当然持っている通常の生活を送る権利をできる限り保障する」という目標を一言で表したものとする[20]。障害者をノーマルに変えるのではなく、ノーマルな権利を保障できるために環境を変えるという視点が重要である。

　デンマークにおけるノーマライゼーションの発端は、1952年にデンマークで結成された知的障害者親の会（Landsforeningen Evnesvages Vel: LEV）の運動にあったとされる[21]。戦後の知的障害者への処遇は、隔離的であり、保護主義の色彩の強いものであった。1,500床以上の巨大施設に知的障害者（児）を大勢詰め込んでいたことや優生手術を無差別に実施する等の非人間的処遇も指摘されている[22]。このような背景で知的障害者親の会が発足する。親の会の目的は、施設の小規模化や施設を地域につくること、知的障害児の教育を受ける機会の確保などであり、政府に対してそのような政策をとることを求めていくようになる[23]。このようにデンマークやスウェーデンの障害者政策においては当事者の運動の影響が大きい。

242

第 11 章　ノーマライゼーションという思想

　当時、親の会の活動には少数の専門家が加わっていたが、多くの専門家は懐疑的で、この会を自分たちの仕事に何ら影響を与えない圧力団体に過ぎないものと考えていた。当初親の会はサービスシステムに施設の定員超過などの欠陥があると批判した[24]。さらに1953年12月には、親の会は福祉サービスに責任をもつ社会省（Minister of Social Affairs）大臣宛に要請書を送り、その中で福祉サービスの問題点を討議する委員会の発足を要請した[25]。さらに親の会は、収容施設の改善、小規模施設の設立、自発的活動の原則、などの問題の解決を求めた。このように障害者の「人権」が侵害されている領域において、ノーマルな権利を要求する運動が展開したのである。

　この親の会の要望を受けた社会省の担当者であったバンク゠ミケルセンは親の会の活動に個人的に協力していたこともあり、社会大臣あてに提出する要請書の起草を依頼され[26]、「ノーマライゼーション」の用語を用いて親の要請を文章化した[27]。1953年に提出された要請書のタイトルに「ノーマライゼーション」を使用したのがこの言葉のはじまりであるとされる[28]。親の会からの要請を受けた社会省は、数ヵ月後に「知的障害者に関する福祉政策委員会」を設置する。15人で構成された委員会は親の会の代表2人、医師7人と役人6人で構成され、バンク゠ミケルセンは委員長となった[29]。このような彼の当時の動きは「社会省の担当者」以上のものであり、親の会の要望を「ノーマライゼーション」という表現を用いて明示したのである。

　1954年にデンマーク憲法は、「人権と市民権に関する欧州条約」に適合するように改正されて、知的障害者の行政や裁判に関する権利も一定強化された[30]。よって「1959年法」制定の背景には国際的な動きも反映されていたのである。

　さて、上記委員会の討議の結果、「知的障害をもっていても、その人は1人の人格を持つものでありノーマルな人々と同じように生活する権利をもつ人間である」という考え方に至った。この新しい理念を包括した報告書が1958年9月に社会大臣に提出され、法案として議会に上程された[31]。法案は議会で審議され、1959年に新しい法律[32]が制定されたのであった。他にも、親の会は知的障害者のための国によるサービスの国レベルの委員会や11の州にお

243

ける「査察委員会」の設置について要求した。1970年の改組法（Reorganization Act）の下では、他の子ども・青少年福祉とのリハビリテーションや知的障害サービスとの統合、親の会の国家諮問委員会と州諮問委員会の両方に2名の代表によって参加することとなった[33]。障害児者のみの特別法の廃止と統合された社会扶助法の制定は1978年5月に議会で承認され、1980年1月1日から施行された[34]。このように特別な存在からノーマルな存在に認められるために、制度的には「統合（インテグレーション）」が推進された。

　その後バンク＝ミケルセンは知的障害部門副支部長となり、この職を1973年まで続けてノーマライゼーションの実現に努めた[35]。また、1969年のアメリカにおける会議において、デンマークの施設の小規模化について統計的な数字を挙げて、施設数と収容定員数を比較しつつ、個室化や小規模化、地域化を推進していることを示した[36]。その背景には、当時のアメリカにおける障害者処遇の劣悪さに対する憤りもあったようである。バンク＝ミケルセンの「1959年法」への貢献とノーマライゼーションの世界的展開によって、彼は「ノーマライゼーションの父」と呼ばれるようになっていった。ただし、彼のいうノーマライゼーションは、知的障害児者の問題を中心に考えられていたと言えよう。

　またバンク＝ミケルセンの思想の背景には、子ども時代に育ったインナー・ミッションの雰囲気、キリスト教、そしてナチスによる抑圧も大きな影響をもっていたとされる[37]。彼はコペンハーゲン大学在学中に反ナチズムのレジスタンス運動に参加して捕えられ、強制収容所に投獄された経験をもっている[38]。知的障害者に対する「隔離・収容・断種」政策とナチスがユダヤ系市民や障害者たちに対して行った「隔離・収容・絶滅」政策との思想的同根性を鋭く指摘している。ナチズムを支えた人間観への根本的批判を背景として、ノーマライゼーションは知的障害者がおかれていた反福祉的現実に対する平和―福祉思想として登場した[39]。このようにノーマライゼーションは障害者のみの問題ではなく、人権問題を内包する課題意識があったと言えよう。

　バンク＝ミケルセンは以下のように指摘する。ノーマライゼーションとは基本的には種々のドグマ、特に何世紀ものあいだ知的障害の人々を困らせて

244

きた保護主義に対する攻撃であった[40]、と。前述のように、ノーマライゼーションとは、知的障害者をいわゆるノーマルな人にすることを目的にしているのではなく、知的障害者をその障害とともに受容することであり、彼らにノーマルな生活条件を提供することである。すなわち最大限に発達できるようにするという目的のために、障害者個人のニーズに合わせた処遇、教育、訓練を含めて、他の市民に保障されているのと同じ条件を彼らに提供することを意味している[41]、と。

デンマークでは1980年1月より、障害者に対するサービスを定める特別の法律が廃止され、社会援助法（The Social Assistance Act）の中に統合されることになった。ノーマライゼーションは、基本的に法律の下の平等を前提にしている。あらゆるサービスが特別な障害のためにあるのではなく、特別なニーズのある個人に対して必要なすべての援助を提供することを意味するようになった。また1980年の法改正によって、障害者に対するサービスの権限と責任が、脱中央集権化として中央政府から地方自治体に移されることになった。これもノーマライゼーションの考えのもとに、障害者と政策立案者との間の距離をなくすとともに、全ての障害者を地域社会の中に統合していくことを促進するものであった[42]。ゆえに地域社会への統合を制度的統合、脱中央集権化として具体化していったと言えよう。

バンク＝ミケルセンはWHOのアドバイザーとして36カ国を訪問した。ノーマライゼーションの理念を世界に広げる国際的な働きはそれぞれの国の政策に反映され、1968年に知的障害者福祉の分野で優れた業績を上げた研究者や団体に贈られる「ケネディ国際賞」を受賞する。

3　ノーマライゼーションの展開と課題

1960年代に入り、スウェーデンにおいてもノーマライゼーションを政策に反映させる機運が生じてきた。たとえば1958年5月2日に召集され1966年に報告書を提出した「子どもの施設に関する検討委員会（Barnanstaltsutredningen）」

でも特別学校の子どもの状況を「ノーマライズ」するべきことが指摘されている[43]。

1967年にノーマライゼーションの原理を盛り込んだ「知的障害者福祉法」(SFS 1967:940)[44]が制定される。この法律では「教育不可能」という表現は消滅し、従来の「知的障害基礎学校（Grundsärskola）」のみならず重度知的障害児のために「訓練学校（Träningsskolan）」が設立され、すべての子どもを対象とした義務教育が確立した。完全義務制実施に伴う資源不足に関しては、通常学校としての基礎学校の施設を活用する「場の統合（Lokalintegring）」が推進されたため、1970年には43.6％であった知的障害基礎学校の場の統合は、1976年には80％を超えた[45]。この資源の有効利用によって、障害児と非障害児が日常的に交流できる環境がつくられたのである。そして知的障害特別学校の最初の学習指導要領（Lsä73）が1973年に制定されるなど、知的障害特別学校の教育内容も整備されていった。他にも同時期には、グループホームの試行、小グループ制、個人処遇プログラム、入所施設中心の処遇のあり方の見直しなどの居住環境の質的改善を実現させ、「看護・介護（Vård）」（ヴォード）から「福祉（Omsorg）」（オムソーリ）[46]へという知的障害者福祉の新しい概念が提示されたのである。

このような障害者対策の背景にはニィリエによって1969年に体系化されたノーマライゼーション[47]がある。ノーマライゼーションに基づいて社会や学校における「統合（Integrering）」（インテグレーション）を推進し、大規模収容施設の脱施設化を具体化していった。彼は、ノーマライゼーションを社会の主流になっている規範や様式と可能な限り近い日常生活の様式と条件を知的障害者が得られるようにすること[48]、後に生活環境や彼らの地域生活が可能な限り通常のものと近いか、あるいは、まったく同じようになるように、生活様式や日常生活の状態を、すべての知的障害や他の障害のある人々に適した形で、正しく適用すること、と定義している[49]。またノーマライゼーションは障害者を「ノーマル」な行動をするよう変革する、という誤解を解くために、ノーマライゼーションとは、人間をノーマルにすることではなく、知的障害者が可能な限り社会の人々と同等の個人的な多様性と選択性のある生活

246

第 11 章　ノーマライゼーションという思想

条件を得るために、必要な支援や可能性が与えられるべきという意味である、と再定義した[50]。しかし、この「誤解」の解消は容易ではなく、後に「疑問」や「課題」として顕在化する。

ニィリエは、障害児者が人間として発達していくために必要な以下の8つの構成要素を示した[51]。①1日のノーマルなリズム、②1週間のノーマルなリズム、③1年間のノーマルなリズム、④ライフサイクルにおけるノーマルな発達的経験、⑤ノーマルな個人の尊厳と自己決定（知的障害者自身の選択や希望、要望が可能な限り考慮に入れなければならないこと）、⑥その文化におけるノーマルな性的関係（両性世界での生活）、⑦その社会におけるノーマルな経済水準とそれを得る権利、⑧ノーマルな環境形態と水準、である。ニィリエもバンク＝ミケルセンと同様、知的障害の問題から出発しているが、この8つの構成要素を見ると、広く障害の問題を捉えようとしていると思われる。

また、ニィリエは、1961年から1970年まで知的障害児者協会（FUB）の事務局兼オンブズマンであり、この間、障害者団体中央委員会委員、政府障害者専門委員会委員（Handikapporganisationernas Centralkommitté: HCK）を務めるなど、カール・グリュネバルド（Karl Grunewald）[52]や当事者とともにノーマライゼーションの普及およびノーマルな生活獲得のための運動を推進した。

スウェーデンでは1980年には社会サービス法（SFS 1980:620）によって、高齢者福祉、障害者福祉、児童福祉、公的扶助、薬物・アルコール依存患者の保護など、福祉に関する法律が統合され、基礎自治体としてのコミューンがそれらの支援に対して責任をもつこととなった。一方で、1982年には保健・医療法（SFS 1982:763）によって、リハビリテーションや補助器具などを含む保健・医療支援に関しては県が責任をもつこととなり、コミューンと県の責任分担が明確になった。

そして1985年には「知的障害者特別福祉法」（SFS 1985:568）が制定された[53]。知的障害者特別福祉法は社会サービス法や保健・医療法、学校法を補完し、障害児と非障害児の早期の統合によって障害児の社会性と情緒面の発達を促すことを期待しており、知的障害のある人が知的障害のない人とより同等な生活を送る可能性を強化した。具体的には、①相談援助サービスやその他の

247

個人的サポートと特別なコンタクトパーソンによるサポート、②デイセンターにおける日中活動、③ショートステイサービスや相談援助サービス、12歳を超える子どもの学童保育、④保護者と暮らすことができない子どもの里親と学生ホーム、⑤自立生活が困難な成人のグループホーム、が規定されたのである。統合された福祉を補完する法律としての知的障害者特別福祉法によって、障害者の権利保障の可能性が拡大し、1993年のLSS法（特定の機能障害を有する人々の援助とサービスに関する法律、SFS 1993:387）[54]につながっていく。

　また、1985年の学校法（SFS 1985:1100）では、障害児に対する教育責任が社会省（Socialdepartment）から教育省（Utbildningsdepartment）へ移行した。そして知的障害特別学校は1988年から1996年にかけて県からコミューンに管轄が移行した。管轄移行しても資源は確保されるのかという議論がなされたが、その過程の1993年に、知的障害者特別福祉法に変わってLSS法が権利法として制定されたのである。このように1980年代以降は福祉の総合化と障害福祉の個別化の同時追求が行われた。

　スウェーデンにおいて障害者は、全国視覚障害者協会（Synskadades riksförbund）や全国聴覚障害者・難聴者協会（Riksförbundet för döva och hörselskadade barn）、全国肢体不自由者協会（Riksförbundet för rörelsehindrade barn och ungdomar）などの当事者団体に所属し、意見を表明して関連する政策などに反映させる。ここでは知的障害児者の当事者団体としての全国知的障害児者協会（FUB）を取り上げる[55]。

　FUBは1952年にソーシャルワーカー（Socionomen）のヒエルストローム（G. A. Hjelmström）のイニシアティブによって、知的障害児者協会（Föreningen för utvecklingsstörda Barn, Ungdomar och Vuxna: FUB）としてストックホルム市で編成された。その後1956年には30地域でFUBが編成された。2,500人のメンバーと共に、1956年にFUBは全国組織（Riksförbundet för Utvecklingsstörda Barn Ungdomar och Vuxna: RFUB）となった。その後の展開は早く、1957年には11の県団体が、1958年には35の地域および県の団体が、1962年には全ての県に団体ができ、1964年には78の地域団体が設立された。今日では150の地域団体、26,500人のメンバーがいる。

248

第11章　ノーマライゼーションという思想

　全国組織となった1956年以降のFUBは保護者、施設職員、教員らによって組織され、強力な運動が展開された。そして、施設中心だった政府の方針を転換させ、1967年にノーマライゼーションの理念による知的障害者特別福祉法を制定させたと言える。この法律の基本的な原理は、社会の特別な援護を必要としている全ての「知的障害者」をできるだけノーマルな社会生活に参加させることである[56]。

　FUBは常に障害のある人のための良好な生活の権利を主張し、議会と政府に影響を与えている。FUBは知的障害者の発達や自立・社会参加に関するさまざまな研究を行う研究支援組織としてALA（Anpassning till Liv och Arbete, 生活と労働への適応）基金を1964年に設立し、問題提起を続けている。他にもFUBが要求した例として、子どもの学校や仕事への送り迎えから保護者を解放する移送サービスがあり、それは今日の交通サービスにつながった。また、成人教育の要求は今日の障害者を対象とした国民高等学校や学習サークルにつながり、保護者支援は今日のメンバーへの助言機能につながっている。障害のある子ども本人、家族、介護者（Anhöriga）[57]、職員の出会いの場も、実際に会う活動とソーシャルメディアを活用する活動双方を提供している。

　ノーマライゼーションの推進においても、FUBはニィリエやグリュネバルド、政府障害者専門委員会（HCK）とともに運動を展開した。またニィリエはその後ウプサラ大学ハンディキャップ研究所顧問も務め、ノーマライゼーション理念の普及に努めた。今日、政府障害者専門委員会は、37の関係団体40万人のメンバーによって構成される障害者連盟（Handikapp Förbunden）になっている。当事者団体は団結して、当事者の声を反映させた政策を要求し続けているのである。

　その後、ノーマライゼーションは世界的に展開していく。国際的な動向としては、まず、1971年の国連の知的障害者権利宣言（United Nations Declaration of the Right of Mentally Retarded Persons）にノーマライゼーションの理念が盛り込まれた[58]。その後ノーマライゼーションは1975年の「国連障害者権利宣言」の土台ともなり、「国際障害者年」のテーマを「完全参加と平等」とした国連決議（34/154、1979年）へとつながっていく[59]。1981年の国際障害者年がきっか

249

けとなって、日本でもノーマライゼーションという言葉が使われるようになった[60]。このようにノーマライゼーションは国連を通じて世界的に浸透していったのである。

　他の国、たとえばノルウェーでは、1967年に初めてノーマライゼーションが公式な文書に示された[61]。ノーマライゼーションとインテグレーションを、特別な教育的ニーズをもつ児童生徒のケアの基本概念にするという政府文書が公刊された[62]のである。1967年6月に出された障害者政策に関する白書では、ノーマライゼーションは次のように定義されていた。「医学的・社会的処遇、保育、教育、雇用、福祉に関して障害者とその他の市民との間に境界線を不必要に引くべきではない。ノーマライゼーションには、障害者の積極性を強調する意味もある。他の市民と同様に障害者も各人の能力と関心に応じて教育を受けるべきである。教育の目的は、できる限り多くの障害者が当たり前の労働に従事できるようにすることである」、と[63]。

　またアメリカでは、ヴォルフェンスベルガーがノーマライゼーションを「可能なかぎり文化的にノーマルである身体的な行動や特徴を維持したり、確立したりするために、可能なかぎり文化的に通常となっている手段を利用すること」と再構成するなど[64]、ノーマライゼーションを独自に理論化・体系化して発展させた。しかし、障害をもつ人の不利益を減少させて、他の人と「同じにする」ことだけを目標に考えてしまうと、課題が生じることもある。ヴォルフェンスベルガーは、アメリカの多民族・多文化性の社会背景のために「社会に価値を付与する（social role valorization）」[65]、という言葉を用いるべきだとの結論に至っている。これはノーマライゼーションの考え方に内在していた社会の主流にマイノリティを同化させるという発想（同化主義）における問題点を背景にしている。しかしさまざまな固有の生活習慣や文化をもつマイノリティの固有性やニーズ、生活スタイル等を尊重せずに、単に社会の主流に合わせようとしたために、かえってマイノリティにとってはさまざまな不都合を生み出した。ヴォルフェンスベルガーがノーマライゼーションの考え方を発展させて「文化的に通常（ノーマル）」という語で、ノーマライゼーションを文化依存的に捉えたことは議論を引き起こすことになった。

第 11 章　ノーマライゼーションという思想

　このように、1980年代以降ノーマライゼーションに基づく社会福祉や環境改善のための研究・実践が盛んになされ、世界各国でノーマライゼーションを盛り込んだ法制度が策定されるようになってきた。その後も知的障害者の大規模収容施設は徐々に閉鎖され、代わりに地域での生活を支える諸サービスへの転換が図られつつある。

　スウェーデンにおいても知的障害者特別福祉法が1986年11月１日に施行され、その第３条には、普通の生活をするために必要な特別なサービスの提供とサービス受給者の自己決定権の明文化がされた。それらはノーマライゼーション実現のための条件として規定されたものであると、その「目的」が示されている[66]。しかし、スウェーデンにおけるノーマライゼーションの議論は変容していく。グリュネバルトは1986年の論文「スウェーデンにおけるノーマライゼーションの現状」において、1968年以降、特に1974年から1983年にかけてのスウェーデンのサービスの変化について次のように述べている。「スウェーデンではノーマライゼーションの原理はアメリカのように知的分析に陥らず、現実が優先し、ノーマルな生活をしたいと願う人たちの下で追求された。施設の面でも小規模化、個の尊重、地域との統合がめざされた。統合はノーマルな生活を達成する最も重要な手段と考えられてきた。今日、ノーマライゼーションの原理は知的障害者の生活のすべての状況に具体化しており、単に施設内生活におけるノーマライゼーション以上のものとしてある」[67]、と。

4　ノーマライゼーション、インテグレーション、インクルージョン

　しかし、その頃スウェーデンでは、ノーマライゼーションに対する「疑問」が示されつつあった。障害児の特別学校の状況に関する国の調査報告書『障害者、統合され、ノーマライズされ、評価された（Handikappad, integrerad, normaliserad, utvärderad)』（SOU 1980:34）では、ノーマライゼーションが「環境をノーマライズ」することではなく、「環境にあった人々」のような誤解が発

251

生する危険性が大きいことから「ノーマライゼーション」という言葉を障害者関係の分野から除外したい、とされた[68]。また、特別サービスに関する1977年委員会が調査を行ったさいには「ノーマライゼーションの原理は大変重要な根本原理である」[69]とされたものの、後の1993年の国連の障害者の機会均等化に関する基準規則の成文化の際にはノーマライゼーションの概念は触れられていない[70]。

モーテン・セーデル（Mårten Söder）は、1990年代には「インテグレーション（統合）」と「ノーマライゼーション」の強調から「参画、平等と自己決定」に変わっていったと分析する。より高度に「権利」の概念を強調するようになってきたことを指摘し、現在のLSS法の構築においては、「権利」として実現させるための具体的なサービスの利用を成文化している、と。この変遷をセーデルは3つの観点から解釈する。第1は目標が同じだが用語のみが代えられた点、第2はノーマライゼーションが知的障害者のためだけのものと思われていた点、第3にノーマライゼーションは障害者自身が成文化したものではないという主張という点である、と[71]。

このような動向を踏まえて河東田は[72]、スウェーデンのように公文書からノーマライゼーションという用語が消えた国もあれば、今日のように混沌とした時代だからこそノーマライゼーションが必要だという国もあり、日本は後者に属すると分析する。このように「本家」である北欧ではノーマライゼーションの用語は現在はあまり使用されていないことに留意すべきであろう。

ここでノーマライゼーションと、インテグレーション（統合）、インクルージョン（包摂）との関係について確認しておく。ノーマライゼーション（Normalisering）発祥の地である北欧では、社会や学校におけるインテグレーション（Integrering）を推進し、大規模収容施設の脱施設化[73]や教育的統合を具体化してきた。そのためインテグレーションはノーマライゼーションのための手段であると位置づけられていた[74]。ノーマライゼーション思想の展開とともに、スウェーデンの教育の分野でインテグレーションという理念が拡がりをみせたのは1960年代末であった。

学校教育におけるインテグレーションは「統合教育」として具体化されて

きた。統合教育に関しては、障害児が非障害児と同じ場所で学ぶ位置的統合や、子どもが相互に関わりながら学ぶ社会的統合、そして、すべての教育課程や学校での活動と不可分の要素として障害児を位置づける機能的統合などがある[75]。ノーマライゼーションの理念の展開とともに、障害児に対する教育が改善され、特別学校と通常学校とが敷地を共有する「場の統合」から通常学級において障害児と非障害児が共に学習する「個の統合」が目指された。このようにインテグレーションの具体化にも多様性・階層性が存在する。

しかし1980年代以降インテグレーションは、学年進行による教育的統合の課題の顕在化等、困難に直面していた[76]。その困難を克服する手段として、特別教育と通常教育を前提とした二元論から、すべての子どもが地域の学校という枠組みで教育を受ける一元論もしくは多元論としてのインクルージョン（Inclusion）が構想された。特別教育はインテグレーション（統合）から、地域の学校の通常学級の枠組みの中で提供されるべきというインクルージョン（包摂）に転換していった[77]。その結果、1990年代以降は、ノーマライゼーション思想の成熟とともに、インテグレーションはユネスコの「サラマンカ声明」に象徴されるインクルージョンに転換されていく[78]。一方で、スウェーデンのインテグレーションには当初から個の尊厳（Integrity）が内包されていたことも指摘されており[79]、スウェーデンではインテグレーションという語が今も重視されている。ちなみにユネスコはインクルージョンをインクルーシブな状態を求める過程そのものであると定義するため[80]、障害児の統合も「完成形」があるのではなく、よりよい教育を志向し続ける過程が重要であると言えよう。

5　おわりに

冒頭で述べたように、ノーマライゼーションの起源はデンマークの1959年法以前の1940年代のスウェーデンの議論が端緒であるという指摘がある。しかし、1940年の議論はそもそもどこから来たのか、誰が積極的に提唱したの

かなど、不明な点が多いほか、時代としても「就労可能」や「教育可能」の障害者に関する議論であり、「排除」されている障害児者が大半であったため、ノーマライゼーションの対象も限定的であった。またこのスウェーデンの議論が1950年代のデンマークの親の会やバンク＝ミケルセンの動向にどの程度影響を与えたかも判然としないため、今後も検討が必要であろう。

　1950年代のデンマークでは、親の会を中心にノーマルな生活を求める運動が起こり、社会省への要請、検討委員会の設置、1959年の法律制定につながったとされており、そのキーパーソンとしてバンク＝ミケルセンの役割が注目されている。ところが、彼自身が著した論文や日本で入手できるデンマークのノーマライゼーションに関する文献も少ないため、原典にあたって彼の主張を再度確認することが今後の課題である。

　日本では障害者のみならず高齢者も含めて社会的弱者に対する福祉を語るさいに、生活様式や生活条件の改善のキーワードとして「ノーマライゼーション」が使用される。これはノーマライゼーションがめざす「ノーマル」が多くの場面で活用できる可能性に着目し、障害者とともに高齢者の「ノーマライゼーション」も「日本で」一緒に論じた影響なども大きいであろう[81]。「混沌とした状況」であるからこそ、日本ではノーマライゼーションを「包括概念」として使用しているとも考えられる。しかし北欧の実践を、障害児教育や障害者教育福祉以外の領域において「ノーマライゼーション」の文脈で分析する際には、注意が必要であると考える。

注
1）デンマーク語、スウェーデン語の Normalisering は、英語では Normalization と示される。日本語訳では、ヨーロッパの発音に基づく「ノーマリゼーション」とアメリカの発音に基づく「ノーマライゼーション」の表記があるが、本書では「ノーマライゼーション」と表記する。
2）河東田博（2005）「新説1946年ノーマライゼーションの原理」『立教大学コミュニティ福祉学部紀要』7, 13-23. 同（2009）『ノーマライゼーション原理とは何か――人権と共生の原理の探求』現代書館. 2.
3）The Act no.192 of June 5.（1959）The Act concerning the Care of the Mentally Retarded and other exceptionally Retarded Persons. Lov nr. 192 af 5. juni 1959 om forsorgen for

åndssvage og andre særlig svagtbegavede.

4) ヴォルフェンスベルガー（1982）『ノーマリゼーション―社会福祉サービスの本質―』（中園康夫・清水貞夫編訳）学苑社.

5) たとえば、次のような文献を参照。Ericsson, K. (2002) *From Institutional Life to Community Participation*. Acta Universitatis Upsaliensis, Uppsala Studies in Education 99；ケント・エリクソン（2012）『スウェーデンにおける施設解体と地域生活支援　施設カールスルンドの誕生と解体までを拠り所に』（河東田博・古関ダール瑞穂訳）現代書館；ジョーラン・グラニンガー，ジョン・ロビーン，シシリア・ロボス（2007）『スウェーデン・ノーマライゼーションへの道―知的障害者福祉とカール・グリュネバルド』（田代幹康訳著）現代書館，57-58.

6) SOU（Statens offentiliga utredningar）. (1946), **24**, 28.

7) SOU op. cit., 13.

8) SOU op. cit., 14.

9) SOU op. cit., 12に自身が盲（Själv blind）という表現がある。

10) SOU op. cit., 8.

11) op.cit. 5; ジョーラン・グラニンガーほか op. cit., 58.; SOU op. cit., 6.

12) SOU op. cit.

13) SOU.op. cit., 28.

14) 1944 års lag (SFS 1944: 477) Lag om undervisning och vård av bildbara sinnesslöa.

15) SFS 1954:483, 1954 års lag (SFS 1954:483) Lag om undervisning och vård av vissa psykiskt efterbliva. 1951 års sinnesslövårdskommitté (1951 års sinnesslövårdsutredning, 1952) som mer uttalat fick i direktiv att lämna ett anstaltstänkande.（Betänkande med förslag till Lag om undervisning och vård av vissa psykiskt efterblivna Dess förslag resulterade i 1954 års lag (SFS 1954:483).

16) 花村春樹（1998）『「ノーマリゼーションの父」N・E・バンク-ミケルセン―その生涯と思想』ミネルヴァ書房.（なお、Bank-Mikkelsen という名前の表記を、本書では他の章とも統一するため、バンク=ミケルセンとした。）

17) 中園康夫（1996）『ノーマリゼーション原理の研究　欧米の理論と実践』海声社，49.

18) Danish National Service for the Mentally Retarded to provide people with learning disabilities with living conditions as close to those of others in society as possible.（2009）. *The Normalization Principle and its Human Management Implications' by Bengt Nirje*. http://www.childrenwebmag.com/child-care-history-policy/the-normalization- principle-and-its-human-management-implications-by-bengt-nirje（2017年5月2日）

19) 花村春樹 op. cit., 115.

20) 同上，155.

21) 知的障害者親の会は現在まで続いている。LEV HP, http://www.lev.dk/（2017年5月2日）

22) 花村春樹 op. cit., 79.

23) 同上.

24) 中園康夫 op. cit. 50.

25) 同　上　；Herr, S. S.（1977）*Rights into Action: Protecting Human Rights of the Mentally Handicapped*, Catholic Univ. Low Review, **26**, 291.

26) 江草安彦（1982）『ノーマリゼーションへの道』全国社会福祉協議会，**40**.

27）花村春樹 op. cit., 80.

28）江草安彦 op. cit., 40.

29）花村春樹 op. cit., 81.

30）Herr op. cit., 292.

31）花村春樹 op. cit., 81.

32）The Act no.192 of June 5, 1959. The Act concerning the Care of the Mentally Retarded and other exceptionally Retarded Persons. Lov nr. 192 af 5. juni 1959 om forsorgen for åndssvage og andre særlig svagtbegavede.

33）Herr op. cit., 293.

34）中園康夫 op. cit., 51-52.

35）花村春樹 op. cit., 85.

36）Bank-Mikkelsen, Niels Erik（1969）"Chapter 10, A metropolitan Area in Denmark: Copenhagen", In: R. B. Kugel and W. Wolfensberger（eds）, *Changing Patterns in Residential Services for the Mentally Retarded*, Washington D. C.: President's Committee on Mental Retardation, 237-254.

37）花村春樹 op. cit., 119.

38）江草安彦 op. cit., 40.

39）花村春樹 op. cit., 69.

40）鈴木勉（2003）「ノーマライゼーションと障害者の人権」『ノーマライゼーションと日本の「脱施設化」』（鈴木勉，塩見洋介他著，障害者生活支援システム研究会編）かもがわ出版，9.

41）江草安彦 op. cit., 40-41.

42）同上，43-44.

43）SOU 1965:66, 63.

44）1967 års omsorgslag lagen（1967: 940）angående omsorger om vissa psykiskt utvecklingsstörda.

45）石田祥代（2003）『スウェーデンのインテグレーションの展開に関する歴史的研究』風間書房.

46）訳語についてはその使用方法や意味内容が広範囲に亘り，文脈によっても異なるため，本稿では，Omsorg を「福祉」、Vård を意味に即して「看護」または「介護」と訳すこととする。斉藤弥生（2014）『スウェーデンにみる高齢者介護の供給と編成』大阪大学出版会，129-134.

47）Nirje, B.（1969）"The Normalization Principle and its Human Management Implications", In: Kugel & Wolfensberger（eds）, op.cit.

48）Nirje op. cit., 181.

49）Nirje, B.（1993）"The normalization principle - 25 years later", In: *Arjessa tapahtuu! - Comments on mental retardation and adult education*（U. Lahtinen and R. Pirtimaa, eds）, The Institute for Educational Research, University of Jyväskyla, Finland, 1-21.

50）ベンクト・ニィリエ（2000）『ノーマライゼーションの原理──普遍化と社会変革を求めて』（河東田博・橋本由紀子・杉田穏子訳編）現代書館.

51）Nirje op. cit.（1969）, 182-185.

52）ジョーラン・グラニンガーほか op. cit.

第11章　ノーマライゼーションという思想

53）Lag（1985: 568），om särskilda omsorger om psykiskt utvecklingsstörda m. fl.

54）Lag（1993: 387），om stöd och service till vissa funktionshindrade.

55）Everitt, A.（1989）Därför tillkom FUB, *Projektet Handikapprörelsens historia Handikapphistoria: seminarium 1989: begåvningshandikappades historia*, Arbetarrörelsens arkiv och bibliotek, 91-100.

56）中園康夫（1996）『ノーマリゼーション原理の研究　欧米の理論と実践』海声社.

57）Anhöriga は本章では「介護者」と訳す。「介護者」は1998年の社会サービス法の改正によって導入された。現在の社会サービス法の第5章第10条、第6章第1条、第5条がこれに該当する規定である。Anhöriga が示すものは、家庭における介護を行う者である。「介護者」と認められる人は、パートナーであっても友人あっても、子どもであっても、介護者手当（Anhörig-bidrag）をもらった上で、支援ができる。介護者コンサルタントと話をする時間には費用無料の「ショートケア」として在宅介護を変わってくれる支援制度もある。これは高齢者にも障害者にも共通の社会サービス法に定められた制度である。第7章注11）参照。

58）United Nations Declaration of the Right of Mentally Retarded Persons, http://www.ohchr. org/Documents/ProfessionalInterest/res2856.pdf（2017年5月2日）

59）「ノーマライゼーション（normalization）」，障害保健福祉情報システム．http://www.dinf. ne.jp/doc/japanese/glossary/Normalization.html（2017年5月2日）

60）花村春樹 op. cit., 9.

61）Söder, Mårten（2003）*Bakgrund, Bengt Nirje, Normaliseringsprincipen*, Studentlitteratur, 21.

62）ペーデル・ハウグ，ヤン・テッセブロー編（2004）『インクルージョンの時代』（二文字理明監訳）明石書店，18.

63）st.meld. nr. 88 1967, 8；ギュリー・デュレンダール（1999）「第3章ノルウェーの知的障害者親の会の活動」『北欧の知的障害者　思想・政策と日常生活』（ヤン・テッセブロー，アンデシュ・グスタフソン，ギュリー・デュレンダール編，二文字理明監訳），89.

64）ヴォルフェンスベルガー op. cit., 48.

65）真城知巳（2013）「インクルージョンに向けて」『よくわかる障害児教育』（石部元雄，上田征三，高橋実，柳本雄次編）ミネルヴァ書房，10-13.

66）中園康夫 op. cit.

67）同上.

68）SOU（1980）**34**, 79.

69）SOU（1981）**26**, 89.

70）モーテン・スーデル（2008）「第9章　ノーマライゼーション、障害者政策と研究」『再考・ノーマライゼーションの原理　その広がりと現代的意義』（ベンクト・ニィリエ著，ハンソン友子訳）現代書館，224-225. なお、本書では、「スーデル」ではなく「セーデル」の表記を使用した。

71）同上，225-227.

72）河東田博（2013）『脱施設化と地域生活支援：スウェーデンと日本』，現代書館，26-27.

73）ノーマライゼーションと障害者施設の脱施設化については、複数の文献によって紹介されているため、本章では割愛する。たとえば、次を参照。河東田博（1992）『スウェーデンの知的しょうがい者とノーマライゼーション—当事者参加・参画の論理』現代書館；ヤンネ・ラーション，アンデシュ・ベリストローム，アン・マリー・ステンハンマル（2000）『スウ

ェーデンにおける施設解体 地域で自分らしく生きる』（河東田博，ハンソン友子，杉田穏子訳編）現代書館：ケント・エリクソン（2012）op. cit.

74）石田祥代 op. cit., 13.

75）真城知巳 op. cit., 10.

76）ペーデル・ハウグほか編 op. cit., 235.

77）同上，22.

78）同上，234.

79）Rosenqvist, J.（2003）*Integre ringens praktik och teori*; SOU 2003: 35 *För den jag är. Om utbildning och utvecklingsstörning. Delbetänkande av Carlbeck-kommitten*, Stockholm, 255-274.

80）UNESCO（2009）Policy Guidelines on Inclusion in Education.

81）大熊由紀子（1990）『「寝たきり老人」のいる国いない国』ぶどう社.

第 **12** 章

フェミニズムという思想
—— 人間観の違いからみる北欧ケアの社会的連帯 ——

高山　佳子

1　はじめに

　本書の第1部と第2部を通じて、北欧ケアと日本のケアのあり方の違いがさまざまな観点から指摘されている。北欧の社会政策と現場のケアが参照されるのは、単に福祉先進国であるというだけでなく、その制度とケアのあり方がより人間的で質の高いケアでもあるからだろう。たとえば、北欧の福祉や教育の特徴として「個の尊重」ということがよく言われ、そこで重要とされている視点として個人の主体性や尊厳の重視といった点が挙げられる。しかし、個人の主体性や尊厳を重視することについては、日本の医療や福祉の分野においてもつとに主張されており、現場のスタッフ1人ひとりが日々のケアを通じて取り組んでいる。にもかかわらず、双方のケアのあり方に違いがあるとすれば、その違いは何に由来し、なぜ同じようにケアを行ないながら日本のケアの質は変わらないのだろうか。筆者の最大の疑問はそこにある。

　もちろん歴史や文化が違えば国民性も違うのだから、北欧諸国と日本とではケアのあり方が異なるのは当然と言えるかもしれない。しかし、それは本当に国民性の違いなのだろうか。双方のケアのあり方の違いを国民性の違いと言い続ける限り、私たちは北欧の社会政策やケア実践を参照することはできても、真に学び取るには至らないだろう。むしろ、「福祉国家は社会関係を

259

形づくる能動的な力である」[1]とイエスタ・エスピン＝アンデルセン（Gøsta Esping-Andersen）が述べているように、福祉国家はそれ自体が階層化の制度であり、その政策や制度のありようによって市民の日常の社会関係が規定されているというのが現実である。とすれば、たとえ北欧の社会政策が特定の歴史的政治的背景のもとで生まれた独自のものであるとしても、重要なことは、北欧の社会政策のもとで社会関係を生きている市民に根づいている理念や人間観であり、私たちが北欧ケアから学ぶべきことは、制度を通じて育まれると同時にその制度を支えている理念の普遍的価値や意味ではないだろうか。

　ところで、「脱商品化」と「階層化」という２つの基準によって福祉国家を分類するエスピン＝アンデルセンの福祉国家レジーム論によれば、北欧諸国は「社会民主主義レジーム」に属する。その社会政策の共通する特徴は、全市民を対象とする普遍主義（本書第１章参照）のもと「最低限のニードを基準とした平等ではなく、最も高い水準での平等を推し進め」ようとするもので、課税による資金調達に重点をおいた所得再分配政策のもと、市民は階級の区別なしに誰でも市民の権利として給付と社会的サービスを受けることが保障されている[2]。したがって、北欧ケアの思想的基盤は、さしあたり社会民主主義の思想とその普遍主義に基づく平等と連帯の理念にあると言えそうである。では、その平等と連帯の理念の普遍的な価値とはなにか。筆者はそれを人間の普遍的権利である「人権」の理念に探ってみたい。

　というのは、知的障害者親の会の運動に端を発し北欧において広まった「ノーマライゼーション」の思想は、障害当事者たちが劣悪な環境における非人間的な扱いに対し「全ての人が当然もっている通常の生活を送る権利」を人間の普遍的権利として要求し普遍主義の実現を目指してきたと言えるからである（本書第11章参照）。また、北欧における高齢者ケアは、障害者運動のような当事者運動から発展してきたわけではないけれども、スウェーデンの高齢者介護が在宅介護へと転換された発端には1950年代の非人間的な老人ホーム批判に始まる脱施設の動きがあった（本書第２章参照）。管理主義的な施設よりも貧困救済事業の色彩の少ない在宅でのホームヘルプの利用が増加していった背景に、最期まで人間的な環境で暮らしたいという高齢者自身の市民とし

260

ての権利意識が作用していたとすれば、それもまた誰もが最期まで人間らし
い生活を送ることを人間の普遍的権利として求める点で、人権の理念に結び
つくと言えるだろう。

　本章では、人権の理念に根ざしたもう1つの思想としてフェミニズムの思
想に焦点をあて、〈ケア〉と〈フェミニズム〉という2つの視点から北欧の社
会政策に着目することによって北欧ケアの思想的基盤について考えることを
試みたい。というのも、北欧諸国は共通して女性の就労率が高く、ジェンダ
ー平等に関する国際的な指数においていずれも常連上位国であり「男女共同
参画」が進んでいることで知られている[3]。このジェンダー政策の違いが、北
欧における普遍主義と連帯の理念を制度として可能にしているとともに、北
欧ケアの背後にある人間観を支えていると思われるからである。

　筆者の見解を先に述べるとすれば、北欧ケアの思想的基盤となっているの
は「人権」思想、とりわけその「社会的市民権」における平等の理念である。
もちろん人権思想は必ずしも北欧諸国だけのものではなく、市民革命と人権
宣言[4]を通じて広まった現代の西欧文化圏に共通する思想である。近代の民
主主義に基づく市民社会は、この人権という理念を原動力として誕生した。
しかし、北欧諸国と他の欧米諸国とでは、おそらく人権思想をめぐる「自由」
「平等」「自律」「連帯」という4つの理念を捉えるパラダイム（理論枠組み）が
異なると思われる。つまり、北欧諸国においては「自由と平等」あるいは「自
律と連帯」が他の欧米諸国とは異なる仕方で相補的に機能し、これらの理念
が制度を伴って日常生活のなかで具現化され、ひいては市民1人ひとりの人
間観、社会観、看護観、教育観等々を育み北欧ケアをかたちづくっている、
というのが筆者の見立てである。そして、このパラダイムの違いを読み解く
上で重要となるのは、「生活（life）」の視点ではないかと考えている（本書第9
章および第10章参照）。その生活の視点と密接に関連していると思われるのがフ
ェミニズムの視点であり、ケアの視点である。

　以下では、パラダイムの違いに着目して北欧ケアにおけるこれら4つの理
念の枠組みを検討し、その根底にある人間観を読み解くことを通じて「生活
世界に導かれた」（本書第9章参照）北欧ケアの意義をケアのパースペクティブ

261

から明らかにすることを試みる。まず次節では、キャロル・ギリガン（Carol Gilligan）による正義のパースペクティブとケアのパースペクティブとの違いについて簡単に説明する。第3節では、北欧ケアが「生活世界に導かれたケア」であるということを念頭に置きつつ、フェミニズムの視点からスウェーデンのジェンダー政策を概観し、「ケアの社会化」の意義をケアのパースペクティブから検討する。以上を踏まえ第4節において、パラダイムの違いに着目し北欧ケアの根底にある人間観と人権の理念について考察する。

2 ケアとフェミニズム
──ギリガンにおける正義のパースペクティブとケアのパースペクティブ──

日常的臨床的に用いられている「ケア」[5]という言葉がアカデミックな概念として登場し、さまざまな分野で議論され始めたのは実はまだここ数十年のことである。その端緒となったのは、1982年にアメリカで出版された心理学者ギリガンの主著『もうひとつの声』[6]である。そのなかでギリガンは、ローレンス・コールバーグ（Lawrence Kohlberg）の道徳性発達理論が含意するジェンダーバイアスを指摘し、従来の発達理論では男性の発達が人間の発達として普遍化され、女性の発達が十分に捉えられてこなかった点を批判した。そして女性被験者等へのインタビューを通じて、道徳判断には論理形式的な推論による判断様式だけでなく、直観的な感受性を介して他者の傷を配慮しニードに応じるもうひとつの判断様式があると主張した。ギリガンはそれを「ケアの倫理（an ethic of care）」と呼び、論理形式的推論による道徳判断を「正義の倫理」と呼んで対比している。ギリガンによれば、正義の倫理は、他者とは独立した「自律的な個人」を前提とし論理数学的な推論によって「何が正しいか」を指向する権利の倫理である。それに対しケアの倫理は、心情的な結びつきを伴う「他者との相互依存関係」を前提とし、直観的な感受性を介して他者の傷を配慮し「いかに応答するか」を指向する責任の倫理である。この2つの倫理は、それぞれ相容れない異質な原理からなり、その相違は自己の体験の仕方や他者とのかかわり方の違いから生じる人間観の相違に発し

262

ているとされる。

　ギリガンの提起したケアの倫理はフェミニストをはじめ多くの反響を呼び、心理学以外のさまざまな分野でジェンダーと道徳性の関係をめぐる論争を巻き起こした。というのも、近代社会において、女性は性別役割分業のもと私的領域とされる家族のなかで無償のケア労働を担い、男性に扶養される依存的な存在として公的な社会への参画や市民権から疎外されてきた。ケアの倫理は、依存関係を未熟な状態とみなし、ケア労働を「私事化」することによって社会からケアの道徳性を放逐してきたことに対する異議申立を喚起したのである。ただし、ここで誤解してはならないことは、ギリガン自身が「ケアの倫理はジェンダーによって特徴づけられるのではない」[7]と述べているように、ケアの倫理は女性のみに特化される倫理ではないということである。ギリガンによれば、正義の倫理とケアの倫理は「対立しているというよりもむしろ補足しあう関係」[8]にあり、「両者の相補性（complementarity）が成熟の現れである」[9]。つまり、ギリガンの主張の核心は、ジェンダーに関わりなく正義の倫理とケアの倫理双方が相補的に機能してはじめて成熟した道徳性が可能になる、という点にある。

　この正義の倫理とケアの倫理は、２つの異なる道徳的関心に対応する正義のパースペクティブとケアのパースペクティブの違いとしても説明されている。ギリガン[10]によれば、道徳的関心には「他者を不平等に扱ってはならない」という正義への関心と、「要求において誰かを見捨ててはならない」というケアへの関心がある。世界を他者とは独立した自律的な個人の集合として捉える正義のパースペクティブは前者の「不平等」の問題に関わり、世界を相互依存関係にある人間関係のネットワークとして捉えるケアのパースペクティブは後者の「無関心」の問題にかかわるとされる。ここでパースペクティブとは、私たちのものの見方を枠づけている視野（vision）ないし枠組み（framework）を意味し、一方から他方へとパースペクティブをシフトすることによって同じ１つの状況が異なる見え方で現れ、それまで見えていなかった問題が見えるようになると同時に他方の問題は隠蔽される。つまり、パースペクティブをシフトすることは、道徳問題を見る枠組みそのものを転換する

ことを意味する。ギリガンは、異質な原理を有する2つのパースペクティブが対等に機能してこそ2つの道徳的関心を包括することができ、一方のパースペクティブに他方のパースペクティブを還元することによって他方の道徳的関心を切り捨ててはならないと主張しているのである[11]。

　それでは、こうしたケアのパースペクティブから北欧ケアを見るとき何が言えるだろうか。以下では、ケアのパースペクティブから北欧ケアについて検討し、フェミニズムと北欧ケアとの関係を考察していくことにしたい。

3　生活世界とフェミニズム

　カーリン・ダールベリ（Karin Dahlberg）によれば（本書第9章参照）、北欧におけるヘルスケアシステムは、看護職をはじめヘルスケアにかかわるすべての専門職を包括しうる「生活世界の理論に支えられたケア学」を基盤とする「生活世界に導かれたケア」によって方向づけられているという。ここで「生活世界」とは、誰もが日々生活し相互に主観的に経験している現実の日常的世界のことである。人体および疾病に関する科学的で客観的な医学的知識は、それ自体で価値があるとしても、それが現実世界のなかでどのような意味をもって個々人に体験されているかを理解できなければ、治療やケアは他者に対する人間的関心や配慮に欠けたものとなり医療者側の自己満足に終わってしまうだろう。生活世界の理論では、医学が対象とする生物学的な身体ではなく「生きられた身体」、すなわち物理的、心理的、実存的、精神的な諸側面を合わせもった1つの統一体としての人間と、その経験の意味に焦点があてられる。自己とその経験の意味は、間身体的に生じる他者との関係性のもとで生成する。ゆえに、「生きられた身体」は他者との関係に常にすでに巻き込まれており、傷つきやすい存在であるうえに経験される実存的な状況は誰1人として同じものではない。「生活世界に導かれたケアという思想は、それぞれの個人がその人の文脈において見られ、尊重されるようなアプローチを意味する」とダールベリが述べているように、〈物〉としての身体ではなく〈生

きられた身体〉に関わるケア実践においては、客観的な医学的知識は現実の生活世界と結びつき活かされてこそ意味があり、そこには生活世界を基盤とする人間理解が欠かせない。患者もしくは利用者を1人の人間として全人的にみるホリスティックなパースペクティブは、人間学的な視座に立つ生活世界の理論に基づいてこそ可能なのである。

　では、北欧ケアが「生活世界に導かれたケア」であるとして、それはどのようなケアなのか。その具体的な政策とケア実践については本書の第1部と第2部において示されているが、それはまた北欧諸国における女性の労働力化とその実現に寄与してきたフェミニズムの視点とも無関係ではないであろう。本節では、生活世界に方向づけられた北欧ケアとフェミニズムの視点との関連を見るためにスウェーデンのジェンダー政策をとりあげ[12]、ケアのパースペクティブからみたケアの社会化の意義を考察する。

1）スウェーデンのジェンダー政策レジーム
――「男性稼ぎ主モデル」から「2人稼ぎ主モデル」へ

　以下では、「ジェンダー政策レジーム」の観点からスウェーデンのジェンダー政策の展開過程を概説している今里佳奈子[13]の論文を主に参照しながら、スウェーデンのジェンダー政策について簡単に概観する。「ジェンダー政策レジーム」というのは、エスピン゠アンデルセンに代表される主流派の福祉国家レジームの類型論にはジェンダーの視点が欠けているとして、フェミニスト研究者たちがジェンダーの視点から福祉国家を比較し独自の類型論として提示しているものである[14]。ジェンダー政策レジームには研究者により複数のモデルがあるが、スウェーデンのモデルは「2人稼ぎ主モデル」[15]や「個人稼得者・ケア提供者モデル」[16]等と呼ばれており、今里によれば、いずれのモデルも伝統的な家父長制的福祉国家が前提としてきた「男性稼ぎ主モデル」の対極に位置しているとされる。

　今里によれば、スウェーデンのジェンダー政策レジームは、党や組合を中心に活動する女性運動と、女性の地位と権利を向上させることを公式課題と

する政府機構の「国家フェミニズム」とのあいだの相互作用を通じて形成された[17]。かつては「男性稼ぎ主モデル」であったスウェーデンのジェンダー政策がターニングポイントを迎えたのは、福祉国家形成期の1930年代であるという。女性たちは、「市民権と参加民主主義」の権利要求運動において労働を基本的な市民権と考え、既婚女性の働く権利を市民権として主張し、1939年に結婚や妊娠を理由に女性を解雇することを禁じる法律を獲得した。この時代にジェンダー平等の政策が進められた背景には、当時夫とともに『人口問題の危機』（原著1934年）を著し、出生率の低下に警鐘を鳴らし女性の労働環境を整えるよう提言したフェミニスト外交官・政治家・評論家であるアルバ・ライマル・ミュルダール（Alva Reimer Myrdal）の果たした役割が大きいと言われている[18]。

　その後1970年代に入ると、女性を労働力として確保するために積極的に女性の雇用を進める労働市場政策がとられるようになる。特に1971年の「男女分離個人別納税方式」の導入は、「2人稼ぎ主モデル」への転換点となった。その後1974年に「両親保険法」が制定され、出産・育児のために必要な休暇をとる権利が両親に与えられるとともに休業により失われる所得が保障されるようになった。これにより、男女ともにケア提供者の役割を共有することが認識されるようになっていったという。その他にも、出産給付や児童手当等、家庭内における「ケア」という無償労働に対するさまざまな現金給付があり、スウェーデンでは市民権や居住権に基づく幅広い社会給付が女性の社会権を支えている点が特徴であるという。また高橋美恵子[19]によれば、スウェーデンでは1975年に保育法が施行され、公的保育所の増加に伴い保育収容人数は1970年から2000年の間に7万人から70万人へと増加した。その後1995年に新保育法によりコミューンの責任が強化され、翌1996年に保育政策は社会省から教育省に移管された。現在では、就学前保育は公教育の一環として学校法にもとづき「就学前教育」として位置づけられており、すべてのコミューンに1〜12歳の子どもに対し就学前保育と学童保育の提供が義務づけられている。

　このようにして、スウェーデンでは「男性稼ぎ主モデル」から「2人稼ぎ

第12章　フェミニズムという思想

主モデル」への転換が図られ、多くの女性が教育や福祉サービスの仕事を中心に公的セクターに職業を得る一方で、公的保育や高齢者介護サービスが普遍的に整備されていったのである[20]。

2）ケアのパースペクティブからみたケアの社会化の意義

　平等と連帯を重視する社会民主主義レジームの普遍主義の理念には、すでにしてインクルージョン（包摂）の思想（本書第11章参照）が含意されているといえるが、ここで強調したいことは、普遍主義といえども伝統的な正義のパースペクティブのみではすべての市民を包摂し得ないということである。というのは、正義のパースペクティブは再分配による所得保障を通じて階級間の平等と連帯を可能にするかもしれないが、セルフケアの困難な子どもや高齢者、障害者など具体的な他者の手と目による対人的なケアを必要とする人々の現実のニードに対しては無関心だからである。彼らにも同等の生活条件を保障してはじめて本来の意味で全市民を包括した普遍主義が実現しうるのであり、そのためには多様な状況を生きる市民１人ひとりの個別具体的なニードに応じるケアのパースペクティブが不可欠である。

　加えて、正義のパースペクティブとケアのパースペクティブとでは、「平等」と「連帯」の意味合いが異なる点にも留意したい。ギリガンがケアのパースペクティブにおいて重視しているのは、「誰も傷つけてはならない」という人間関係に対する配慮と責任の感覚であり、それは諸個人の人格や尊厳を配慮することに、言い換えれば人間として関心を払われ配慮され応答されるという人間の精神的実存的な普遍的ニードに関係している。つまり、単に個人のニードに応じることが重要なのではなく、誰もが人間として応答されるべく諸個人間の関係性が配慮されることが重要なのであり、ケアのパースペクティブは〈対人〉間の関係の平等性に関係しているのである。したがって、ギリガンの対比に倣って言えば、正義のパースペクティブが所得保障を通じた「階級間の平等」と「合意にもとづく連帯」を意味するのに対し、ケアのパースペクティブは人間生活の基盤である〈ケアしケアされる関係〉を通じ

267

た「諸個人間の平等」と「信頼関係にもとづく連帯」を意味し、一方では契約義務の履行が、他方では他者への応答責任が問題とされているのである。

こうしたケアのパースペクティブに立つならば、スウェーデンの普遍主義にもとづく社会政策は、単なる所得保障だけではなく「ケアの社会化」によって〈ケアしケアされる関係〉をすべての市民に保障している点で注目に値する。とりわけ女性の労働力化において、多くの女性が公的セクターに就職し教育や福祉サービスの仕事に就いたことにより、ケアの私事化にも労働力の商品化にもならずに「ケアの社会化」が実現した点は重要と思われる。なぜなら、市民の生活に責任をもつ公的セクターに女性が職員として採用されることは、すべての市民を配慮し応答するケアのパースペクティブを国家が取り入れることを意味するからである。

スウェーデンでは、高齢者介護はホームヘルプを中心とする在宅介護が基盤となっているが、当初コストの安い家庭の主婦を導入することから始まったホームヘルプの編成は、1980年代に入るとホームヘルパーの働き甲斐を配慮するようになり女性の教育と専門職業化が図られていった（本書第2章参照）。スウェーデンでは1980年に社会福祉の基本法となる「社会サービス法」が成立しており[21]、この時期は障害者や高齢者に対し在宅や地域に基盤をおいた自律生活支援のためのプログラムが整備されるとともに、女性が専門職として障害者や高齢者の支援にかかわるようになっていった時代である。また斉藤によれば、スウェーデンの社会民主党が医療と福祉を公的セクターで運営してきた理由は、社会民主党が「医療や福祉は受け手の社会的地位、経済力、居住地域で格差があってはならず、現場職員にとっても良好な労働条件を保障する必要があると考えた。福祉の場合はとくに受け手と担い手の力関係は対等であるべきで、担い手が職務としての責任感を持つことは重要とした」[22]ためである[23]。ここには、ケアする人とケアされる人との対等な関係を重視する視点がうかがわれる。この公的セクターによるすべての市民に対する責任と平等な生活条件の保障が、子どもから高齢者まで能力にかかわらずあらゆる個人を1人の市民として同等に遇する姿勢を育み、人間的なケアの提供を可能にしているのではないか。

第 12 章　フェミニズムという思想

　スウェーデンの介護施設や認知症高齢者施設、また障害児教育の現場では、入所者たちの生活空間を重視した「家のような空間」のなかで多様かつ個別的なケアが実践されている（本書第 3 章～第 8 章参照）。それに対し、日本の理学療法は身体機能の障害に焦点をあてたケア中心で体だけしかみておらず（本書第 8 章参照）、また日本では「行為の自立支援」が優先されるのに対し、北欧では「決定の自律を支えるケア」が重視されており、その発想の違いが指摘されている（本書第 5 章参照）。今なお「医療モデル」を中心とする医療のパターナリズム的な意識が強い日本のケア現場と、医療モデルとは異なる「生きられた身体」の見方にたつ「生活世界」の理論のもとで個の尊重を重視する北欧ケアとの違いが大きいことがうかがわれる。

　このように、北欧諸国において教育から福祉まで「生活世界の理論に支えられたケア学」（本書第 9 章参照）とそれに基づくヘルスケアシステムが整備されていった背景には、知的障害児の親の会をはじめとする当事者運動から発展した「ノーマライゼーション」の理念（本書第11章参照）が働いていることはもちろんであろう。しかし、それが単なる理念に終わらないためには、理念が政策と結びつかなければならない。その点で、北欧の高齢者ケアが早い時期から在宅介護に基盤をおきホームヘルプサービスを整備してきたこと、また女性が公的セクターにおいて教育と福祉面で重要な役割を担い市民に対する責任を担ってきたこと、言い換えれば、日常の生活感覚に根ざしたケアのパースペクティブ（＝生活者の視点）が政策決定やケアプログラムの作成に関与しているであろうことは、北欧ケアのあり方を決定するうえで無視できない要因となっていると思われる。

　かくして、普遍主義の理念、すなわち国家がすべての市民に必要な社会サービスを提供する責任をもち、誰もが市民の権利として平等な生活条件と人間らしい生を保障されるためには、ケアの社会化と女性の労働力が不可欠である。エスピン＝アンデルセンによれば、社会民主主義レジームの原理は、「家族への依存を最大化するのではなく、個人の自律能力を最大化する」という考え方のもと「あらかじめ家族が抱え込むコストを社会化する」という点にある。そして、国家は「子どもたちや高齢者、あるいは要介護の人々のケ

269

アに直接責任を負う」とされ、国家が「このように重い社会サービスを請け負うのは、家族ニーズに応えるためでなく、女性が家事よりも仕事を選択することを考慮に入れているからである」と説明している[24]。つまり、社会民主主義レジームは、まさに「ケアの社会化」を原理としているのであり、ケアを社会化することは、個人を原理とする近代社会にあっては原理的に不可能な〈支え合い〉という社会的な相互扶助の力を可能にすることを意味していよう。

そうしてみると、1928年に社会民主党の初代首相ペール・アルビン・ハンソン（Per Albin Hansson）が提唱した「国民の家」構想[25]は、国家を父とする家父長制的なイデオロギーを伴う正義のパースペクティブに立つものであったにもかかわらず、女性を労働力として確保する代わりにケアを社会化することによって全市民を包括する公的サービスの提供を可能にしたことは、図らずもその社会政策にケアのパースペクティブを取り込み、結果として生活世界に方向づけられたケア学とケア実践を導いたと言えないだろうか。スウェーデンでは正義のパースペクティブとケアのパースペクティブとが、いわば父の原理と母の原理とが協働して「国民の家」の形成に取り組み、人間的により成熟した社会を実現しているように思われるのである[26]。

4 北欧ケアとフェミニズム
—— 人間観の違いからみる北欧ケアの人権思想

さて、冒頭で北欧諸国では人権思想をめぐる「自由」「平等」「自律」「連帯」という４つの理念を捉えるパラダイムが異なるのではないか、と述べた。以下では、「社会的市民権（＝社会権）」に着目し、ギリガンの正義のパースペクティブとケアのパースペクティブの対比に基づき異なるパラダイムの根底にある人間観の違いを読み解き、北欧ケアを支えている人権の理念に迫ることにしたい。

イギリスの社会学者トマス・ハンフリー・マーシャル（Thomas Humphrey Marshall）によれば、西欧近代社会において市民権（citizenship）[27]は３つの要素、

すなわち①市民的要素、②政治的要素、③社会的要素の順に歴史的に３つの段階を経て発展してきた。最初の①市民的要素は、市民革命が起きた18世紀に形成され人身の自由、言論・思想・信条の自由など個人の自由のために必要とされる諸権利から成り立っている[28]。マーシャルによれば、啓蒙時代の社会契約論に端を発する近代的な契約とは、本質的には「〔シティズンシップという〕地位身分において自由かつ平等な ── だからといって権力においては必ずしも平等ではない ── 人々のあいだの合意」[29]を意味し、当初の市民的権利は「その起源からしていちじるしく個人主義的であるが、この点こそ、それが資本主義の個人主義的位相と調和することのできた理由」[30]であった。19世紀に入ると参政権など政治権力の行使に参加する権利を意味する②政治的要素が形成され、さらに20世紀に入ると教育や医療などの社会的サービスを受ける社会的権利を意味する③社会的要素が形成されてきた。その理由は、「社会的正義の原理としての平等に対する関心と、権利を行使する平等な資格の形式的な承認では不十分だという事実に対する認識とが、19世紀の後半に高まった」[31]ためである。

　要するに、個人の自由を重視する近代のリベラリズムは、「自然権として」すべての人間は生まれながらに自由と平等の権利をもつとする「形式的な平等」のもとで個人の自由を保障する市民的市民権（①）から出発した。それは何よりもまず封建社会の身分制からの解放を意味していた。しかし、身分制から解放されても、現実には各人の能力と置かれている条件により自由の行使には差異が生じるため、能力のある者とそうでない者とのあいだで社会的不平等が拡大する傾向にあった。20世紀になって形成されてきた社会的市民権（③）は、「社会権として」多様な差異をもつすべての個人が市民として「社会の標準的な水準に照らして文明市民としての生活を送る」ことのできる「実質的な平等」の実現を社会的正義として求めるものである。

　ここで重要と思われるのは、マーシャルが「平等化は、異なる階級間のそれというよりは、（中略）諸個人間の平等化のことである。地位身分の平等は所得の平等よりも重要である」[32]と述べている点である。ここには、単に所得を平等にするだけでは諸個人のあいだに対等な関係が生まれるとは言えず、

諸個人間の対等な関係を可能にするには市民という地位身分の平等が必要であり、その地位身分の平等は単に形式的平等では充分ではなく、誰もが同等の生活水準を送ることのできる実質的な平等においてはじめて可能となるという平等の理念がある。これは言い換えるなら、正義のパースペクティブよりも諸個人間の関係に関わるケアのパースペクティブが重要ということであり、社会権は諸個人間の「実質的な平等」を可能にするうえで不可欠なものと考えられているのである。

　エスピン＝アンデルセンは、社会権が「市民の権利として保障されているのであれば、社会権は個人の地位を市場原理に対して脱商品化する」[33]と述べており、社会民主主義レジームは社会権の脱商品化がもっとも高いとしている。ここで社会民主主義レジーム以外のレジームに属する欧米諸国を自由民主主義レジームと呼ぶとすれば、自由民主主義レジームと社会民主主義レジームとの違いは、とりわけ「社会権」にあるといえ、興味深いことに双方のあいだでは人権をめぐる「自由」「平等」「自律」「連帯」の４つの理念の捉え方が大きく異なると思われる。つまり、一方は、「形式的な平等」のもと「自律的な個人（＝男性）」が相互の合意にもとづく社会契約によって結びつく（＝連帯）社会である。それに対し、他方は、相互扶助（＝連帯）によってあらゆる個人の自律を相互に支え合い、結果としてすべての市民の「実質的な平等」を可能にしようとする社会である。この「形式的平等」と「実質的平等」という対比は、これまでにも多くの論者によって指摘されていることであるが、ここで留意したいのは、その根底にある人間の見方、すなわち人間観の違いである。

　一方の「形式的な平等」を重視する社会は、個人の自由を基調とする点で非常に個人主義的である。この社会では正義のパースペクティブが支配的であり、自律的な市民の領域（＝労働市場）と依存的な市民の領域（＝家族）とが分断されている。そこでは、自己は他者からの分離によって形成されると考え、個人を他者と切り離された独立した人格とみる人間観が優位に立っており、客観的論理的に判断する能力と他者に干渉しない態度が理性的人間として高く評価される。エスピン＝アンデルセンが、「現代の福祉国家は、そもそ

第12章　フェミニズムという思想

も家族主義に依拠していた。これは世界中どこでも同じである。戦後の社会政策は、男性は家族を養い、配偶者である女性は家庭に留まるという前提からスタートした」[34)]と述べているように、戦後の福祉国家は男性を稼ぎ主とする核家族を基礎に発展してきたのである。

　それに対し、他方の「実質的な平等」を重視する社会は、ケアできる人がケアを必要としている人を支え、いずれは支えられるという社会的な相互扶助のもとであらゆる個人を市民として包摂する社会である。この社会では、人間の相互依存関係を前提している点で、ケアのパースペクティブが支配的であると言えるだろう。ケアのパースペクティブでは、自己は関係性のなかで形成され常に関係性のうちにあるとみるがゆえに最初から自律的な個人は存在せず、また完全に自律的な個人というのもあり得ない。とはいえ、ケアしケアされる関係は単なる「依存（dependence）」、すなわち「もたれ合い」ではない。この社会において「自律」は、鷲田清一が述べているように「independence〔独立〕ではなくて、むしろ interdependence〔相互の支え合い〕」[35)]を意味するといえ、「自律」と「連帯」（＝相互扶助）とは最初から切り離すことのできないものである。つまり、ケアのパースペクティブは、〈人間は個であると同時に共同的存在である〉という両義的な人間の見方に立ち、個人の人格を相互依存関係のもとに捉えるのである。

　こうしてみると、形式的平等と実質的平等との違いは人間観の違いから生じているように思われる。北欧諸国では、自律的な個人を基準とするのではなく、能力の如何にかかわらずシティズンシップに基づいてまずその人を1人の市民として承認するところから出発する点で、そもそも人間をみる出発点が異なる。この人間観の違いは、北欧ケアの思想的基盤が北欧のロマン主義的な文化の伝統に辿られるように（本書第10章参照）、現象学的・実存主義的な思想にその系譜を求めることができるかもしれない[36)]。いずれにしても、北欧諸国においては、他の欧米諸国とは異なるパラダイムのもとで「（個人の）自由と（諸個人間の）平等」あるいは「（個人の）自律と（社会の）連帯」とが相補的に作用しているのではないか。「人間は自由なものとして生まれ、権利において平等である」という近代の人権の理念は、普遍主義の理念のもとで、

273

すなわち個人の自由と諸個人間の平等とがともに保障されてはじめて本来の
意義を理解し得るのではないだろうか。

5　おわりに

　本章では、フェミニズムの視点から北欧諸国と他の欧米諸国とのあいだの
人権の理念を捉えるパラダイムの違いに着目し、北欧諸国の普遍主義に基づ
く平等と連帯の理念の根底にある人間観を検討することによって北欧ケアの
思想的基盤に迫ることを試みた。

　社会民主主義レジームの原理が「ケアの社会化」にあり、それは国家が全
市民に責任をもち個別具体的なニードに応じるケアのパースペクティブを取
り入れたことを意味するとすれば、実は北欧ケアの核心は、管理主義的で非
人間的な施設の環境から人間的な「生活空間」への転換、言い換えれば、「医
療モデル」から「生活世界に導かれたケア」（本書第9章参照）へのパースペク
ティブの転換にこそあったと言えないだろうか。そして、北欧ケアにおける
〈個の自律〉や〈個の尊重〉を重視する姿勢が国家にケアのパースペクティブ
が機能してはじめて実現しうるとすれば、私たちが学ぶべきことは、北欧ケ
アに共通する「生活世界に方向づけられたケア学」とその根底にある人間観
ということになろう。

　現在、経済のグローバル化が進むなかEU加盟後の北欧諸国では保育、介
護、教育などさまざまな分野で営利企業による福祉サービス供給が増加して
おり、格差が拡大しつつあるなど普遍主義の揺らぎが指摘されている[37]。し
かし一方で、伝統的な家族主義を重視する国家においては出生率の低下や家
族形成が困難な若者の増加が問題となっており、高齢化も進展するなか、「自
律的な個人」を前提した近代社会そのものが危うくなっているようにもみえ
る。エスピン゠アンデルセンの言うように、「家族主義に基づいた社会政策が
家族の形成を妨げているというのが、我々の時代のパラドックスである」[38]。

　最後に誤解のないように述べておけば、本章ではフェミニズムの思想に焦

第12章　フェミニズムという思想

点をあててきたけれども、単に女性が社会進出すれば、あるいはケアを社会化すれば、日本においてもより質の高いヘルスケアシステムが実現すると考えるならば、それは誤りだろう。また、個人の自由や権利に価値をおく正義のパースペクティブに対し、ケアのパースペクティブは関係性あっての個人という見方に立ち人間関係の維持を重視するけれども、それは個人よりも家族や共同体を優先するということでは決してない。北欧ケアから見えてくるのは、人間理解を基盤とした「個の尊重」の姿勢と「家のような生活空間」を実現する多様で個別的なケアのあり方であり、北欧ケアにおいて重視されているのは、あくまで〈個の尊重〉と〈個の自律〉である。市民革命以後、多くの西欧諸国において、また戦後の日本においても、個人の自由や権利を尊重する考え方が広まってきた。しかしながら、同じように自由や自律といった言葉が語られながら、実はその内実は大きく異なるのではないか。自由と自律はイマヌエル・カント（Immanuel Kant）に始まる近代倫理思想の中核概念でもあるが、他者との連帯・共生の理念がケアのパースペクティブのもとではじめて可能になるとすれば、今必要なことは、従来の自律的な個人を前提とする発想を超えて人間の「自由」や「自律」概念を再考していくことであり、現実の生活世界を生きる人間にふさわしい実践的な理性と人間観へと転換していくための哲学的原理的な探求ではないだろうか。

注
 1）Esping-Andersen（1990＝2001），25.
 2）Ibid., 30.
 3）世界経済フォーラム（WEF）が発表したThe Global Gender Gap Report 2016によると、世界ジェンダー格差指数（GGI）は、アイスランド：1位、フィンランド：2位、ノルウェー：3位、スウェーデン：4位、デンマーク：19位である（日本は144ヵ国中111位）。Cf. WEF（2016）.
 4）1789年のフランス革命における人権宣言（「人および市民の権利宣言」）は、すべての人間の「普遍的な権利」を確立した人権宣言として有名である。しかし、当初の「人権宣言」は実は「人＝男性」の権利宣言であり、実際には女性と女性市民の権利は排除されていた。Cf. 辻村（1992）. こうした男女間の不平等を告発し、普遍的人権の理念に訴えるかたちで参政権や財産権など男性と同等の市民権を要求する運動を展開していったのがフェミニズムの始まりである。

5) 外来語である「ケア（care）」という言葉には「世話」「介護」「気づかい」「関心」等々非常に多義的な意味があり、日常生活から教育、医療、福祉等の専門職業分野まで使用領域も広範である。広井は、「ケア」について論じる際にはどのような意味で用いるのかある程度明確にしておく必要があるとして、「ケア」が論じられる場面を、①臨床的／技術的レベル、②制度／政策的レベル、③哲学／思想的レベル、の3つに区分している。広井（1997）,16-18. 筆者は「ケアとはなにか」というケアの本質やその道徳性に関心があり、本稿では③哲学／思想的レベルで「ケア」という用語を用いる。

6) Gilligan（1982）.

7) Ibid., 1.

8) Ibid., 33.

9) Ibid., 165.

10) Gilligan（1987）.

11) しかしながら、ケアの倫理はギリガンの意図に反して当初より女性の道徳性と捉えられ、正義の倫理のうちにケアの倫理を還元する見方が今なお支配的である。英米圏の政治学・倫理学分野における「ケア対正義論争」については、品川（2007）を参照。

12) ジェンダーの視点から北欧各国の政策を比較しているセインズベリによれば、社会民主主義レジームに一括りにされているデンマーク、フィンランド、ノルウェー、スウェーデンのジェンダー政策には非常にヴァリエーションがあり、4ヵ国を1つのモデルに括ることは困難である。Cf. Sainsbury（1999）.

13) 今里（2010）.

14) フェミニスト研究者たちは、主流派レジーム論が指標としている「脱商品化」という概念が、商品化されない家庭における女性の不払い労働を考慮の対象から外している点、また「階層化」という概念が、もっぱら階級間のヒエラルキーに焦点をあて、就労要件や夫の扶養となる女性の受給資格など男女間のヒエラルキーを無視している点などを批判した。e.g. Orloff（1993）, Sainsbury（1999）. フェミニスト研究者たちからの批判を受け、エスピン＝アンデルセンは、『ポスト工業経済の社会的基礎』（Esping-Andersen, 1999＝2000）において「脱家族化」を新たな指標として加え再分析を行っている。

15) Lewis（1992）.

16) Sainsbury（1999）.

17) 衛藤（2014）によれば、スウェーデンの女性運動は、結果の平等を重視した法制度の改革を志向し、政党や労働組合に積極的に参加することによって女性の議員比率を増やすなど、他の欧米諸国のフェミニズム運動とは異なる道を歩むことによって女性の政治的平等を推し進めることに成功したという。なお、スウェーデンの女性運動の歴史と女性の社会参加については岡沢（2009: 196-238）を参照。

18) 夫グンナー・ミュルダールとともにミュルダール夫妻と呼ばれるアルバ・ミュルダールは「結果としての平等」の理念についても影響力をもち、それはスウェーデンの学校教育にも反映されたと言われている。スウェーデンでは、1962年の義務教育成立時より「ラーロプラン（Läroplan）」（ラーロプランは英語のカリキュラムに最も近い意味をもつスウェーデン語で、国が決定した教育カリキュラムとその指針を定めたもの）という国レベルのカリキュラムのなかで教科横断型の「共生」のカリキュラムが組まれてきたことも重要な点である。Cf. 戸野塚（2014）.

19) 高橋（2007）.

第 12 章　フェミニズムという思想

20) 木下（2016）によれば、1970年代からコミューンで働く女性が急増し、福祉の整備と女性の労働市場参加が並行して進んでいったという。近年は、福祉サービス供給主体の多元化によりコミューンよりも民間部門で働く女性が上回ってきているという。

21)「社会サービス法」には、「経済的および社会的安全」「生活条件の平等」といった目的と「コミューンの責任」が明記されている。この法律により包括的福祉の性格が顕著となったとされる。

22) 斉藤（2014）, 174.

23) 斉藤によれば、スウェーデンでは高齢者介護を「エルドレオムソーリ」（äldreomsorg）といい、「オムソーリは弱者を保護する意味合いが強いヴォードと、利用者の権利性が強調されるサービスとも異なり、提供者と利用者の関係性が重視される概念」（ibid.: 130）であるという。この「オムソーリ」はギリガンのいう「ケア」の意味に通じていると思われる。ただし斉藤によれば、オムソーリは英語で「ケア」（care）と訳されるが、「ケアという語は動物やモノにも使われるが、オムソーリという語は人間同士の行為にしか使われない」として厳密にはケアとも異なると述べている。斉藤（2014）, 129-131.

24) Esping-Andersen（1990 = 2001）, 30.

25)「国民の家」構想は、初代首相ハンソンが1928年に議会の一般演説で福祉国家のヴィジョンとして示したもので、胎児から墓場まで人生のあらゆる段階で国家が「良き父」として人々の要求や必要を包括的に規制、統制、調整する「家」の機能を演じ、階級闘争によってではなく階級間の協調によって安全で安心して暮らせる社会を建設するというものである。Cf. 岡沢（2009）, 73.

26) 木下（2016）によれば、スウェーデンの2014年の選挙結果では国会議員に占める女性の割合は43.6％であり、23名の閣僚のうち12名が女性である。地方議会でも約半数が女性議員であるなど女性の政界進出が進んでおり、実際に政治的意思決定過程への女性の参加率は高いとされている。

27) マーシャルによれば、シティズンシップ（市民権）とは、「ある共同社会の完全な成員である人々に与えられた地位身分である。この地位身分をもっているすべての人々は、その地位身分に付与された権利と義務において平等である」（Marshall, 1950 = 1993: 37）とされている。

28) Marshall（1950 = 1993）, 15-16.

29) Ibid., 44.

30) Ibid., 55.

31) Ibid., 51.

32) Ibid., 71-72.

33) Esping-Andersen（1990 = 2001）, 22.

34) Esping-Andersen（2008 = 2008）, 8.

35) 鷲田（2013）, 247.

36) 近年フェミニズム理論では「ジェンダー」概念から現象学で用いられる「生きられた身体（lived body）」への転換が主張されており、アメリカや日本ではフェミニズム現象学への関心が高まっている（cf. Young, 2005、Heinämaa, 2012）。フェミニズム現象学者には北欧出身の研究者が多く、彼女たちはサルトルの実存の考えを受け継ぐボーヴォワールのテクストを現象学の枠組みにおいて解釈し、状況内存在としての人間の実存に着目する点を共有している。北欧ケアを支えている人間観の思想的基盤があるとすれば、実存主義哲学や現

277

象学的人間観にその系譜を求めることもできるかもしれない。

37）スウェーデンにおける格差の最新の現状については秋朝（2014, 2016）を参照。

38）Esping-Andersen（2008＝2008），8.

参考文献

秋朝礼恵（2014）「スウェーデン・モデルに関する一考察」『地域政策研究』**17**（2），87-103.

秋朝礼恵（2016）「スウェーデン・モデル —— グローバリゼーションのなかの揺らぎと挑戦」（岡澤憲芙・斉藤弥生編著）『スウェーデン・モデル —— グローバリゼーション・揺らぎ・挑戦』彩流社，269-291.

今里佳奈子（2010）「スウェーデン福祉国家とジェンダー政策レジームの展開」（日本政治学会編）『ジェンダーと政治過程』木鐸社，106-126.

衛藤幹子（2014）「スウェーデンにおける政党型クオータと女性運動」（三浦まり・衛藤幹子編著）『ジェンダー・クオータ —— 世界の女性議員はなぜ増えたのか』明石書店，67-92.

岡沢憲芙（2009）『スウェーデンの政治 —— 実験国家の合意形成型政治』東京大学出版会.

木下淑恵（2016）「スウェーデンの女性環境」（岡澤憲芙・斉藤弥生編著）『スウェーデン・モデル：グローバリゼーション・揺らぎ・挑戦』彩流社，53-74.

斉藤弥生（2006）「高齢者の生活を支える ——「脱家族化」と「コミューン主義」からみた自律社会」（岡沢憲芙・中間真一編著）『スウェーデン —— 自律社会を生きる人びと』早稲田大学出版部，141-170.

―――（2014）『スウェーデンにみる高齢者介護の供給と編成』大阪大学出版会.

品川哲彦（2007）『正義と境を接するもの —— 責任という原理とケアの倫理』ナカニシヤ出版.

高橋美恵子（2007）「スウェーデンの子育て支援 —— ワークライフ・バランスと子どもの権利の実現 ——」『海外社会保障研究』**160**，73-86.

辻村みよ子（1992）『人権の普遍性と歴史性』創文社.

戸野塚厚子（2014）『スウェーデンの義務教育における「共生」のカリキュラム —— "Samlevnad" の理念と展開』明石書店.

広井良典（1997）『ケアを問いなおす ——〈深層の時間〉と高齢化社会』ちくま新書.

鷲田清一（2013）『おとなの背中』角川学芸出版.

Esping-Andersen, G.（1990）*The Three World of Welfare Capitalism*, Polity Press. ＝（2001）『福祉資本主義の三つの世界 —— 比較福祉国家の理論と動態』（岡沢憲芙・宮本太郎監訳）ミネルヴァ書房.

―――（1999）*Social Foundations of Postindustrial Economies*. Oxford University Press. ＝（2000）『ポスト工業経済の社会的基礎 —— 市場・福祉国家・家族の政治経済学』（渡辺雅男・渡辺景子訳）櫻井書店.

―――（2008）*Trois Leçons sur L'état-providence*. Seuil et la République des Idées. ＝（2008）『アンデルセン、福祉を語る —— 女性・子ども・高齢者』（林昌宏訳）NTT出版.

Gilligan, C.（1982）*In a Different Voice: Psychological Theory and Women's Development*, Harvard University Press.

―――（1987）"Moral Orientation and Moral Development",（1995）*Justice and Care*（Held, V., ed.）, Boulder: Westview Press, 31-46.

Heinämaa, S.（2012）"Sex, gender, and embodiment", *The Oxford Handbook of Contemporary Phenomenology*（Zahavi, D., ed.）, Oxford University Press, 216-242.

Lewis, J. (1992) "Gender and the Development of Welfare Regimes", *Journal of European Social Policy*, 2(3), 159-173.

Marshall, T. H. and Bottomore, T.（1992）*Citizenship and Social Class*, Pluto Press. =（1993）『シティズンシップと社会的階級 —— 近現代を総括するマニフェスト』（岩崎信彦・中村健吾訳）法律文化社〔T.H. Marshall は1950年刊の再録〕.

Orloff, A. S. (1993) "Gender and the Social Rights of Citizenship: The Comparative Analysis of Gender Relations and Welfare States", *American Sociological Review*, 58(3), 303-328.

Sainsbury, D. (1999) "Gender and Social-Democratic Welfare States", *Gender and Welfare State Regimes*（Sainsbury, D. ed.), Oxford University Press, 75-114.

WEF（2016）*The Global Gender Gap Report 2016*. http://www3.weforum.org/docs/GGGR16/ WEF_Global_Gender_Gap_Report_2016.pdf.（2017年 5 月14日）

Young, I. M.（2005）*On Female Body Experience: Throwing Like a Girl and Other Esseys*, Oxford University Press.

終 章

北欧ケアから何を学ぶのか

浜渦　辰二

　「学ぶ」というのは、一方的な関係ではないだろう。一方が優れていて（優れたところばかりで）、他方が劣っていて（劣ったところばかりで）、一方が「教えてあげる」ばかりで、他方が「学ばせてもらう」ばかり、ということはおそらくありえない。それぞれに他方と比べて、優れたところもあれば、劣ったところもあり、お互いに自分の足りないところを他方から学ぶ、つまり、「互いに学び合う」というのが、本当のところであろう。

　「優れている／劣っている」という対比の代わりに、「進んでいる／遅れている」と言っても同じであろう。あたかもすべてが一直線上に並んで一方向にのみ進んでいるかのように、一方が「進んでいる」、他方が「遅れている」ということが決められるわけではない。ある観点からすると、一方が「進んでいて」他方が「遅れている」ように見えても、別の観点からすると、それが逆転することも大いにありうる。「進んでいる／遅れている」という対比もまた、一義的には決まらないのである。

　２つのものを比較するときには、いつもこのような関係がつきまとう。したがって、北欧諸国で行われているケアを「北欧ケア」と呼び、日本で行われているケア（「日本ケア」という奇妙な呼び方をするかどうかはともかく）と比較して論じようとするときも、私たちはついつい、北欧ケアは「優れている・進んでいる」のに対し、日本のケアは「劣っている・遅れている」ので、北欧ケアから「学ぶ」という構図で考えてしまいがちであるが、おそらく、それ

281

は短絡的な比較考察となるだろう。

北欧ケアには「優れている・進んでいる」ところもあれば「劣っている・遅れている」ところもあり、それは日本のケアについても同様であろう。そういう関係のなかで「学び合う」必要があるということを前提したうえで、それでも、私たちは「北欧ケア」から何を学ぶのか、それが私たちの問いであった。北欧ケアに「優れている・進んでいる」ところもあれば「劣っている・遅れている」ところもあることを承知したうえで、私たちにとって学ぶべきところはどこにあるか、それこそが私たちの立てたい問いであった。

同様にして、「北欧ケア」と言っても、序章でも指摘しておいたように（第2章でも指摘されているように）、北欧諸国（序章で挙げた5カ国として）は、たとえば、EUに参加しているかどうか、ユーロを導入しているかどうかをはじめとして、政治・経済・法律・言語・宗教・文化・伝統も含めて、決して一枚岩ではないし、足並みが揃っているわけでもない。それぞれ北欧諸国同士の間でも、「優れている・進んでいる」ところもあれば「劣っている・遅れている」ところもある。そのようにかなり幅のある「北欧ケア」のなかで、どの国のどの点が私たちにとって学ぶべきところなのかを問うのは、そう簡単な話ではない。

そういうことを十分承知のうえで、ここでいま一度、本書の各章を振り返りながら、それでも私たちにとって学ぶべきところはどこにあったか、を考え直すことにしたい。

第1部「在宅ケアから」は、社会福祉学を背景に高齢者在宅ケア（ホームヘルプ）についてデンマークを中心に論じた第1章、同様にスウェーデンを中心に論じた第2章、文化人類学を背景に在宅ケアと施設ケアのあいだを論じた第3章、哲学・死生学を背景に在宅（ホーム）ケアの哲学的基盤を論じた第4章からなっていた。

日本ではかつて高齢者介護は家庭内で担われてきたが、2000年の介護保険の導入以来、「介護の社会化」が導入され、「在宅ケア」が公的な制度として行われるようになった。その意味で、日本では「在宅ケア」はまだ始まって15年くらいしか経っていない。そこにまた医療の側の、「在宅医療」の問題が

282

終章　北欧ケアから何を学ぶのか

絡んでくる。日本では、戦後まもなくは、80％ほどの人が自宅で亡くなっていたのに対し、病院（ないし診療所）で亡くなる人は10％ほどであった。それが1970年半ばを境に逆転して、近年では病院（ないし診療所）で亡くなる人が80％ほどで、自宅で亡くなる人は10％ほどである（第4章）。このことは、戦後の医療が、「在宅医療」（かつては往診がふつうにあった）から「病院・診療所医療」へと大きく方向転換をしてきたことの表れと言ってよい。その後、高齢化が急速に進み、2007年には高齢化率が21％を超える超高齢社会に突入し、医療のあり方も慢性期医療から高齢者対応医療へと変質せざるをえなくなり、医療費・介護費の削減のために「在宅医療・介護　あんしん2012」で、「在宅ケア」を促進せざるをえなくなっている（序章、第4章）。しかし、在宅ケア・地域ケアの受け皿が整っていないままに、病院・施設から在宅・地域へと誘導され、それが国民の希望する方向と合致するように見えても、うまくいくようには思われない。

　そのような日本の現代の状況から目を転じると、2つの世界大戦の間の時期から福祉国家の道を歩み始めたデンマークやスウェーデンでは、1940年代からすでにホームヘルプという形で「在宅ケア」が始まり、1950年代にはすでに大規模な老人ホームに対する批判と脱施設論争が始まり、「できる限り長い間在宅で」がスローガンになり、1980年代には「生活の継続性」ほかの「高齢者三原則」が提示され、と同時に小グループモデルの取り組みが始まっていた（第1章）。しかし、それと並行して、1970年代には、サービスハウスや高齢者のための集合住宅の増設が進み、単純に施設から在宅へという一方向の動きだけがあったわけではない。また、スウェーデン（特に都市部）では民間委託という形での自由化やグローバル資本主義の産物である介護企業による民営化が進んでいる一方で、コミューン自治を基軸として高齢者介護は形を変えて残っており、そこにはコミューン税で運営される高齢者介護に対する信頼と期待が失われないでいると見られる。高齢者介護に限っても、単純に「施設ケアから在宅ケアへ」という一方的な動きだけがあったわけでもないことも指摘される（第2章）。北欧の国々の「在宅ケア」は、長い歴史とともに、さまざまな挑戦を受けつつ、さまざまに形を変えつつ維持されてきて

283

いる。その柔軟な多様性こそ学ぶべきであろう。

　そういう歴史と変遷を踏まえつつ、スウェーデンの高齢者介護施設でのインタヴューによって、利用者が自分の部屋にかつての自宅での思い出（物語）がつまったさまざまな家財が、在宅と施設をつなぐ大きな役割を担っていて、施設のなかでも「家のような空間」を作っている、すなわち「家ではないが家のような空間」を作り出していることを明らかにした（第3章）。これも、単純な「施設ケアから在宅ケアへ」という枠組みでは捉えられない（第2章）という議論を受け継ぐものと言える。さらに、前述のように、「在宅（ホーム）」と「住み慣れた生活の場」の意義が問われないまま、医療・介護コストの削減要求によって「在宅ケア」を推し進めようとしている日本の状況に警鐘を鳴らし、その「在宅ケア」基礎論の欠落を、スウェーデンにおける脱施設化と地域で生きる意味を考察することで埋めようとしている（第4章）。ここで脱施設化の議論は、1980年代に始まる、知的障害者の施設ケアから地域ケアへの転換へと広げられ、それが、後に取り上げられる「ノーマライゼーション」の理念（第11章）に支えられていることにも触れられる。ノーマライゼーションの原理が、「すべての障害者に適用でき、また他の社会的弱者と呼ばれる人々すべてにあてはまる」とすると、それは加齢とともに1つずつ障害を抱えていく高齢者にもあてはまることになろう。脱施設化というのは、障害者・高齢者の「住む」という営みが「よい生（ウェルビーイング）」を達成しようとする試みであり、自らの居場所（ホーム）を得ることで人間的な生を営むことになる。したがって、ホームとは、狭い意味での「自宅」とは限らず、そこで安らぎが（「アットホーム」に）感じられる場所であれば、「施設」と呼ばれる場所である可能性もあり、「自宅でないホーム」もありうる（第6章も参照）。要するに、「在宅ケア」とは、私たちが人間的な生を営むに不可欠な居場所（ホーム）を確保することであり、「在宅か施設か」という単純な二者択一に陥ることなく、在宅と施設をともにいま一度「ケアの場」として考え直すことにもなろう。

　続いて、第2部「ケアの現場から」は、リハビリ学を背景に高齢者ケアの現場（第5章）、看護学を背景に認知症（緩和）ケアの現場（第6章）、特別支援

終章　北欧ケアから何を学ぶのか

教育学を背景に知的障害児者のケアの現場（第7章）、リハビリ学を背景に精神障害者（精神疾患がある人）のケアの現場（第8章）と、さまざまな北欧ケアの現場を訪問・調査し、現場の実践者や研究者にインタヴュー・対話しながら見えてきた、現場の背後にあるケアの考え方（思想的基盤）へと迫ろうとするものである。それらケアの現場は、もちろんそれぞれに異なる問題を抱え、異なる議論がされてはいるところはあるが、だからと言って、それらを別々の問題としてバラバラに切り離してしまうのではなく、これら異なる北欧ケアの現場の根底に流れている思想的基盤を浮かび上がらせたいと私たちは考えた。そこには、いくつかのポイントがあり、そのうちで私たちが特に重要で取り上げたいと考えたものは、第3部でとりあげるので、ここではそこに項目としては取り上げることのしなかったポイントのみに言及しておきたい。

　1つは、第1部で垣間見られた「病院・施設から在宅・地域へ」という流れ（これだけに一元化できないとはいえ）とも関係して、全体として北欧ケアには「医療モデルから生活モデルへ」あるいは「病院・施設の患者モデルから在宅・地域の生活者モデル」の転換という考えが根底に流れていることが、さまざまなケア現場の調査から浮かび上がってくる。高齢者ケアでも、「ハレ」という祭りの非日常ではなく「ケ」という普段の暮らし（生活）を支えるケアが目指され（第5章）、認知症ケアでも、「診断や病院を基本としたケアモデル」では見落とされる認知症を抱える人の生活に目を向け、「一人の人間として安心し、気持ちの良い生活を送ることができる」ことを目指している（第6章）。知的障害児者地域ケアでも、「自宅でもない施設でもない場」としてのグループホームにおいて地域での自立生活支援が目指され（第7章）、精神科地域ケアでは、病院でもリハビリテーションを含めて対象者（精神疾患がある人）の「地域生活を支援する」取り組みが行われ、退院後は地域精神保健センターを拠点として、「患者」「障害者」ではなく「地域で生活する人」として、自宅から通いながらケアを受けるという地域ケアが行われている（第8章）。日本の理学療法は（個人の）身体だけしか見ないが、北欧の理学療法は心理・精神的な問題も併せて見ていくので、精神科領域でも大きな役割を果たしており、身体と精神（心）の全体を見ようとしている、というのも、「生活者モデル」

につながる捉え方と言えよう。

　もう1つは、この「生活モデル」という考え方と連動して、「自立・自己決定」の理念と「連帯・共生」の理念が、対立するのではなく、相補的に両立している（ないし、両立させようとしている）という点が浮かび上がってくる。この点は、私たちのなかでも、たびたび議論されてきたところである。高齢者ケアの現場でも、「決定の自律」が大切にされ、「ケアの主体者」はあくまでもケアを受ける側（利用者）であることが強調される一方で、その「決定の自律を支えるケア」が求められているし（第5章）、認知症ケアの現場でも、認知症の人を「患者」としてではなく「1人の人」として捉えるという、「パーソン・センタード・ケア」が基盤に据えられている一方で（第6章）、その人を「強さ」だけでなく「弱さ（脆弱さ）」をももつ人として捉え、その人を支える人も含めた生活世界をケアすること（第9章）が求められている。また、知的障害児者地域ケアの現場でも、あくまでも自立・自己決定の支援（逆に言えば、「支援を受けながらも、自分で決める」こと）、つまり自立生活を地域に支えられながら送ることができることが目指されており、自己決定を「自己責任」に直結させるのではなく、「公的責任」として自治体・県・国が支援のための方策を具体化するのであり、そこには「自立・自己決定」を支えるための「連帯・共生」という思想的基盤が生きているのである（第7章）。その点は、精神科地域ケアの現場でも、アパートや自宅で生活しながら、地域生活保健センターに通いながらケアを受ける、という場面においても同様である（第8章）。

　本書では十分取り上げることができなったこととしてもう1つ、先に「自己責任」に直結させるのではなく「公的責任」として保障することを述べたが、そこにも関わることとして、「脱家族化」（第7章）という論点が挙げられる。さきに、日本の介護保険の導入は、「介護の社会化」（それまで家族に委ねられていた介護を社会全体として責任をもつ）という側面をもっていたことに触れたが、介護保険はさまざまな形で家族介護を前提していることが指摘されいるし、前述の「在宅医療・介護　あんしん2012」も、家族介護を復活させることにもなりかねないところを持っており、「脱家族化」を目指すものとは思え

286

終章　北欧ケアから何を学ぶのか

ない。それに比べると、ここで取り上げられた北欧ケアの現場では、家族に依存したケアのあり方が見えてこない。むしろ、家族もまたケアの対象として考えられ（第6章）、自立・自己決定が「脱家族化」と結びつけられ、地域でのグループホームという共同生活が目指されている（第7章）。ただし、この論点には、日本における家族のあり方と北欧における家族のあり方との伝統的・文化的・歴史的な違いが絡まってくるので、そこまで突っ込まないと、一筋縄では論じることができない。その一端は、フェミニズムの問題（第12章）とも絡んでくることであるが、本書では「家族」の問題を十分に取り上げることはできなかった。

これまでの議論が現場の調査の側からのアプローチとすると、最後に、第3部「北欧ケアの思想的基盤へ」では、それらと接続すると思われる理論・思想の側からのアプローチに視座をとった議論となる。北欧（スウェーデン）のケア学の第一人者が「生活世界ケアという思想」を（第9章）、哲学を背景にした音楽療法研究者が「生と合理性をつなぐ思想」を（第10章）、特別支援教育学を背景にした研究者と臨床哲学を背景にした研究者の共著で「ノーマライゼーションという思想」を（第11章）、臨床哲学を背景に「フェミニズムという思想」（第12章）をそれぞれに論じ、北欧ケアの思想的基盤を掘り起こす考察を行った。

伝統的なパターナリズムに対して患者中心のケア（パーソン・センタード・ケア）が言われてきたが、これは患者を自立し自己決定をする近代的な個人として前提してしまう傾きがあるため、患者が傷つきやすさをもち、他者とともにある生活世界に巻き込まれていることを無視するものになりかねない。それは、固有の時間・空間性、身体性、間主観性ともった生活世界という考えに導かれたケアによって補われ、生活者中心のケアとならねばならないという「生活世界ケアの思想」（第9章）は、北欧（スウェーデンと英国）発のケア学の理論として、私たちが学ぶことのできるものの1つと言えよう。

ノルウェーのコミュニティ音楽療法は、「音楽が人々の生（生活）に深く根付いており、音楽が人々の苦しみを支えてより良き生（ウェルビーイング）を実現する」、そして、「音楽は個人の心身に係わるだけではなく、連帯と絆を形

287

成し、人を励ますことができる」という考えに基づいており、その背景にあるのは、「感情と一体となった理性」「人間の生に根ざした理性」の探求であり、それは、「自然と人間とを包括する統一的世界観」としての「生と合理性を繋ぐロマン主義」であるという（第10章）。そして、それは前章の「生活世界ケアの思想」と共通するところが多い。その影響関係については、さらに確認する作業が必要であるが、1つの仮説として興味深い論点である。

福祉とケアの思想の原点の1つが、北欧で生まれたノーマライゼーションの思想であることは疑いない。とは言うものの、確かに国際障害者年の成立や日本の障害者総合支援法の成立などに大きな影響を与えたものであり、また、障害者のみならずひいては病者・高齢者・妊婦なども含めて社会的弱者を排除することなく共存をめざす思想として役割を果たしてきたものではあるが、それはその始まりからしても、そしてその現在からしても、さまざまな問題を孕んだものであり、金科玉条のようにして振り回すことができるものでは必ずしもなく、インテグレーション（統合）やインクルージョン（包摂）といった概念とともに、その中身を再検討する必要があるとされる（第11章）。その歴史や広がりや議論も含めて、まだまだ学ぶべき論点であることには違いない。

フェミニズムの思想は、英語圏の国々で盛んなものと思われ、北欧に有名なフェミニズムの思想家がいるわけではないが、にもかかわらず、北欧では女性の就労率が高く、男女共同参画が進んでおり、その背景にはフェミニズムの思想が言わば骨肉となり、政策化されているように思われる。同じように「自由と平等」「自律と連帯」というキーワードが使われている欧米諸国のなかでも、北欧ではそれが平等と連帯に基づく人間観となって、ジェンダー政策の違いとなって現れている。声高な主張としては現れていなくとも、至るところで、北欧ケアの背景にその思想的基盤として働いているのではないか（第12章）。この点を、自立した個人に基づく「正義の倫理」ではなく、相互の支え合いに基づく「ケアの倫理」（ギリガン『もう一つの声』）と、前述の「生活世界ケア」（ダールベリ）とを繋ぎながら考察することは、これからまだ学びながらも議論を深めていくべき論点であろう。

288

終章　北欧ケアから何を学ぶのか

　このように各章で論じられていることは、一見、それぞれ異なる関心と視点から、異なる場面と問題を通して、「北欧ケアの思想的基盤」を求めて掘り進んできたにもかかわらず、それらは互いに議論を重ねてきた成果として、お互いにそれぞれどこかで接点を持ちながら、何か共通の岩盤に突き当たってきたのではないかと思われる。それが、現代日本社会の動向にどのような影響を与える力をもっているかは、読者の判断に委ねるほかないが、これを踏まえて、そして、これを継承して、新しい研究がこれを踏み越えて行ってくれることを期待したい。筆者自身、いま、「北欧現象学者たちとの共同研究に基づく人間の傷つきやすさと有限性の現象学」というプロジェクト（科学研究費・基盤研究（B）（一般）2016年度〜2018年度（代表・浜鍋））において、それを継承しつつ、新たな歩みを始めたところである。

289

あとがき

浜渦　辰二

　私はいまから10年前に、本書共著者である備酒伸彦氏がオーガナイズした「北欧の福祉サービスと日常を感じる視察研修旅行」(2007年11月4日～11日) に参加し、初めてスウェーデンの首都ストックホルムを訪れた。さまざまな高齢者福祉施設などを視察するスケジュールの空き時間に、ストックホルムの中心街を歩いていると、高齢者が1人で介護用歩行器を使って歩きながら、ショッピングをしているのを見かけた。地下鉄に乗るためにエスカレーターで地下に降りようとしたら、それと並んでエレベーターがあり、しかもそれは垂直に降りていくのではなく、登山列車のようにエスカレーターと並んで斜めに下って行き、エスカレーター利用者とエレベーター利用者が並んで降りていくようになっていた。地下鉄のホームに着くと、ひとごみのなか電動車椅子に乗った人が1人で列車を待っていて、列車が来ると他の乗客と同じように乗り込んで行った。介護用歩行器を使う高齢者、電動車椅子に乗った障がい者、ベビーカーに子どもを乗せた母親、犬を連れた乗客、大きなトランクをもった外国人、多くの人がさきほどのエレベータに乗って、エスカレーターに乗る健常者と同じ気分で地下鉄を利用することができることに気づいた。聞くところによると、よく日本人が、「スウェーデンではあちこちで障がい者を見かけるが、スウェーデンには障がい者が多いのですか」と聞いて来るので、あきれて、「そんなことはないでしょう。日本では障がい者が普通に繁華街でショッピングを楽しめるようなバリアフリーの環境が整っていないので、出て来られないだけのことでしょう」と答えるというのです。確かに、たとえば大阪梅田の繁華街で、高齢者が1人で介護歩行器を使って歩いていたり、電動車椅子の人が1人でショッピングをしているのを見た記憶はない。それは高齢者や障がい者が大阪に住んでないからではなく、梅田が彼

あとがき

らにとって自由に動き回れる環境になっていない、ということに過ぎないだろう。しかし、大阪梅田を行き交う人々のどれだけがそのことに気づいているのだろうか。そのことを気づくためだけでも、ストックホルムの中心街を歩き回ってみる価値があるように思われた。

それから9年経った2016年7月26日、相模原市の障害者入所施設「津久井やまゆり園」で、元職員の男性26歳が1人短時間で、19人を殺害し、26人に重軽傷を負わせるというショッキングな事件が起きた。容疑者は、「障害があって家族や周囲も不幸だと思った。事件を起こしたのは不幸を減らすため」「障害者は不幸しか作れない。いない方がいい」「障害者の安楽死を国が認めてくれないので、自分がやるしかないと思った」と主張していたという。そこに顔を出した優生思想や安楽死の考えは、容疑者が抱いた異常なものとして片付けることはできず、むしろ、社会の中に蔓延している経済至上主義・新自由主義が「障害者は経済的な負担をつくるだけ」という考えを水面下で助長してきたのではないか、とも指摘されている。すでに超高齢社会になった日本は、国民の4人に1人が高齢者となり、また高齢者の多くが中途障がい者となるなかで、26歳の容疑者は、自分自身がやがて高齢者になり、あるいは障がい者になること、自分自身が「いない方がいい」と見捨てられる立場になることを考えなかったのだろうか。そのとき、私は上述のように、北欧の福祉に関心を持つようになった頃に読んだ本の一つ、「大学入試の無い国」を研究した著者・三瓶恵子の『人を見捨てない国、スウェーデン』（岩波ジュニア新書、2013年）という本に、「障がいがあっても一人ひとりにあった教育を受けられる、かつ可能性を広げていける、しかもそれが公費でまかなわれている。彼らを見捨てない、むしろ共に生きようとする社会がある、というのはすごいことだな、と思いました」と書かれていたことを思い出した。そういう社会がどのような思想的基盤の上に成り立っているのかを探りたい、というのが、本書が生まれた動機であった。

本書のもとになったのは、第1期（2010～2012年度）および第2期（2013～2015年度）に日本学術振興会科学研究費補助金・基盤研究（B）（海外学術調査）を得て行われた共同研究であった。今回本書を編むにあたっては、第2期のメン

バーを中心に分担執筆をお願いした。第1期のメンバーには、研究成果報告書『いま、北欧ケアを考える』（2013年3月）に分担執筆いただいていたが、今回、本書の分量の問題から、第1期のみ参加いただいた方々の論文を再録することは断念せざるを得なかった。ここに感謝の意をこめて、氏名・論文タイトルのみ挙げさせていただく。前野竜太郎「ふれること、手足となることの意味─生活世界ケアとしてのリハビリテーション─」、竹内さをり「スウェーデンにおけるケアに関する意識について─市民へのインタビューと認知症ケア現場を通して─」、中村剛「スウェーデンにおけるケアシステムの理論的基礎に関する仮説」、高橋照子「北欧ケアに学ぶ日本の看護─看護モデルから生活モデルへ─」。

　また、次の方々は、共同研究のメンバーではなかったが、研究会にお招きして発表いただき、上記研究成果報告書に原稿を寄せていただいたので、併せて感謝したい。奈良勲「理学療法士の立場から観たケアに関する哲学的考察」、小池直人「グルントヴィの「啓蒙」をめぐって」、清水満「生のための学校─グルントヴィ・ムーブメントとの交流から」、中里巧「北欧の教育とケア─現場を支えるリアリティ─」、伊澤知法「スウェーデン社会保障の成り立ちについての一考察」、藤岡純一「スウェーデンにおける福祉社会の展開─1990年代から今日までを中心に」。他にも、現地での通訳として、スティア純子さん（ストックホルム）、ハンソン友子さん（ヨーテボリ）のお2人には大変お世話になり、感謝申し上げたい。

　また同様に、第2期に共同研究のメンバーではないが、研究会にお招きしてお話をうかがった次の方々にも感謝したい。牧田満知子「フィンランドの高齢者福祉の現状〜2つの町の事例から考える在宅支援のあり方〜」、下田まいこ（ヨーテボリ市高齢者ケア判定員）「スウェーデンにおける高齢者ケアの現状と課題」、Margret Lepp（スウェーデン・ヨーテボリ大学看護学科）「Elderly home care in Sweden」。

　最後になったが、本書は、科学研究費助成事業（科学研究費補助金）の交付を受けて出版された（JSPS　KAKENHI Grant Number　JP17HP5263）。改めて、上記第1・2期の助成事業とも併せて、感謝したい。

索　引

人　名 (アルファベット順)

バザリア，フランコ　192

バンク＝ミケルセン，N. E.　240, 242-245, 247, 254, 255

ベック＝フリス，バルブロ　136, 140, 141, 151-153, 155

ダールベリ，カーリン　2, 9-11, 19, 20, 151, 152, 216, 264, 288

エデバルク，ペール・グンナル　50, 64-66

エスピン＝アンデルセン，イエスタ　67, 260, 265, 269, 272, 274, 276

ギリガン，キャロル　262-264, 267, 270, 276, 277, 288

グルントヴィ，N. F. S.　6, 18, 20, 31, 292

ハンソン，ペール・アルビン　241, 270, 277

ハイデガー，マルティン　105, 111, 200, 205, 214, 216

フッサール，エトムント　151, 152, 200, 216

河東田博　100, 110, 176, 240, 252, 254-258

キットウッド，トム　151, 152, 156

キェルケゴール，セーレン・オービエ　6, 184, 236

ロー＝ヨハンソン，イーヴァル　64, 85, 97

マーシャル，トマス・ハンフリー　270, 271, 277

メルロ＝ポンティ，モーリス　184, 200, 201, 205, 214, 216

ミュルダール，アルバ・ライマル　241, 266, 276

ネス，アルネ　224-228, 231, 233-235

ニィリエ，ベンクト　99, 101, 110, 240, 246, 247, 249, 256, 257

ノディングズ，ネル　104

ペストフ，ヴィクトール　60

ルード，エヴェン　220-223, 232, 236

シャラバン，L. H　186

シュテフェンス，ヘンリッヒ　228-231, 234, 235

セペヘリ，マルタ　50

セーデル，モーテン　252, 257

ソンダース，シシリー　136, 152

スティーゲ，ブリュンユルフ　18, 222, 223, 232, 238

トリュゲゴード，グン＝ブリット　50

ヴァブー，ミア　29, 40

ヴォルフェンスベルガー，ヴォルフ　240, 250, 255, 257

事　項（50 音順）

あ 行

アットホーム　16, 80-82, 84, 284
アンダーナース　8, 138-141, 143-149
ウェルビーイング　152, 200, 201, 204, 207,
　　210, 212, 219, 284, 287
エーデル改革　66, 116, 137

か 行

緩和ケア　110, 136, 137, 140-143, 149-
　　155
共生　8, 17, 28, 175, 254, 275, 276, 278, 286
グループホーム　8, 11, 17, 65-67, 94, 99,
　　100, 106, 119, 125-127, 129, 138, 139,
　　142, 143, 155, 157-169, 172-174, 183,
　　192, 246, 248, 285, 287
ケア学　2, 7, 11, 15, 17, 19, 20, 136, 200,
　　202, 204, 206, 210-215, 264, 269, 270,
　　274, 287
ケアの倫理　18-20, 262, 263, 276, 278, 288
高齢者福祉の三原則　15
国民の家　241, 270, 277
ゴールドプラン　56, 116

さ 行

在宅医療・介護あんしん 2012　13, 93, 109
在宅介護主義　15, 36, 50, 61, 64-66
自己決定　8, 10, 12, 15, 17, 21, 37, 101,
　　108, 120, 121, 157, 161, 162, 164, 166,
　　167, 170-175, 247, 251, 252, 286, 287
社会サービス法　37, 38, 56, 57, 67, 102,
　　116, 158, 163-166, 168, 171, 172, 174,

247, 257, 268, 277
生老病死　1, 3, 4, 20,
自立　2, 3, 7, 8, 10, 12, 15-18, 32, 39, 80,
　　91, 122, 137, 139, 161, 162, 164-166,
　　168, 172-175, 199, 249, 286-288
自律　7, 15, 16, 39, 121-123, 261, 269,
　　270, 272-275, 286, 288
シルビアナース　84, 140, 141, 143, 148
生活世界　7, 9-12, 14, 17, 20, 22, 151,
　　152, 190, 200-213, 215, 216, 224, 228,
　　234-236, 261, 262, 264, 265, 269, 270,
　　274, 275, 286-288, 292

た 行

脱家族　17, 67, 97, 157, 172-174, 276, 278,
　　286, 287
脱施設　17, 36, 50, 52, 64, 85, 95, 98-100,
　　102, 108, 158, 173, 178, 189, 190, 192,
　　246, 252, 256, 257, 260, 283, 284
地域包括ケア　13, 93, 98, 115, 118, 133
統合（インテグレーション）　239, 244, 246,
　　250, 252, 253, 256, 288

な 行

認知症　1, 14, 16, 17, 61, 65, 66, 81, 82,
　　84, 86, 121, 123, 124, 127, 135-156,
　　171, 185, 186, 190, 192, 210, 211, 269,
　　284-286, 292
ネオリベラリズム　4, 9, 15,
ノーマライゼーション　9, 14, 18, 48, 98-
　　102, 110, 158, 173, 176, 239, 240, 242-
　　247, 249-257, 260, 269, 284, 287, 288

索　引

は　行

パーソナルアシスタント　8, 158, 159, 173
パーソン・センタード・ケア　16, 17, 22,
　　151-154, 199, 286, 287
フェミニズム　14, 18, 261, 262, 264-266,
　　274-277, 287, 288
フォルケホイスコーレ　6, 18, 20, 21, 31
普遍主義　15, 18, 25-29, 31, 32, 42, 51,

260, 261, 267-269, 273, 274
ベヴァリッジ報告　26-28,
包摂（インクルージョン）　27, 239, 252, 253,
　　257, 267, 273, 288

ら　行

連帯　8, 12, 15, 17, 28, 30, 108, 164, 173-
　　175, 220, 221, 260, 261, 267, 268, 270,
　　272-275, 286-288

執筆者一覧（執筆順）

浜 渦　辰 二　大阪大学大学院文学研究科・教授（序章・第9章共訳・第11章共著・終章）

石 黒　　暢　大阪大学大学院言語文化研究科・准教授（第1章）

斉 藤　弥 生　大阪大学大学院人間科学研究科・教授（第2章）

福 井　栄二郎　島根大学法文学部・准教授（第3章）

竹之内　裕 文　静岡大学農学部・教授（第4章）

備 酒　伸 彦　神戸学院大学総合リハビリテーション学部・教授（第5章）

齊 藤　美 恵　医療法人社団パリアン・看護師（第6章）

是 永　かな子　高知大学教育研究部人文社会科学系・准教授（第7章、第11章共著）

山 本　大 誠　神戸学院大学総合リハビリテーション学部・講師（第8章）

カーリン・ダールベリ　元・スウェーデン・リネウス大学教授（第9章）

川 崎　唯 史　国立循環器病研究センター研究開発基盤センター医学倫理研究部・研究員（第9章共訳）

中 河　　豊　元・名古屋芸術大学芸術学部・教授（第10章）

高 山　佳 子　大阪大学大学院文学研究科・博士後期課程単位取得済退学（第12章）

北欧ケアの思想的基盤を掘り起こす

2018年2月16日　初版第1刷発行　　　　　　　　　　［検印廃止］

編　者　浜渦 辰二

発行所　大阪大学出版会
　　　　代表者　三成賢次

　　　　〒565-0871　大阪府吹田市山田丘2-7
　　　　　　　　　　　大阪大学ウエストフロント
　　　　電話(代表) 06-6877-1614
　　　　FAX　　　 06-6877-1617
　　　　URL　　　 http://www.osaka-up.or.jp

印刷・製本所　株式会社 遊文舎

ⒸS. Hamauzu, et al. 2018　　　　　　　　　Printed in Japan
ISBN 978-4-87259-595-6 C3010

[JCOPY] 〈出版者著作権管理機構 委託出版物〉
本書の無断複製は著作権法上での例外を除き禁じられています。複製される場合は、その都度事前に、出版者著作権管理機構（電話 03-3513-6969、FAX 03-3513-6979、e-mail: info@jcopy.or.jp）の許諾を得てください。